항공기 조종사

창공의 별, 조종사 진로 지침서

항공기 조종사

ⓒ 박지청 2017

초판 1쇄	2017년 9월 28일
초판 5쇄	2020년 4월 06일
2판 1쇄	2024년 4월 12일

지은이   박지청

출판책임	박성규	펴낸이	이정원
편집주간	선우미정	펴낸곳	도서출판 들녘
기획이사	이지윤	등록일자	1987년 12월 12일
편집	이동하·이수연·김혜민	등록번호	10-156
디자인	하민우·고유단	주소	경기도 파주시 회동길 198
마케팅	전병우	전화	031-955-7374 (대표)
경영지원	김은주·나수정		031-955-7376 (편집)
제작관리	구법모	팩스	031-955-7393
물류관리	엄철용	이메일	dulnyouk@dulnyouk.co.kr
		홈페이지	www.dulnyouk.co.kr

ISBN   979-11-5925-847-3 (14370)

미래
탐색
014

항공기 조종사

창공의 별, 조종사 진로 지침서

박지청 지음

푸른들녘

나는 2016년 공군사관생도 1차 시험 통제관의 역할을 맡았다. 사관학교 면접관, 공군 조종장학생 면접관의 임무도 수행했다. 이 과정에서 짐작보다 많은 사람들이 공군에 들어오고 싶어 한다는 것을 알게 되었다. 구체적으로 말하면, 많은 이들이 공군 조종사가 되고 싶어 했다. 면접을 진행하면서 확인한 바에 따르면, 지원자들 중에는 어린 시절부터 조종사의 꿈을 가진 사람이 많았다. 자기소개서와 생활기록부를 검토하다 보면 그런 로망이 절절하게 묻어나온다. 이들을 만나면 나는 유난히 질문을 많이 하게 된다. "학생은 조종사가 되기 위해 무엇을 준비했나요?", "조종사의 삶은 어떤 것이라고 생각하나요?", "학생은 본인이 판단하기에 공군 조종사에 적합한 사람 같나요?" 같은 질문들이다.

진심으로 조종사가 되고 싶어 하는 사람은 눈빛이 다르다. 모든 기록은 물론 면접하는 순간에도 뜨거운 진정성이 느껴진다. 반면, 예상 질문지를 보고 공부한 뒤 정답만 달달 외워서 오는 지원자들도 많다. 이들은 대개 상투적인 답변을 내놓는다. 튀는 언행을 삼가는 대신 안정적인 평가에 올인하는 입시 전략일 수 있다. 경쟁률이 워낙 치열하다 보니 그런 마음이 드는 것도 충분히 이해할 수 있다. 그런데 면접을 거듭할수록 나는 많은 지원자들이 자신의 삶이 걸린 기로에 서 있음에도 정작 '조종사로서의 삶'에 대해서는 깊이 생각해보지 않음을 알게 되었다. TV나 인터넷에서 구한 정보나 몇 권의 책을 통한 정보가 그들이 가진 전부인 경우가 많았다. 이를 테면, 고액 연봉 직군, 제복을 입고 멋지게 하늘을 나는 모습, 블랙이글이 펼치는 화려한 퍼포먼스 등에 매료되어 막연하게 "조종사가 되어야겠다"고 결심한 경우들이다.

지원자들을 면접할 때면 20년 가까이 전투기 조종사로서 한 길을 걸어온 나의 지난 날이 종종 떠오른다. 그 길을 반추하면서 나는 이런 생각을 하곤 했다. "조종사가 되고자 하는 사람이 정말 많구나. 이들이 시행착오를 겪지 않으면 좋겠다. 자신의 적성과 신체조건이 조종사에 맞지 않음을 모른 채 어렸을 때부터 조종사가 되는 길만을 바라보고 걷는다면 본인들이 희생해야 할 것이 너무 많아진다. 자칫 시간과 열정을 낭비할 수도 있다. 이들에게 뭔가 도움을 주고 싶다"고 말이다. 이 같은 고민과 면접관으로서의 경험이 이 책을 집필하게 된 첫 번째 동기이다.

뿐만 아니다. 막상 공군사관학교에 들어와도 학생들은 조종사가 될 수 있는 보다 구체적인 방법을 알지 못해 답답해한다. 3~4학년 생도들 역시 수업과 별개로 조종사에 대한 궁금증을 풀고 싶어서 나를 찾아온다. 그들의 질문은 대개 비슷하다. "조종사의 실제 삶은 어떤가요?", "어떻게 하면 성공적으로 조종사 훈련 과정을 통과할 수 있나요?", "제가 정말 조종사가 될 수 있을까요?" 하는 질문들이다.

나는 이 같은 질문에 성실하게 답변하고자 늘 노력했다. 내가 가진 모든 정보와 지식을 남김없이 알려주고자 애썼다. 하지만 학생들과 마주 앉아 질문에 대답해주다 보면 한계를 느끼는 경우가 많다. 면담이 끝난 뒤 "아, 이런 이야기를 빠뜨렸구나", "좀 더 자세하고 구체적으로 이야기 해주었어야 하는데" 하면서 후회하기도 했다. 그래서 나는 항공분야 관련 서적들을 찾아 꼼꼼하게 분석하는 동시에 인터넷 카페나 블로그를 일일이 방문하여 조종사 지망생들의 속 깊은 고민을 탐색해보았다. 그러면서 중·고등학생은 물론 일반 대학에 다니는 대학생이나 평범한 직장인 중에서도 조종사의 꿈을 가진 사람이 제법 된다는 것을 알게 되었다. 하지만 안타깝게도 기존의 책이나 인터넷에 나오는 내용들은 이들이 가진 궁금증과 갈증을 해소하기에는 조금 부족했다. 개인적으로 찾아보기엔 너무나 복잡했고 까다로웠다. 조종사의 로망을 현실화하고 싶은 이들에게 필요한 것은 보다 체계적이고 현실적인 정보가 아닐까? 이것이 내가 직접 책을 쓰기로 마음먹은 두 번째 동기였다.

2018년 약 20년간 보낸 공군 조종사로서의 삶을 뒤로하고, 아시아나항공에 입사했다. 오랜 시간 공군 전투기조종사로서 생활하다가 민간항공사 부기장의 역할을 수행한다는 것은 대단히 낯설고도 설레는 일이었다. 전투조종사는 주어진 항공작전 임무를 수행하는 것이 주된 일이지만, 민간항공 조종사는 여객기에 타고 있는 승객을 도착지까지 안전하고 편안하게 모시는 업무가 주된 일이다. 때론 악천후 날씨를 뚫고 공항에 들어왔을 때, 탑승했던 승객들이 안도하며 편안한 마음으로 가시는 모습을 볼 때면 조종사로서 뿌듯함을 느낀다.

그리고 2020년에는 어린 시절부터 가졌던 교수의 꿈을 실현하기 위해서 다시 대학교 항공운학과 교수를 역임하면서 기쁘게 학생들을 가르쳤다. 다만 코로나로 인해서 화상으로 강의를 진행했지만 말이다. 이러한 다양한 경험은 나에게 깊은 의미를 주었다. 첫 번째 책을 쓸 때는 경험해보지 못했던 민간조종사의 훈련과정과 부기장 생활, 일반대학교 항공운항학과 교수의 과정은 나에게 값진 의미를 주었다. 이를 통해 첫 판에서 다루지 못하였지만, 사람들이 궁금해하고 더 알고 싶어 하는 내용을 전해줄 수 있겠다는 마음을 가지게 되었다. 이는 내가 개정판을 쓰게 해준 계기가 되었다.

이 책이 조종사를 희망하는 사람들에게 정확한 길을 제시해준다면 정말 뜻 깊은 일이 될 것이다. 이 책에는 많은 이들이 궁금해하는 조종사의 전망, 실제 군 및 민간항공사 조종사의 인터뷰를 통한 조종사의 삶, 조종사가 될 수 있는 방법, 조종사가 되기 위한 여러 가지 노하우 및 조종사 훈련 과정 합격 비결, 궁금증을 해소할 수 있는 Q&A 등이 담겨있다. 이 책이 조종사의 꿈을 현실로 만들기 위해 준비하는 사람들, 고된 훈련 과정을 견디며 비전을 그리고 있는 많은 사람에게 정확하고 믿음직한 나침반이 되길 소망한다.

2024년 초봄,
박지청

차 례

01 프롤로그_나는 이렇게 조종사가 되었다

투기는 후진을 못한다고 하던데요? | 조종복에 숨겨진 비밀이 있다고요? | 비행 중 화장실은 어떻게 가나요?

01 프롤로그_나는 이렇게 조종사가 되었다

///

우연에서 필연으로

낯선 인연을 만나다

추운 겨울이면 많은 사람들이 하얀 눈이 쌓인 스키장으로 간다. 특히 함박눈이 내린 다음 날 즐기는 스키는 흡사 구름 위를 나는 듯한 멋진 설렘을 동반한다. 그런데 전투조종사에게는 '구름 스키'를 탈 수 있는 특별한 경험이 가능하다. 맑은 하늘 높이 떠 있는 흰 구름 위를, 혹은 멋진 석양과 어우러진 솜털 같은 구름 위를 전투기와 함께 엄청난 스피드로 헤쳐가다 보면 최상급 슬로프를 내려오는 것처럼 짜릿하니까!

나는 사실 조종사라는 직업을 특별히 꿈꾸지 않았다. 그런데도 지금은 상상할 수조차 없는 스릴을 만끽하며 즐겁고 행복하게 살고 있다. 나는 어떻게 해서 조종사의 길을 걷게 되었을까?

1993년 6월, 나는 고등학교 3학년이었다. 대한민국 고등학생이라면 누구나 겪는 일이지만 나 역시 대학 입학이라는 무게감에 짓눌려 있었다. 게다가 나는 처음 도입된 대학수학능력시험이라는 새로운 시험 패턴에

전투기 조종사만 즐길 수 있는 구름 스키

잘 적응하지 못했다. 어느 날, 친구들이 사관학교 1차 시험공지가 올라왔다며 "우리도 시험 한번 볼까?"라고 이야기했다. 나는 사관학교에 대해 아는 것이 별로 없었다. 같은 고등학교 출신 선배가 공군사관학교 입시설명회를 왔을 때 들어본 내용이 전부였다. 평소에 사관학교에 관심을 가진 적도 없었다. 하지만 몇몇 친구들이 시험을 본다는 말에 '그럼 나도 한번 시험을 치러볼까?' 하는 마음이 생겼다. 그다음 고민은 더 심각했다. 육군, 해군, 공군 사관학교 중 어디에 원서를 써야 할지 확신이 서지 않았던 탓이다. 처음엔 수능점수를 고려하여 해군사관학교에 원서를 접수하고 전형료까지 지불했지만, 곰곰이 생각해보니 나에겐 아무래도 공군사관학교가 더 잘 어울릴 것 같았다. 그래서 담임선생님께 "선생님, 공군사관학교에 도전하고 싶습니다"라고 말했다. 선생님은 여러 가지

공군사관학교 생도 1학년 시절

현실적인 문제를 우려하셨지만 결국 시험이라도 한 번 보고 싶다는 나의 간곡한 바람을 이해하고 격려해주셨다.

이렇게 해서 나는 친구들을 따라 무작정 시험을 치른 뒤 공군사관학교와 공군이라는 생뚱맞은 인연과 함께하게 되었다(사관학교 출신만 아는 이야기인데 아이러니하게도 친구 따라 온 학생들이 대부분 합격한다). 시험을 보기 전까지만 해도 나는 장차 정치학자나 역사학자 또는 철학자가 될 거라고 마음먹고 있었는데!

우여곡절 끝에 1차 시험을 통과하고, 신체검사와 체력검정을 무사히 마쳤다. 마지막 면접 때였다. 면접관이 "자네는 왜 공군사관학교에 왔나?"라고 물었다. 순간적으로 수많은 모범답안이 머릿속을 맴돌았다. 그런데 엉뚱하게도 내 입에서는 "사관학교 교수가 되려고요"라는 답변이 흘러나왔다. 면접관들은 황당하다는 듯 웃었고, 나머지 시간도 재미있고 편안한 분위기에서 마무리할 수 있었다. 최종적으로 사관학교 합격 발표가 있던 날 저녁, 나는 전화박스—요즘에는 찾아보기 어려운—앞에서 친구와 함께 두근거리는 마음으로 합격 확인 전화를 걸었다. 수화기 너머로 들려온 "귀하는 1994년 46기 공군사관학교에 합격했습니다"라는 소리를 확인한 순간 나는 주위 사람들의 시선 따위 아랑곳하지 않고 펄쩍펄쩍 뛰었다.

그렇게 막연한 꿈을 지니고 공군사관학교에 들어온 나는 모든 과정을 마치고는 조종사가 되는 첫 관문인 신체검사를 하게 되었고, 합격 후부터 숨 쉴 틈 없이 동기생들과 함께 입문·기본·고등 비행훈련 과정을 마치고 드디어 조종사가 되었다.

엉뚱한 조종사 지망생, 면접관이 되다

시간이 흘러 나는 공군사관학교 교수가 되었고, 시험에 면접관으로 참석했다. 2016년 8월 20일 나는 공군사관학교에서 69기 공군사관생도 2차 시험 면접을 보러 온 학생들을 맞이했다. 학생들은 모든 것이 신기한 듯 두리번거리는가 하면 처음 만난 사이인데도 오래 전부터 알고 지냈던 것처럼 마냥 웃고 떠들었다. 그 옛날 나의 모습을 보는 것 같았다. 달

드디어 전투기를 타다.

라진 게 있다면 23년 전에 면접을 보러 왔던 그 엉뚱한 학생이 지금은 공군사관학교 면접관이 되어 학생들을 만나고 있다는 사실이라고 할까!

면접을 하다 보면 지금도 이따금 "사관학교 교수가 꿈이다", "친구가 시험 본다고 해서 같이 왔다"라고 대답하는 친구들을 만나곤 한다. 내가 시험을 치를 때만 해도 이렇게 대답하면 면접관들이 웃어 넘겼지만 요즘은 이런 대답에 좋은 점수를 줄 수 없는 형편이다. 뚜렷한 가치관과 꿈을 가지고 꾸준히 노력해서 도전한 젊음들이 넘쳐나는 데다가 조종사에 입문하는 것이 매우 어려워진 까닭이다.

나는 비행대대에서 신입 조종사들을 직접 교육하고 훈련했다. 비행 평가관으로서 비행대대를 다니며 전투기, 수송기, 훈련기 등 다양한 항공기를 운항하는 조종사들을 평가하기도 했다. 그토록 꿈꾸었던 공군사관학교 교수가 되어 사관생도들을 가르쳤고, 공군사관학교 신입생을 선발하는 면접관과 조종장학생 면접관으로서 중요한 역할도 담당했다. 이러한 일들을 하는 동안 나는 사관생도에 적합한 자질은 무엇인지, 조종사가 되는 데 필요한 정신적, 신체적 조건 및 능력은 무엇인지 내 나름의 기준을 세울 수 있게 되었다.

어린 시절 누구나 한 번쯤은 장난감 비행기를 가지고 놀면서 하늘을 날아보고 싶다고 생각했을 것이다. 공중에서 짜릿한 비행을 펼치는 '블랙이글(Black Eagles) 에어쇼'를 보면서 "나도 저런 멋진 전투기 조종사가 되고 싶다"라는 꿈을 품었던 적도 있을 것이다. 최소한 이 책을 선택한 독자라면 거의 100%에 가깝게 조종사의 길을 바라보고 있지 않을까?

/////

나의 조종사 연대기

1994년, 공군사관학교에 들어가다

친구 따라 무작정 시험을 봤다가 합격해서 다니게 되었지만 사관학교 시절 4년은 내게 참으로 의미 있는 시간이었다. 재미있는 순간도 많았지만 어려운 점도 있었다. 가장 걱정했던 것은 사관학교의 절제된 생활 패턴이었다. 타고난 성격이 원래 자유로운 편이어서 이런 생활에 적응하기까지 고충이 많았던 것도 사실이다. 하다못해 속옷 하나까지 줄자로 잰 것처럼 반듯하게 정리해야 했으니까! 사실 나는 왜 그렇게까지 해야 하는지 졸업할 때까지 이해하지 못했던 것 같다. 그런데 아이러니하게도 그 영향 때문인지 나는 우리 집에서 정리를 가장 잘하는 사람이 되었다.

사관학교에서 축구, 수영, 농구, 배구, 테니스 등 다양한 운동과 서예, 역사연구반 등 취미활동을 할 수 있었던 것은 지금도 고맙게 생각하는 부분이다. 나는 유연성이 좋은 편이고 달리기가 빨랐다. 100m를 11초로 달렸으니 꽤 빠른 편이다. 힘도 셌다. 친구들이 금산에서 자라 인삼으로 만든 깍두기를 많이 먹어서 그런가 보다고 놀릴 정도였다. 사관학교에서 가장 인상 깊었던 기억은 3~4학년 무용기* 럭비경기 결승전에서 최종으로 점수를 내 우승한 일이다. 사실 나는 달리기를 잘하고 힘도 세었으므로 럭비에 최적화된 몸이었다.

1998년, 공군사관학교를 졸업하고 비행훈련 과정에 들어가다

그런데 미처 생각하지 못했던 변수를 만났다. 조종을 하려면 오른손으로 조종간(Stick)을 잡아야 하는데 나는 왼손잡이였다. 축구든 야구든 모든 운동을 왼손과 왼발을 써서 해냈기에 조종간 작동에 적응하기까지 너무나 힘이 들었다. 그래서 비행 기본 과정과 고등 과정 중간 테스트에 불합격하여 마음고생을 한 적도 있다. 이러한 핸디캡을 극복하려고 무던히 많이 연구하고 노력했던 기억이 난다. 그 덕분에 나는 훗날 비행대대의 교관이 되고, 모든 비행기종의 평가관이 되었을 때 비행에 서투른 조종사들의 마음을 조금이나마 더 헤아릴 수 있었다. 조종사 지망생들에게 해주고 싶은 말이 많은 것도 이 같은 경험 때문인지 모른다.

1999년, 전투기 조종사가 되다

1999년 11월, 나는 모든 훈련을 마친 뒤 전투기 조종사가 되었다. 그 당시에는 선택할 수 있는 전투기가 F-4와 F-5 두 기종뿐이었다. 나는 주저

---

* 일반 대학교에서 열리는 체육대회와 같은 성격이다.

없이 F-4E가 있는 청주기지를 선택했다. 청주에 지금은 아내가 된 여자 친구가 살고 있었기 때문이다.

비행대대의 파릇파릇한 막내 조종사로서 나는 선배들의 사랑을 받으며 비행을 배웠고, 때론 따가운 질책 속에서 비행의 겸손을 익혔다. 조종사로서 경험했던 흥미로웠던 순간들이 떠오른다. 패기만만했던 젊은 시절, 나는 비행이 끝나면 동료 조종사들과 함께 활주로 옆 잔디밭에서 축구를 즐기곤 했다. 그때 다른 비행대대의 전투기가 굉음을 내며 활주로를 달려 비상(飛上)하는 모습을 자주 목격했는데, 그 모습은 조종사인 내가 봐도 너무도 멋졌다. 조종석 내에서만 전투기를 다루다가 여유롭게 바깥에서 바라보니 감회도 남달랐다. 내가 '진짜 조종사'임을 절감했던 감동적인 순간이었다.

2001년, 동료를 잃다

멋진 추억이 있다면 참으로 가슴 아픈 기억도 있다. 2001년 어느 가을 날이었다. 비행대대에서 비행브리핑을 마치고 동료 조종사와 휴게실에서 쉬고 있었다. 이런 저런 이야기를 나눈 뒤 다시 비행을 하러 갔는데, 동료 두 명이 비행기지로 돌아오지 않았다. 공대지 사격훈련을 하던 중에 추락한 것이다. 그 전날만 해도 농담을 주고받으면서 함께 시간을 보냈던 동료가 말이다. 어린 나이에 참 많이도 울었다. 어쩌면 이것이야말로 전투 조종사에게 주어진 숙명일 것이다. 위험하고 힘든 순간, 가슴 아픈 순간이 언제 발생하지 모르기 때문이다. 그래도 우리는 다시 일어선다. 가족과 시민들의 소중한 목숨과 나라를 지킨다는 큰 자부심을 갖고

서. 그 자부심은 힘겨운 의무이기도 하지만 동시에 모든 난관을 헤쳐 나
갈 수 있는 원동력으로 작용한다.

최근처럼 북한의 연이은 도발이나 미사일 발사 및 핵실험이 있을 때면
조종사는 상시 비상대기에 돌입한다. 특히 연평해전이나 천안함 피격과
같은 위중한 사태가 발생하면 조종사들은 바로 출격할 수 있도록 긴급
비상대기 상태를 유지한다. 일반인이 상상할 수 없는 긴박한 상황이다.
본인의 생사마저 불투명해지는 순간이어서 곧잘 머리카락을 잘라 보관
하기도 한다. 그러나 조국을 지켜내겠다는 충성스런 자긍심만큼은 말로
표현할 수 없다. "나는 대한민국의 조종사다."

2007년, 고급 전술훈련 과정에서 1등을 거머쥐다

2004년 5월, 나는 공군사관학교 하늘공원에서 야외 결혼식을 올렸다.
2007년 12월 연세대학교 정치학과 석사 과정에 들어가기 전까지 청주
비행대대에서 비행자격의 최종단계인 교관으로서 전투기 비행을 수행했
다. 영예롭게도 2007년에는 조종사의 고급 전술훈련 과정인 전술무기교
관 과정(FWIC)*에서 1등을 했다. 결과로서의 행복보다는 과정에서 느끼
는 행복함이 더 크게 다가왔다. 비행훈련을 시작할 때부터 왼손잡이로
서 가지는 비행적응의 힘든 단계를 잘 극복한 것처럼 조종사로서 걷는
과정 속에서 좋은 성과를 냈다는 것에 스스로 만족했기 때문이다.

---

* 전술무기교관 과정(FWIC; Fighter Weapon Instructor Course): 전투조종사의 최고 교육과정이다.

2008년, 연세대학교 대학원 시절

그 시절 나는 집과 도서관, 학교를 오가는 매우 규칙적이고 단순한 생활을 즐겼다. 여느 고등학교 수험생이 가지는 생활 패턴과 다를 바가 없었다. 2008년 2월에 둘째가 태어나면서 손이 바빠진 아내를 최대한 도와주기 위해서다. 나는 대학원에 진학하기 전에 아내에게 한 가지 약속을 했다. 대학원에 가면 일주일에 한 번은 꼭 요리를 하고, 가정을 최우선으로 생각하겠다고 말이다. 사실 이것은 결혼 전에 한 약속이었다. 하지만 바쁜 조종사 생활에 약속을 지키지 못해 늘 안타까웠는데 그제야 비로소 실행에 옮긴 것이다. 하지만 가정적인 남편이 되는 것도 만만치 않은 일이었다. 요리하는 방법을 몰라서 실수를 연발했고 가전제품 사용법을 숙지하지 못해 애를 먹었으며 아이를 챙기는 데 서툴러서 아내에게 핀잔을 받기도 했다. 하지만 이번에는 "나는 가장이다"라는 자부심으로 문제들을 하나씩 해결했다. 지금도 휴일이면 나는 가족을 위해 직접 요리를 한다. 폭풍 칭찬을 들으면서!

2010년, 공군 남부전투사령부(현, 공중전투사령부) 평가과에 배속되다

2010년, 나는 공군 남부전투사령부(현, 공중전투사령부) 평가과에 배속되어 모든 비행기지의 조종사를 평가하는 임무를 맡게 되었다. 이제 껏 F-4E 전투기만을 타다가 공군에 있는 전 기종(F-15K, F-16, F-5, KT-1, C-130, CN-235 등)을 탈 수 있었던 것은 정말이지 크나큰 행운이었다. 하지만 그냥 항공기만 타면 되는 일이 아니었다. 각 기종의 조종사들을 평가해야 했다. 다양한 기종의 항공기 특성 및 전술을 이해하기 위해 교범과 비밀 책자 등을 보면서 좀 더 자세히 항공기를 연구하고 그 특성들을 정확하게 파악했다. 그러는 동안 많은 선후배 조종사들과 교류하면서 다양한 생각들을 나눌 수 있었다.

2010년 10월, 터키 지휘참모대학에 진학하다

원래 역사를 좋아했던 나는 한때 고고학자가 되는 꿈을 꾸기도 했다. 언젠가 이집트와 이스탄불에 가리라 마음먹으면서. 그래서 터키에 갈 수 있는 선발시험 공고가 뜨자마자 이에 응시했다. 터키어를 한 번도 접해본 적이 없었지만 꼭 합격하겠다는 일념 아래 무작정 반복해서 외우는 공부에 매달렸다. 우여곡절 끝에 터키에 간 나는 제일 먼저 언어를 익히기 위해 육군 언어학교에 들어갔고, 그곳에서 10개월간 본격적으로 터키어를 익혔다. 언어학교에는 10개국 이상의 나라에서 온 장교 및 부사관들이 있었기에 그들과 교류하면서 자연스럽게 다양한 문화를 접할 수 있었다.

나는 특히 중동에서 온 사람들에게 관심이 많았다. 흔히들 유럽에서 종종 벌어지는 ISIS에 의한 테러 때문에 중동인들에게 거부감이나 두려움을 갖곤 하지만, 그것은 편견에 지나지 않는다. 95% 이상이 이슬람교를 믿는 터키인도, 중동 사람들도 대부분 정말 착하고 친절했다. 우리 가족이 공원에 나가면 너나 할 것 없이 친절하게 대해주었고, 첫째 아이가 줄넘기를 이용해서 터키 아이랑 줄다리기를 할 때면 공원에 있던 사람들이 우르르 몰려들어 함께 웃으며 놀이를 즐기곤 했다. 터키에 머무는 동안 유럽 각국을 여행했던 기억도 내게는 참 소중하다.

터키는 군인의 위상이 비교적 높은 나라다. 그래서 터키 곳곳의 경치 좋은 곳에는 군인 가족을 위한 숙소와 레스토랑이 있다. 스키장 슬로프도 군인만을 위한 곳이 따로 있을 정도다. 덕분에 우리 가족도 풍성한 경험을 쌓을 수 있었다.

2012년, 리더십센터에서 비행대대 조직문화를 진단하다

터키 지휘참모대학 수료까지 한 달 남았던 2012년 6월, 갑자기 아버지가 돌아가셨다. 너무나 급작스런 일이어서 눈물을 흘릴 틈도 없었다. 관사 아파트 밖을 나와 공원을 걸으면서 비로소 눈물이 흘렀다. 나의 부모님은 연세가 많은 편이다. 내가 늦둥이인 탓이다. 아버지는 무뚝뚝하고 엄격하셨다. 작고 소식을 듣자 아버지와 지냈던 기억과 아버지가 하셨던 평소 일들이 머릿속을 빠르게 스쳐 지나갔다. 방 안에 앉아 한자를 쓰시던 모습이 기억에 가장 많이 남는다. 글씨를 참 잘 쓰셨던 분이다. 애석하게도 나에겐 아버지의 DNA가 부족하지만 말이다. 손자들이 찾아와서 노는 모습을 바라보면서 흐뭇하게 웃으시던 모습도 자주 떠오른다.

아버지가 갑자기 돌아가시는 바람에 나는 생각보다 한국에 빨리 들어왔고, 그 뒤로 약 넉 달 동안 공군사관학교 안에 있는 리더십센터에서 비행대대 조직문화를 진단하러 다녔다. 비행대대의 잘못된 조직문화를 찾아내고 이를 해결하여 좋은 문화를 형성하는 역할을 맡았다. 이 임무를 잘하기 위해서 리더십 세미나와 코칭 세미나에 참여하여 연수도 받았다. 그때 나는, 내가 참 부족한 사람이라는 것을 깨닫게 되었다. 그나마 연수를 통해 주변 사람을 진심으로 이해하고 경청하며 존중할 때 나도 같이 존중받을 수 있다는 것을 깨닫게 되었으니 그 또한 감사한 일이 아닐 수 없다.

2013년, 청주 비행기지의 한 비행대대에서 비행대장을 하다

비행대장은 비행대대의 대대장 밑에서 전반적인 대대 운영을 도맡는 임무를 지닌 사람으로, 가정으로 비유하자면 어머니와 같은 역할을 수행하는 직분이다. 당시 나는 세미나 수업과 연수에서 배운 지식을 통해 후배 조종사들을 사랑으로 대하려고 노력했다. 나의 마음을 안 후배들 역시 스스럼없이 내게 다가왔다. 우리는 서로 고민을 이야기하면서 인생에 관해, 꿈에 대해, 미래 비전에 대해 많은 이야기를 나누었는데, 지금 생각해도 정말이지 유익한 시간이었다. 물론 후배들과 비행할 때는 비행의 기본을 익힐 수 있도록 누구보다 단호하게 대했지만 말이다.

2015년, 공군사관학교 순환직 교수가 되다

1994년 공군사관학교 면접시험에서 "교수가 되려고 왔다"라고 대답했던 엉뚱한 고등학생의 꿈이 마침내 이루어졌다. 순환직 교수가 된 것이다. 순환직 교수란 각 분야에 몸담고 있는 뛰어난 장교들을 뽑아서 사관생도 교육을 담당하게 하는 제도다. 석사 이상의 자격을 지녀야 하고, 공군사관학교 출신은 졸업성적이 우수해야 한다.

사관학교에 와서 생도들을 가르치는 것은 즐거웠다. 매 순간이 뜻 깊었다. 마음속에서 우러나오는 사랑으로 생도들을 대하고자 노력했고, 한

시간 수업을 위해 몇 시간을 할애하여 준비하는 등 열정을 쏟았다. 수업 내용을 잘 이해시키려고 예습과제도 많이 냈다. 덕분에 '어려운 수업 블 랙리스트'에 오르기도 했지만 말이다. 그러나 양질의 수업을 제공하고 싶다는 욕심은 쉽게 사그라지지 않았고, 나는 방학마다 또 다른 방식의 창의적 교수법을 탐색하기 위해 수많은 세미나에 연수를 다녀오곤 했다. 가르침은 곧 깊은 배움과 통한다는 것도 그때 깨달았다.

2018년, 아시아나항공에 들어가다

군에서 약 20년간 비행과 사관학교에서 교수생활을 하였고, 또 항공관 련 책을 집필을 한 뒤에 비행교육을 받는 것이라서 나름 자부심을 갖고 시작했다. 약 2~3달은 일반교육과 지상교육을 받고, 737기종을 바탕으 로 하는 기본적인 시뮬레이터를 타는 과정까지 마쳤다. 지상교육까지는 민간항공에서 알아야 할 기본소양을 익히는 과정이라 그저 열심히 하 면 되지만, 시뮬레이터는 차원이 달랐다. 군 조종사가 되는 초기 과정의 훈련조종사처럼 '자세 고도 속도'를 마음속으로 외쳐가면서 열심히 한 것 같다. 약 4시간 동안 2명의 교육생이 crew를 이루어 교육을 받는데, 마치고 나면 등에 땀이 흥건해지곤 했다.

하나하나의 과정을 받다 보면 그 과정만이 전부인 것 같은 힘든 느낌 을 받게 된다. 그렇게 시간을 보내다 보면 어느새 다음 과정이 기다린다. 다만 내가 교육을 받으며 느끼는 가장 큰 소감은 '점점 민간조종사로서 프로의 길에 한 발짝씩 다가서고 있구나'라는 것이다.

같은 차반에는 공사출신, 항공대출신, 미국/울진비행교육원 등 다양한 출신의 교육생들이 있었다. 모두 출신, 나이, 경험 등이 다 다르지만 조종사가 되고자 하는 열정 하나는 똑같았다. 모두 최선을 다해 노력하며 땀을 흘리고 있는 모습이 아름다웠다.

2019년, 아시아나항공 부기장이 되다

2019년 7월에 부기장 모든 교육을 마쳤다. 민간항공에서 교육을 받은 과정의 내용들에 대해 간략히 남기고자 한다. 아시아나항공에서 시뮬레이터 교육과 실제 비행훈련인 OE훈련을 비로소 마쳐야만 모든 부기장 교육과정이 끝난다.

첫째. 시뮬레이터 교육은 주로 전반적으로 실 비행에서 진행되는 비행절차를 숙달하고, 이보다 중요하게 다루는 부분은 바로 비상절차 교육이다. 비행을 준비하시는 분들은 어느 정도 이해하시겠지만, 실제 비행에서 연습할 수 없는 부분들이 바로 비상절차이기 때문에, 이에 대한 시뮬레이터 교육이 필요한 것이다. 대부분 외국인 시뮬레이터 교관들이 훈련을 담당하고 있으며, 다양한 비상상황을 일정 기간 내에 나눠서 진행하게 된다. 모든 것이 새롭게 진행되는 교육이지만, 선차반들에 배운 내용들을 먼저 충분히 이해하고, 많은 머리 비행을 통하여 몸에 익힌 뒤, 훈련에 임하면 엄청나게 어렵게 느껴지지는 않는다.

둘째. 역시 관건은 실제 비행을 하는 OE훈련이었다. 앞서 언급한 바와 같이, 나름대로 군에서 전투기를 조종하였는데, 민간항공에서 운영하는 항공기가 과연 얼마나 어려울까 하는 마음으로 다소의 두려움보다는 기대감이 앞섰다. 그러한 기대감은 한두 번의 비행교육 만으로도 금새 무너지고 말았다. 많은 승객을 모시고 비행하는 항공기는 전투기와는 다른 형태로 많은 지식을 요하고, 철저한 절차수행을 필요로 하였다. 민간 항공에서의 비행은 실로 절차에서 시작하여 절차로 끝난다고 해도 과언이 아닌 것 같다.

항공기 시동을 걸기 전까지 지상에서 준비해야 하는 많은 준비과정이 우선 필요하다. 출발지/도착지 공항 정보, JEPPESEN, 비행절차, 비상절차, 항공기 특성, 기상, NOTAM, 공지사항, 특이사항 등 다양한 지식을 익혀야 비로소 비행준비가 겨우 끝났을 뿐이다. 비행준비한 사항에 대해 완벽히 숙달이 되어야지, 실제 비행에서 겨우 20~30%도 발휘될까 말까 한다. 이렇게 비행준비 과정을 마친 뒤, 실제 비행에 들어간다. 비행 전 브리핑을 하기 위해 브리핑 약 2~3시간 전에 도착하여 또 다시 그날의 실제 비행 준비를 하게 된다. 교관님이 오시면, 실제 비행을 어떻게 진행하실지 말씀하시고, 여러 가지 비행에 관련된 질문을 하시면 이에 답변을 드려야 한다.

드디어 비행에 임하게 되면, 준비한 절차 수행 과정을 실제 비행에 접목을 한다. 처음 비행을 하면서 우왕좌왕하고, 비행 하나 하나를 몰라서 많이도 당황하고 힘들어 했다. 절차 수행은 조종사가 수행해야 할 기본 중의 기본이다. 이와 더불어 항공기 시스템을 이해해야 실제 비행이 진행되는 전반적 과정을 이해할 수 있고, 절차 수행도 원활하게 진행된다. 그렇다고 부기장이 모든 것을 완벽히 이해하고 수행한다는 것은 불가능에 가깝다. 다만 아무런 노력없이 기장님들이 수행하시는 PERFORMANCE를 따라갈 수 없다. 이러한 모든 과정을 잘 수행해야만 그 경지에 이를 수 있다. 그러기에 참 많은 시행착오를 겪었던 것 같다. 그리고 무엇보다 관제사와 통화를 하는 것은 더 많은 어려움을 느끼게 한다. 국내선, 중국, 일본 등 여러 나라의 관제사들과 통화하는 것은 그야말로 부기장 비행의 결정체이다. 그만큼 참 어렵다. 그래도 긍정적인 것은 비행을 하면 할수록 나아지므로 너무 걱정할 필요는 없다.

2020년, 대학교 항공운항학과 교수가 되다

아시아나항공에서의 짧은 조종사 경험을 마치고 새로운 길을 찾아 떠났다. 어린 시절부터 꿈꿔왔던 교수가 되고자 과감한 결심을 하고 일반대학교 항공운항학과 교수가 되었다. 공군사관학교에서 생도들을 가르치던 교수 시절이 너무나 그립고, 또 학생들을 가르치던 추억이 또 그리웠다. 그래서 안정적인 직업이라는 조종사를 그만두고, 교수가 된 것이다.

그런데 학생들과 소통하며 가르침의 시간을 갖으려 했으나, 아이러니하게도 코로나로 인해 화상수업을 하게 되었다. 아무래도 항공분야 수업은 서로 이야기를 나누며 소통해야 할 부분이 많기에 많은 어려움을 겪었다. 그래도 그런 와중에도 학생들이 가진 열정에 답하기 위해 최선을 다했던 것 같다. 짧은 시간이었지만, 그 당시 화상으로 수업하던 기억은 나에게 오랫동안 깊은 인상을 줄 것 같다.

///

로망에 노력을 장착할 때 꿈은 이루어진다

정보 수집은 직업 선택의 필요충분조건이다

요즘은 막연한 동경이나 어린 시절의 꿈만 가지고 직업을 선택하기 힘든 상황이다. 어떤 이들에겐 '꿈'이라는 단어조차 사치스럽게 들린다. 그만큼 취업이 어려워지고 일상 자체가 팍팍해졌다. 따라서 대학교에 입학하는 순간부터 학생들은 진로를 고민하게 된다. 그나마 자유로운 신입생 시절을 마치고 상급 학년이 되면 본격적으로 직업을 선택하고 준비해야 하는 결정적 순간을 맞게 된다. 공군사관학교 학생들도 마찬가지다. 그들 역시 시간만 나면 교수나 선배를 붙잡고 "어떻게 조종사가 되셨어요?", "제가 과연 조종사가 될 수 있을까요?", "조종사들은 연봉이 얼마나 돼요?", "제게 조종사가 되는 방법을 알려주세요", "세계 여러 나라를 마음껏 여행할 수 있어서 좋지요?" 하고 묻는다. 여러 가지 경우를 생각하면서 자신의 미래를 그려보기 위한 단계이리라.

오랜 기간 전투기 조종사 및 민간항공 조종사로 살아오면서, 그리고 공군사관학교 및 일반대학에서 교수로 일하면서 나는 많은 학생과 학부모로부터 조종사에 관련된 여러 질문들을 받곤 했다. 그 질문들을 정리하면 대개 다음과 같다.

○ 파일럿에도 종류가 있나요?

○ 파일럿은 무슨 일을 하나요?

○ 어떻게 파일럿이 될 수 있나요?

○ 저 같은 평범한 사람도 파일럿이 될 수 있나요?

○ 파일럿이 쉽게 될 수 있는 방법이나 노하우가 있나요?

○ 파일럿의 연봉은 얼마나 되나요?

○ 파일럿이 되면 세계 모든 곳을 공짜로 여행할 수 있나요?

○ 파일럿이 되었을 때 좋은 점과 힘든 점은 무엇인가요?

○ 하늘에 올라가면 우리나라 전체가 다 보이나요?

○ 전투기를 타면 서울에서 부산까지 얼마나 걸리나요?

○ 전투기 조종사의 가족에겐 전투기를 탈 수 있는 기회가 주어지나요?

이 같은 질문에 답하면서 나는 "많은 사람들이 조종사라는 직업에 대해 TV드라마나 여러 미디어를 통해 듣고 보았지만, 직업으로 선택하기 위해 자세히 정보를 찾아보려 하면 알 수 있는 방법이 거의 없다"는 것을 알게 되었다. 학교 사정도 별반 다르지 않다. 조종사가 되겠노라며 공군사관학교에 들어온 사관생도들이나 일반대학 학생들에게 "조종사에 대해 얼마나 알고 있으며, 어떻게 알고 이곳에 왔나?" 하고 질문하면 대부분이 그저 "입시설명회에서 들은 게 전부인데요"라고 대답한다. 심지

에어쇼를 준비하는 블랙이글 조종사

비행 중인 아시아나 항공기

어 인터넷이나 지식in 등에서 얻은 정보가 전부라는 답변도 나온다.

조종사가 아닌 일반인, 특히 학생이나 학부모, 설령 진학담당 교사라 할지라도 이러한 질문에 쉽게 답하기 힘들다. 내가 조사해본 바에 따르면 인터넷상에서 이루어지는 수많은 질문과 답변들도 대부분 단편적이거나 왜곡된 것들이 많다. 조종사 관련 책들도 사정은 다르지 않다. 조종사가 될 수 있는 과정과 방법에 집중하기보다 자신의 경험이 위주가 되거나 조종사 이외의 여러 직종 및 다른 정보를 묶어서 보여주는 경우가 더 많다. 조종사 과정을 공부할 수 있는 대학 소재 항공운항학과나 비행교육원에 질문해보아도 생소한 항공용어 및 개념 때문에 조종사인 나조차 쉽게 이해되지 않았다. 사정이 이러하니 자신에게 맞는 조종사 과정을 찾아내기란 결코 쉬운 일이 아닐 터다.

조종사의 길에도 내비게이션이 필요하다

이처럼 대다수의 사람들이 조종사에 관련된 알기 쉬운 정보를 접해보지도 못한 채 무작정 진로를 선택하거나, 아예 그러한 과정 자체를 몰라서 시도조차 못해보는 경우도 허다하다.

이 책에는 실제 민간 항공사와 군에서 조종하고 있는 조종사들과 신체검사 담당의사, 체력검정 담당관, 면접 담당자, 비행훈련 교관 등의 조언과 노하우를 그대로 담았다. 조종사에 대해 아무것도 모르는 사람들에게 비행 조종사가 될 수 있는 방법을 보다 쉽고 정확하게, 그리고 유용한 길을 제시할 수 있도록 노력했으며, 세부적으로 조종사들의 직접적인 경험과 생활을 담은 생생한 인터뷰, 일부 과정의 면접 노하우, 신체검사 및 체력검정 요령, 민간항공 및 군 조종사 과정에 합격할 수 있는 비법까지 면밀히 다루었다. 이 책은 본인에게 적합한 맞춤형 과정을 찾는 사람들, 막연한 동경을 현실로 만들고 싶은 사람들이 비밀의 숲을 무사히 통과하게 해주는 알찬 내비게이션이 될 것이다.

02 누구나 조종사가 될 수 있다

///

조종사의 전망은 밝다

항공기 조종사는 왜 인기 직종에 속할까?

코로나 시기에 민간 항공기 조종사라는 직업은 상당한 수난을 겪었다. 코로나로 해외 및 국내 여행이 제한되어 항공 수요가 급감했기 때문이다. 그 결과 민간항공 조종사 채용이 급격히 줄어들었다. 이에 따라 이미 항공사 채용시험에 합격한 사람들조차 1~3년의 정체기를 거쳐 겨우 민간항공 조종사가 되었는데, 이만 해도 상황이 좋은 편에 속한다. 조종사가 되기 위하여 국내 및 해외 비행학교에서 비행교육을 받고 있거나, 완료한 상태에서 항공사에 조종사 채용 지원을 하는 사람들은 조종사가 될 기회조차 얻지 못하였다. 왜냐하면, 항공사에서 신규 및 경력직 조종사를 채용하지 않았기 때문이다. 또한 항공대 및 한서대, 기타 대학교 항공운항학과에서 진행되고 있던 민간 항공사에 바로 채용될 수 있는 연계과정도 잠정적으로 중단되었다.

다만 현재는 코로나가 호전되어 항공산업도 점차 정상화되고 있어서,

청년층(15~29세) 실업률 추이

2014. 2월
10.9%

2015. 2월
11.0%

2016. 2월
역대 최고치 12.5%

12

10

8

5

2014

2015

2016

2016 실업률 (자료: 통계청)

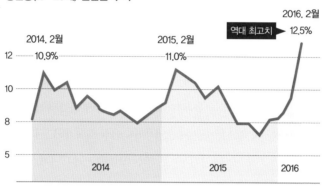

2025년 능력대체비율 높은 직업	2025년 능력대체비율 낮은 직업
• 주방보조원	• 항공기 조종사
• 세탁원 및 다림질원	• 투자 및 신용 분석가
• 건설 및 광업 단순종사원	• 변호사
• 금속가공 기계조작원	• 자산운용가
• 청소원	• 회계사

2025년 능력 대체 비율이 낮은 직업 vs. 능력 대체 비율이 높은 직업 (자료: 통계청)

해외에는 벌써 조종사 부족 현상이 빚어지면서 많은 조종사를 채용하고 있으며, 국내에서도 대한항공을 중심으로 조종사 채용 비율을 늘이고 있다.

코로나와 상관없이 전 세계적으로 많은 사람들이 조종사라는 직업을 여전히 선호한다. 2023년에 세계적으로 가장 꿈꾸는 직업의 1위는 미국부터 영국과 오스트레일리아까지 모두 "파일럿"이다. 세계에서 가장 인기 있는 직업을 보여주는 세계 지도가 공개되었는데, 이 지도는 구글 검색 데이터를 12개월 동안 수집하여 만들어진 것으로 각 나라 이름은 해당 국가의 주민들이 직업 전환을 고려할 때 가장 많이 관심을 가지는 직업으로 대체되었다. '파일럿이 되는 방법'과 같은 검색어가 영국, 미국, 오스트레일리아를 포함한 25개 국가에서 가장 많이 검색되었으며, 총 930,630건의 검색 결과가 있었다.

경제적인 부분에서도 조종사라는 직업은 여전히 매력적이다. 현재 한국에서 경제적으로 안정되거나 연봉을 많이 받는 상위 10개 직종은 의사, 치과의사, 변호사, 금융가, 항공기 조종사 등이다. 그중 항공기 조종사는 초봉이 약 8,000만 원에 상응할 만큼 연봉이 높은 직업으로 주목받는다. 각종 복지 혜택을 누릴 수 있고 다양한 국가를 여행할 수 있는 특별한 기회까지 얻을 수 있다.

세계경제포럼이 펴낸 『일자리의 미래』를 보면 인공지능, IoT*, 3D프린

---

* 사물인터넷(Internet of Things). 각종 사물에 센서와 통신기능을 내장하여 인터넷에 연결하는 기술이다. 즉, 인터넷으로 연결된 사물(가전제품, 모바일 장비, 웨어러블 컴퓨터 등)들이 데이터를 주고받아 스스로 분석하고 학습한 정보를 사용자에게 제공하거나 사용자가 이를 원격으로 조정할 수 있는 인공지능 기술을 말한다. 사물 인터넷에 연결되는 사물들은 자신을 구별할 수 있는 유일한 아이피를 가지고 인터넷으로 연결되어야 하며, 외부 환경으로부터의 데이터 취득을 위해 센서를 내장할 수 있다. 하지만 모든 사물이 해킹의 대상이 될 수 있으므로 사물 인터넷의 발달과 보안의 발달은 함께 갈 수밖에 없는

민항기 조종사의 수요는 폭발적으로 늘어날 전망이다.

팅 등의 기술이 선도하는 4차 산업혁명으로 인해 의사, 세무사, 회계사 등 상당수의 직업이 사라진다고 한다. 그러나 미래창조과학부 조사에 따르면 2025년 능력 대체 비율이 낮은 직업에 변호사, 자산운용가 등과 함께 항공기 조종사가 높은 순위에 기록되어 있다. 그 만큼 조종사는 미래에도 안정적인 직업이라고 볼 수 있다.

그렇다면 빅데이터 및 컴퓨터 기술 발달과 함께 항공 기술이 고도로 진화하는 미래에도 항공기 조종사는 왜 사라지지 않을 가능성이 높은 것일까? 이는 소형 항공기, 드론, 인공지능 등이 조종사의 역할을 대체할 것이라는 추측도 있지만, 조종사가 반드시 필요한 현실 자체를 바꿀 수

구조다.(출처 및 정리: 위키백과 참조)

는 없기 때문이다. 고속전철도 자동화 시스템으로 굳이 차장이 필요 없다고 하지만, 긴급한 처리를 요하는 비상 상황이 발생하면 이를 처리하는 것은 늘 사람이다. 이와 마찬가지로 항공기 조종은 무수히 많은 승객과 귀중한 화물을 수송해야 하는 중요한 임무이므로 아무리 최첨단 기술로 자동화되어 있어도 갑작스럽게 발생하는 위기 상황 처리나 각종 상황에 대처할 수 있는 유연성은 오직 조종사만이 감당할 수 있다. 무엇보다 중요한 사실은 항공 산업은 지속적으로 성장하고 있는데 비해 조종사는 턱없이 부족하다는 점이다.

희소성 있는 조종사, 다만 한국은 약 1~2년간 민간항공사의 조종사 수급 정체를 고려해야 한다

2022년 7월 동아일보 기사에 따르면, 미국에는 이미 조종사 부족 현상이 문제시되고 있다. 2022년 6월 미국에서는 하루 수십~수백 건의 항공편이 취소됐다. 조종사가 없다는 이유였다. 아예 노선 자체가 사라지는 경우도 있다. 미국 아이오와주 더뷰크 지역 공항에 유일하게 취항하던 아메리칸항공은 9월부터 노선 운항을 중단하기로 했다. 조종사 부족으로 미국 지방 공항 수십 곳의 운항 일정이 30~50% 줄었다는 조사도 있다.

스콧 커비 유나이티드항공 최고경영자는 "대부분의 항공사가 조종사 부족을 겪고 있어서 항공편을 얼마나 제공할 수 있을지도 알 수 없다"라고 하면서 "최소 5년 동안 조종사 부족이 이어질 수 있다"라고 말했다. 말라키 블랙 미국 지역항공사연합 대표는 "들어오는 조종사보다 나가는 조종사가 더 많다"고 하면서 "항공기 조종사는 자격증 취득이 어려운 데다 훈련비용도 비싸 바로바로 수급하기 어렵다"고 전했다.

항공업계는 인력 부족 문제가 단기간에 해결되지 않을 것으로 보고 있다. 로빈 헤이스 제트블루항공 최고경영자는 "앞으로 2, 3년이 지난 후에야 정상으로 돌아올 것"이라고 했다. 항공업계의 현재 인력 부족은 임금 상승을 야기하고, 이것이 추가적인 인력 채용을 방해할 수 있다는 지적도 있다.

다만 한국의 상황은 다시 깊이 들여다 볼 필요가 있다. 물론 한국의 항공산업 규모도 커지고 있는 것은 사실이나, 미국만큼 큰 시장이라고 는 할 수 없다. 현재 정체되었던 조종사 채용 문제가 서서히 풀리고 있 는 만큼, 민간항공 조종사가 되고자 하는 수요 인원에 비해, 조종사 채 용 비율이 당연히 낮을 수밖에 없다. 따라서 1~2년간 한국 민간 항공사 의 조종사 채용 정체는 감안할 필요가 있다. 물론 장기적으로 조종사 채용을 바라보면, 비관적이지 않고, 긍정적으로 바라볼 수 있으나, 지금 당장 민간 항공 조종사가 되고자 하는 사람들에게는 충분히 고민할 여 지가 있다. 당분간은 단순히 조종사가 되고자 하는 희망만을 품고, 조 종사 진로를 꿈꾸기보다는 이전보다 훨씬 구체적인 분석과 연구를 해야 한다. 만약 항공운항학과나 비행학교를 희망하는 사람은 이러한 기간을 고려해보고, 자신이 조종사가 될 시기의 항공 여건을 면밀히 따져본 뒤, 진로를 선택하기 바란다. 이를 위해, 민간 항공사의 채용 현황 및 전망과 더불어 군 조종사의 길 또한 함께 고려하여, 다각적인 탐색을 요한다.

조종사는 이런 일을 한다

조종사가 하는 일

조민항기 조종사는 비행기를 운행하는 데 필요한 모든 작업을 수행하는 직업이다. 주로 다음과 같은 일을 한다.

1. 비행 준비 및 계획: 비행 전, 비행기를 점검하고 비행 계획을 세우며, 날씨와 특정 조건을 고려하여 비행 계획을 수정하기도 한다.
2. 비행 조종: 이륙, 순항, 접근, 착륙 및 이동 등과 같은 모든 비행 단계를 조종한다.
3. 비상 상황 대처: 비행 중에 발생하는 비상 상황에 대응하기 위해 항상 대비하고 있다. 비행기 안전 운항을 위해 각종 비상 상황에 대한 교육 및 훈련을 받는다.
4. 탑승객 안전 관리: 승객들의 안전을 최우선으로 삼고, 승객들이 안전하게 여행할 수 있도록 각종 안전 절차를 수행한다.

착륙을 준비하는 조종사들

5. 기상 관측 및 보고: 비행 중에 날씨를 지속적으로 관측하여 정보를
   기상 담당자들에게 전달한다.
6. 항공 교통 관리: 공항과 교신하여 비행 계획을 조정하며, 항공 교통
   관리 기관과 연락하여 항로, 공항 접근 및 출발 시간 등을 조정한다.
7. 기타 업무: 승무원과 협력하여 탑승객들의 서비스를 제공하고, 비행
   기 운행과 관련된 모든 업무를 수행한다.

민항기 조종사는 비행기 안에서 매우 중요한 역할을 담당하며, 승객들
의 안전과 편의를 보장하는 역할을 수행한다. 따라서 교육과 훈련을 엄
격히 받으며, 안전 운항에 대한 엄격한 규정을 준수해야 한다. 통상 부기
장으로 2,000시간 이상의 비행을 하고 운송용 면장을 소지하면 기장이

전투 비행훈련을 수행하고 있는 전투기 조종사

될 수 있다. 대한항공이나 아시아나항공 부기장은 현재 8~15년 뒤, 저가 항공은 5~10년을 근무하면 기장이 된다.

군 조종사

군 조종사는 군용 항공기를 조종하는 임무를 수행한다. 군 조종사의 임무는 민간 항공사의 조종사와는 매우 다르다. 군 조종사는 대개 전투기, 수송기, 헬리콥터 등의 군용 항공기를 비행하며, 적과의 전투, 지상 타격 작전, 인명 구조 작전, 인공위성 관찰 등의 다양한 임무를 수행한다.

군 조종사는 군사적인 상황에서 안전한 비행을 보장하고, 임무를 성공적으로 수행하기 위해 항공기를 안정적으로 조종해야 한다. 이를 위해

군 조종사는 항공기의 시스템 및 기술에 대한 깊은 이해를 가지고 있어야 한다. 또한, 다양한 기상 조건과 환경에서 비행을 할 수 있도록 훈련을 받아야 하며, 전투 상황에서는 적의 공격을 피하거나 반격을 할 수 있는 기동성과 타격력을 갖추어야 한다.

군 조종사는 항공기에 대한 유지보수 및 수리에 대한 지식도 필요하다. 이를 위해 항공기 엔진, 전기 시스템, 통신 시스템 등의 기술적인 부분에 대한 이해도가 높아야 한다. 군 조종사는 공군(전투기, 수송기, 헬기) 조종사, 해군(고정익 항공기, 헬기) 조종사, 육군(헬기) 조종사로 나뉜다.

/////

민간항공기 조종사 생생 인터뷰(공군사관학교 출신)[*]

Q: 민간항공기 조종사가 되신 계기와 그 과정이 궁금합니다.

저는 공군사관학교를 졸업했습니다. 시골 소재 중학교와 고등학교를 다니면서 가졌던 꿈은 너무도 다양했습니다. 과학자, 정치가, 건축가 등 서로 연관성이 전혀 없는 직업들이었지요. 그러다가 공군사관학교에 가면 조종사가 될 수 있다는 이야기를 우연히 듣고 그때부터 운명처럼 하늘에 대한 동경이 생겼어요. 공군사관학교를 졸업한 뒤 공군에서 제공하는 조종사 정규훈련 과정을 마치고 13년간 전투기를 탔습니다. 그리고 다시 대한항공에 입사하여 부기장 생활을 한 뒤에 현재는 기장으로서 비행하고 있습니다.

---

[*] 실제 조종사들의 삶이 어떤지 일반인들은 잘 알 수가 없다. 나 역시 조종사지만 지인들은 조종사로서의 내 삶이 어떤지 제대로 알지 못한다. 따라서 일반인들은 조종사가 어떤 일을 하는지, 어떻게 시간을 보내는지, 전투기와 수송기, 헬기 등 다양한 기종에 따라 일상이 어떤 식으로 달라지는지에 대해 많은 궁금증을 품는 게 당연하다. 어떤 자료나 책이 아니라, 실제 그 안에 몸담고 조종사로서 길을 걷고 있는 당사자들의 인터뷰를 통해서 간접적이지만 진솔한 이야기들을 보여주고자 한다. 인터뷰는 다양한 기종을 타고 있는 조종사들의 이야기를 전하는 방식으로 구성했다.

Q: 조종에 관심이 많은 일반 사람들이 조종사들이 어떤 일을 하는지 잘 알 수가 없는데요. 조종실에서 기장님이 하시는 일은 무엇입니까?

조종사는 보통 출발 약 2시간 전에 공항에 나와 비행을 준비합니다. 항공기 상태, 비행경로와 목적지의 날씨, 운항로, 비행시간, 물품목록 등 비행에 관련된 내용을 확인하고 그날의 특이사항을 체크합니다. 객실 승무원들과 출발 약 1시간 30분 전에 만나 비행에 관련된 전반적 사항들에 대해 합동 브리핑을 합니다. 브리핑이 끝나면 보안점검을 시작합니다. 폭탄 설치 여부 검사, 산소마스크 체크, 외부점검을 하여 항공기에 손상이 없는지 세밀하게 체크합니다. 그리고 다시 항공기 조종실로 돌아와서 항공기의 전반적인 시스템 스위치를 비행에 맞게끔 설정하고, 비행관리 컴퓨터(FMC; Flight Manager Computer)에 항로 계획과 비행기 정보를 입력합니다.

비행 전 계기를 체크하는 이탈리아 조종사

Q: 그러고 나면 출발하는 건가요?

항공기를 게이트에서 분리하고 항공기를 후진하면서 시동을 건 뒤 활주로로 이동하여 항공기를 이륙시킵니다. 이륙시킨 후 일정 고도가 되면 수동으로 조종하던 것을 부기장의 도움을 받아 자동항법장치와 자동운항장치를 조종합니다. 계속 장비가 정상 작동되는지를 살피고 기상을 모니터하고 관제기구의 지시를 따릅니다. 기술의 발달에 따라 자동비행은 이륙에서 착륙단계까지 조종사의 역할을 수행할 수 있습니다. 그러나 자동장치로만 비행을 할 수는 없어요. 반드시 조종사가 필요하지요. 어떤 비상상황이나 예상치 못한 경우가 발생하면 자동장치가 이를 해결해줄 수 없기 때문입니다. 자동장치만 믿고 수많은 승객들의 목숨을 담보로 모험을 할 수는 없잖아요?

Q: 착륙 과정도 알려주세요.

착륙 전에 관제사와 교신하여 도착지에 대한 정보(기상, 접근방법, 활주로 사용 등)를 받은 뒤 착륙합니다. 착륙하고 나면 게이트에서 엔진을 끄고 승객들을 하차시킵니다. 운항일지를 기록하고 비행 중에 발생한 각종 설비의 문제나 이상 여부를 정비 부서에 통보합니다. 이렇게 하면 하나의 비행이 끝나게 됩니다.

Q: 조종사의 가장 큰 장점 중에 하나가 세계 여러 나라를 갈 수 있다는 것 아닌가요?

저도 세계의 많은 나라를 다닐 수 있다는 데 큰 메리트를 느낍니다. 기장으로서 월급을 받고 공식적으로 세계 곳곳의 유명한 특색 있는 여행지를 구경하면서 맛있는 음식을 맛볼 수 있다는 것은 행운이라고 생각

루브르 박물관의 야경

런던 대영 박물관

해요. 그리고 온 가족이 해외여행을 하려면 아무리 아껴 쓴다 해도 경비가 많이 들게 마련인데요. 항공사에서는 조종사나 항공 계통 종사자 가족을 대상으로 일부 항공권을 제공하고 호텔 이용권을 할인 가격으로 제공해줍니다. 그게 참 좋아요. 때론 가족을 태우고 직접 항공기 비행을 할 수도 있죠.

Q: 기장님은 많은 국가와 도시를 가보셨을 텐데 그중에 가장 좋아하는 노선이나 취항지를 고르신다면요?

저는 런던과 파리가 좋아요. 직접 비행한 업무 이외에도 가족들과 따로 여행을 여러 번 갔을 정도입니다. 런던에서 본 뮤지컬 〈라이언 킹〉은 아이들이 너무 좋아해서 다음에 다시 보기로 했습니다. 그리고 누구에게나 그렇겠지만 파리의 루브르 박물관, 런던의 대영박물관과 자연사박물관은 아이들뿐만 아니라 저에게도 깊은 영감을 주었습니다.

Q: 조종사의 꿈을 가진 사람들이 무엇보다 궁금해 할 사항은 연봉인 것 같습니다. 항공사마다 차이가 있겠지만 대략 어느 정도인가요?

민간항공에 들어온 부기장의 초봉은 대략 7~9천만 원 수준이고 경력이 있는 부기장의 연봉은 대략 1억 원 부근입니다. 기장의 평균 연봉은 1억 원이 넘고, 대형기의 기장은 1억 5천만 원이 넘습니다. 저가항공 조종사의 월급은 항공사마다 차이가 있지만, 이와 비슷한 수준이거나 다소 낮은 수준이고요. 무엇보다 궁금해 하는 중국 항공사나 중동 항공사는 솔직히 보다 높은 연봉을 받아요. 얼마 전 대한항공 조종사들이 파업한 것도 상대적으로 열악한 급여와 복지혜택에 대한 보상을 요구한 것이지요. 외국 항공사에서는 숙련된 기장 조종사가 부족하여 그들을 원하고 있으며, 연봉은 평균 2~3.5억 원을 줍니다. 자녀 국제학교 지원, 주거비 제공 등의 복지혜택은 별도로 제공하고요. 그러나 환상적인 조건만을 볼 게 아닙니다. 실제 중국 항공사에 지원한다고 모두 합격하는 것도 아니고, 보통 2년 단위의 계약 조건으로 입사해야 하고, 조종사가 일하기 수월한 노선을 받기 어려운 부분도 있습니다.

Q: 기장님이 개인적으로 조종사라는 직업을 가진 것에 대해 보람을 느끼는 점은 무엇 인가요?

무엇보다 제 스스로에 대한 자부심이라고 생각합니다. 비행할 때 맞이 하는 분들은 주로 여행을 가려고 비행기를 타는 승객들입니다. 그분들을 안전하게 도착지까지 모셔다드리고 모두들 새로운 기대감에 행복해 하시는 모습을 보면 나도 모르게 기분이 좋아지고 스스로에게 잘했다고 토닥토닥 해주게 됩니다. 또한 사회에서도 조종사를 주요 전문 직종으로 인정해주고 존재 가치를 높게 봐주시는 것에 대해서도 만족합니다. 그리고 가장 제 가슴에 와 닿는 것은 집에 있는 아이들이 아빠가 조종사라는 데 자긍심을 느낀다는 점입니다.

Q: 장거리 비행을 하다 보면 시차가 나는 경우가 많은데 힘드신 점이나 시차적응 노하 우가 있으신가요?

모든 조종사가 시차 때문에 공통적으로 힘들어 합니다. 저도 오랜 시간 많은 비행을 했지만 가장 힘든 부분은 역시 시차더라고요. 비행을 하다 보면 지난주에 로스앤젤레스를 갔다가 다시 이번 주에는 파리를 간다든지 하면서 동쪽 끝과 서쪽 끝을 다녀야 하는 경우가 있어요. 몸이 적응할 틈도 없이 바삐 움직이다 보니 대단히 피곤할 때가 많아요. 이 같은 피로감을 해결하기 위해 조종사마다 여러 가지 노하우를 가지고 있어요. 저는 짧은 기간의 비행이면 현지에서도 한국 시간에 맞추어 생활 리듬을 유지하고, 4일 이상 체류하는 경우에는 현지 시간에 맞추어 생활합니다. 그리고 무엇보다 규칙적인 식사와 운동을 하려고 노력해요.

Q: 조종사에게 건강한 몸은 정말 중요하겠어요. 주기적인 신체검사가 있는 걸로 알고 있는데 기장님은 체력 관리를 어떻게 하시나요?

예. 조종사는 1년에 한 번 신체검사를 통과해야 합니다. 시력, 청력, 혈압, 심전도, 혈액 검사, 초음파 검사 등 상당히 정밀한 검사를 받게 됩니다. 나이가 들수록 몸에 조금씩 이상이 오잖아요? 그래서 저는 규칙적으로 조깅과 웨이트 트레이닝을 하여 몸을 단련하고 있어요. 저에게 몸은 정말 소중하니까요

Q: 시차 이외에 조종사라는 직업이 갖는 어려운 점은 또 무엇인가요?

비행 스케줄이 일정치 않기 때문에 주중에 일하고 주말에 쉬는 보통 직장인과 달리 불규칙한 패턴 속에서 생활해야 하는 점이 힘들어요. 그리고 1년 단위로 치러야 하는 심사평가가 아주 많아요. 1년에 두 번씩 시뮬레이터훈련 심사를 받아야 하고, 1년에 한 번 노선 심사라고 실제로 비행하는 것을 평가하기도 합니다. 이 심사평가를 통과하면 조종사의 자격을 유지할 수 있지요. 그래서 조종사는 매년 거쳐야 하는 과정들을 통과하기 위해서 꾸준히 지식과 기량을 유지해야 한다는 심리적 압박

체력을 기르고 유지하는 기초 운동 조깅

웨이트 트레이닝으로 근력을 키운다.

을 받곤 합니다.

Q: 마지막으로 조종사를 꿈꾸고 있는 학생들에게 한 말씀 부탁드립니다.

꿈이 있다면 도전하세요. 그리고 포기하지 마세요. 어려서부터 조종사를 꿈꾸는 학생들이 많은데요. 실제 조종사가 되는 사람들은 극히 일부분이에요. 그저 바라만 보고 꿈만 꾸는 게 아니라 직접 꿈을 실행해보는 자가 곧 조종사가 될 수 있습니다. 이 길을 걷기 전에 우선 내가 신체적으로나 적성상 맞는 직업인지 꼼꼼히 확인한 뒤에 시작하기 바랍니다. 조종사가 되는 방법은 여러 가지가 있어요. 항공운항학과가 아니더라도 다른 분야에서 일하다가 조종사가 되는 경우도 많아요. 어떤 일을 할 건지 아니면 했었든지 가장 중요한 것은 매순간 최선을 다하는 것이라 생

승객과 화물의 안전한 수송을 책임지는 민항기 조종사

각해요. 조종사는 난관을 헤쳐가야 할 때가 많기 때문에 그 순간들을 극복하기 위해서는 최선을 다하는 습관과 긍정적인 시각이 중요합니다. 그리고 영어는 필수입니다. 여러 나라의 관제사들과 영어로 대화해야 하고 조종사 중에 외국인이 많기 때문에 영어를 못 하면 많은 제약이 따릅니다. 또한 조종사는 체력을 유지하고 비행에 관련된 공부를 계속해야 하므로 항상 자기관리를 잘해야 하지요. 여러분 모두 꿈을 잃지 말고 멋진 조종사가 되기를 바랍니다.

////

민간항공기 조종사 생생 인터뷰(일반대학교 출신)

Q: 민간항공 조종사가 되기 전에 어떤 일을 하셨나요?

저는 항공사에 입사하기 전에 호주에서 일하다가 왔습니다. 약 10여년 전 우연히 워킹홀리데이라는 프로그램을 통해서 호주에 처음 가게 되었고 약 1년간의 호주에서의 삶이 너무나도 좋아서 한국으로 다시 와서 다니던 대학교를 자퇴하고 호주로 넘어갔습니다. 시드니에 있는 전문대학교에서 사회복지를 전공하며 영주권을 취득하였고 이후 대학교에서 경영학을 전공하였습니다. 오랜 유학생활 동안 생활비와 대학교 등록금을 벌기 위해 셰프, 바리스타, 사회복지사, 은행원으로서 일하였습니다.

Q: 다양한 경력을 가지고 계시네요. 그럼 조종사가 되신 계기와 그 과정은 어떻게 되나요?

잠시 한국에 와서 우연한 기회에 항공사 부기장님을 알게 되었고, 항공 분야와 상관없는 민간 경력으로 입사하신 기장님의 비행교육 과정들과 대형기 부기장으로서의 장단점을 들으며 조종사라는 직업에 대한 막연한 동경과 흥미를 느끼게 되었습니다. 그리고 바로 조종사가 돼야겠다는 결심을 하게 되었습니다. 새로운 도전에 대한 결정 이후 한국과 호주 그리고 미국에 있는 비행학교들을 알아보다가 당시 한국의 항공사 운항인턴 비행교육을 위탁하고 있고, 가장 높은 항공사 취업률을 자랑하던 미국 서부 피닉스에 있는 비행학교로 결정하게 되었습니다. 2016년 3월 첫 비행을 시작으로 약 1년 동안 자가용/계기/사업용 면장을 취득한 후 한국으로 돌아와 2017년도에 올라왔던 4차 면장운항인턴에 합격하여 지금까지 항공사 부기장 생활을 하고 있습니다.

Q: 미국 비행학교의 여러 과정에 대해 자세히 설명해주실 수 있나요? 그리고 한국 비행학교의 차이는 무엇인가요?

미국 비행학교에서는 자가용/계기/사업용 단발과 다발 과정을 통해서 면장을 취득하며 이후 항공사 입사에 필요한 비행시간을 쌓게 됩니다. 보통의 비행학교 과정대로 사업용 다발 면장을 취득한다면 대략 150-200시간 정도의 비행시간이 쌓이게 됩니다. 이후 300시간을 요구하는 저비용항공사와 아시아나항공의 입사조건을 맞추기 위해 자비로 크로스컨트리 등의 타임빌딩을 하며 300시간을 채우게 됩니다. 대한항공이나 진에어에 지원하고 싶은 지망생들은 교관과정을 통해서 비행교관자격증을 취득 후 학생들을 가르치며 1000시간을 채우게 됩니다. 미국 비행학교와 한국 비행학교는 서로 각각의 장단점이 있는데 미국 비행학교의 가장 큰 장점은 단기간 내에 면장 취득이 가능 하다는 점입니다. GA(General Aviation)가 훨씬 발달되어 있는 미국의 경우에는 날씨만 좋다면 언제든 비행이 가능하고 비행할 수 있는 공항도 한국에 비해서 훨씬 많습니다. 또한 1년간의 외국생활을 통해서 조종사로서 중요한 영어 수준을 높이는 데도 크게 도움이 된다고 느껴집니다. 단점으로는 짧게는 1년 길게는 3년에 가까운 시간 집을 떠나 외국에 나와 있어야 한다는 점과 한국에 비해 더 많이 비용(비행교육비, 생활비 등)이 발생된다는 점입니다.

Q: 비행교육 과정 중에 재밌는 에피소드가 많은 것으로 알고 있는데, 소개 부탁드립니다.

미국에서 자가용과정 교육 중이었습니다. 외국인 교관과 함께 비행하고 있었는데 갑자기 화장실을 가고 싶다는 생각이 들었습니다. 처음에는 조금 있다가 내려서 화장실부터 가야겠다고 생각했는데, 나중에는 정말 식은땀이 날 정도로 참을 수가 없었습니다. 외국인 교관에게 YOU HAVE CONTROL을 넘기며 상황설명을 하였고 정말 다행히 10분 거리에 착륙가능한 공항이 있어서 그 공항으로 DIVERT를 하였습니다. 정말 많은 공항들이 있는 미국이라 가능했던 것 같습니다. 그 뒤로는 비행 전에는 무조건 화장실부터 가는 저만의 루틴이 생겼습니다.

Q: 조종사 자격증을 따고 민간항공 입사하기까지 대단히 힘들다고 하는데, 그 준비과정 및 입사시험단계에 대해 설명해주세요. 그리고 본인의 합격 비결이 있다면 무엇인가요?

저는 300시간 취득 후 한국에 바로 넘어왔고, 2017년 항공사 면장운항 인턴을 통해서 조종사의 꿈을 이루게 되었습니다. 300시간이라는 남들과 같은 비행시간을 가지고 어떻게 하면 다른 지원자들과의 차별성을 가질 수 있을까 비행교육 동안 지속적으로 고민하였고, 조금 더 양질의 비행시간을 가지고자 노력하였습니다. 대부분의 비행학교 학생들은 빠른 비행시간 취득을 위해 멀리 있는 공항에 크로스 컨트리를 다녔었는데 저는 100시간이 넘는 타임빌딩을 모두 계기접근이 가능한 공항에서 VOR ILS NDB등의 계기접근을 연습하며 비행시간을 쌓았습니다. 제가 했던 모든 계기 접근절차들을 비행 로그북에 다 기록하였고, 다른 동기들보다 약 두 배 많은 계기접근 경험을 가지게 되었습니다. 항공사 입사면접에서도 이러한 저만의 경험과 노력들을 강조하였고, 이러한 노력들이 좋은 결과를 이끌어내지 않았나 생각합니다. 모두 같은 300 혹은 1000시간의 비행시간 속에서 서로 경쟁해야 하기에 본인만의 차별성을 가지는 게 중요하다고 생각합니다.

Q: 항공사에 입사했다고 끝난 것이 아니라 중도에 탈락하시는 분도 많다고 들었어요. 항공사 부기장 교육과정 소개와 단계별로 착안해야 할 부분은 무엇인가요? 마찬가지로 합격 노하우를 말씀해주시겠어요?

항공사에 입사해 기본교육과정을 통해서 조종사 그리고 항공사 직원으로서 필요한 기본적인 지식들을 먼저 배우게 됩니다. 기본교육과정을 수료 후 각각 앞으로 운항하게 될 기종을 배정받게 됩니다. 이후 지상교육과정을 통해서 해당 기종의 시스템을 먼저 이해하고 시뮬레이터를 통해서 기본적인 정상/비정상 절차들을 배운 후 기종 RATING을 취득하게 됩니다.

RATING 취득 후에는 가장 힘들다는 OE 즉 실제 비행으로 하는 비행훈련을 하게 됩니다. 수습부기장으로서 오른쪽 부기장석에 앉아서 교관기장님 그리고 옵저버 시트에 앉아 있는 안전부기장과 함께 200~300명에 가까운 승객을 태우고 실제 비행으로 훈련을 하게 됩니다 이 모든 과정들을 무사히 통과하게 되면 그제야 정식 부기장으로서 비행을 할 수 있게 됩니다. 이 모든 과정들과 매 시험에 있어서 FAIL을 하게 되면 적게는 추가 훈련 크게는 인사위원회에 올라가게 되는데 추후에 주어지는 두 번째 기회에서도 결과가 좋지 않다면 중도탈락이라는 결과가 주어지기도 합니다. 그러기에 1년에 가까운 수습교육기간은 정신적으로나 육체적으로나 정말 힘든 시간이기도 합니다. 미국에서 비행교육을 받을 때나 항공사에서 교육을 받을 때, 제게 있어서 가장 큰 힘은 동기들이었습니다. 같이 경쟁해야 하는 경쟁자가 아닌 힘든 길을 같이 걸어가는 동료로서 늘 같이 고민하고 공부하며 서로 의지하며 훈련기간을 함께 견뎌낸 것 같습니다. 책에 나온 모든 것들을 혼자서 알 수 없기에 내가 아는 것을 같이 공유하며 또한 동기들의 지식을 함께 배우며 같이 성장하였습니다. 서로 의지하며 함께했기에 한 명의 중도탈락자 없이 다 같이 올 수 있었던 것 같습니다.

Q: 현재 부기장으로서 힘든 점과 좋은 점은 어떤 게 있을까요?

개인적으로 느끼기에 운항승무원으로서 가장 좋은 점은 워라밸이라고 생각합니다. 매일 회사에 나가야 하는 일반 직장인에 비교하여 미리 정해진 날짜에만 비행하는 조종사는 출근일 수도 훨씬 적을 뿐 아니라 집에서 가족들과 함께하는 시간들이 정말 많습니다. 정말 싫어하는 직장 상사를 매일 봐야 하는 일반 직장인에 비해서 조금 힘든 기장님과 비행하더라도 그날 하루만 잘 버티면 한동안 보지 않게 되니까 좋지 않을까요! 또한 비행 나가서 현지에서 지내는 레이오버 기간 동안 온전히 나만의 시간을 가질 수 있고, 여행을 좋아하는 분들께는 최고의 직업이라고 감히 말씀드릴 수 있습니다. 매월 중순에 나오는 다음 달 스케줄을 보며 이번엔 외국 어떤 곳에 가서 무엇을 할지 또한 어떤 좋은 기장님과 함께 어떤 시간을 보낼지 말이죠. 운항승무원으로서 조금 힘든 점이라면 시차적응과 체력적인 부분이라고 할 수 있겠습니다. 밤새 비행하여 돌아오는 비행이나 멀리 미주나 유럽 등으로 비행 시 시차적응에 많이 힘들어 하는 분들도 계십니다.

Q: 마지막으로 부기장님 같은 과정을 거쳐 조종사가 되기를 원하는 사람들에 한말씀 부탁드립니다.

저는 정말 운이 좋게도 좋은 시절에 좋은 동기들을 만나서 감사하게 지금의 위치에서 비행을 하고 있습니다. 조종사가 되기까지 너무나도 많은 시련과 고민들 그리고 금전적인 문제들이 있었습니다. 너무나도 많은 비용이 발생합니다. 저 또한 그러한 문제들로 힘들어했기에 쉽게 누구에게 조종사를 해보라고 말하지는 못합니다.

다만 궁금해하는 분들께는 이렇게 설명드리고는 합니다. 매달 스케줄을 받아볼 때면 아직도 늘 설레는 마음을 가지게 됩니다. 오랜만에 가는 새로운 공항 그리고 새로운 사람들. 일을 하면서 설렌다는 게 얼마나 감사한 일인지 비행을 하면서 처음 알게 되었습니다. 쉽지 않은 길이란 건 분명하지만 조종사가 되기를 원하신다면 또 결정하셨다면 최선을 다해 노력하셔서 꼭 좋은 결과 얻으셨으면 좋겠습니다.

20년 차 전투기 조종사 생생 인터뷰

Q: 전투기 조종사는 주로 어떤 일을 하나요?

공대공 임무와 공대지 임무라는 다소 생소한 일을 한다는데 그건 뭔가요?

전투기 조종사는 크게 공대공 임무와 공대지 임무를 합니다. 공대공 임무란 공중에서 적기를 공격하기 위해 중·장·단거리 공대공 무장 운용을 하는 것입니다. 이러한 임무를 수행하기 위해 조종사들은 끊임없이 실제 전쟁과 비슷한 수준의 훈련을 실시합니다. 10km 이상의 높은 고도와 1,000km 내외의 엄청난 스피드 아래 여러 대의 전투기가 하늘을 가르며 열기를 뿜어대는데요. 적기를 격추하기 위해 산소마스크를 쓰고 가쁜 숨을 몰아쉬면서 자기 몸무게의 9배(9G)가 넘는 가속도를 이겨내는 임무를 수행하는 것이 전투기 조종사입니다. 공대지 임무는 은밀히 적의 주요 지상 표적을 공격하는 것입니다. 쉽게 설명하면 전투기 한 대가 몇 발의 폭탄을 싣고 지상의 목표물을 공격하면 반경 1km가 넘는 구역에 엄청난 피해를 줄 수 있습니다. 그리고 미디어를 통해 쉽게 접해봤을 모습인데, 왜 야간에 화면상에 어떤 건물들이 나오자마자 갑자기 터

무장 폭격 훈련 중인 전투기

공대공 미사일을 발사하고 있는 전투기

지는 거 있잖아요? 이러한 공격을 위해 아무것도 보이지 않는 어둠 속에서 폭탄을 투하하는 무장 폭격 훈련과 적의 위협 없이 침투해 들어가기 위해 5~6G의 중력을 감당하는 급격한 기동 등의 고난이도 훈련을 평소에 수행합니다. 또한 전투기 조종사의 주요 임무 중 하나는 비상대기입니다. 국가의 안보가 걸린 긴급 상황이 발생했을 때 비상대기실이라는 곳에서 대기하고 있다가 신속하게 이륙하여 상황에 대처하는 임무입니다. 새해 첫날에 사이렌이 울렸을 때 조종사들이 긴박하게 전투기로 뛰어가 항공기를 발진시키는 모습을 한 번쯤 봤을 것입니다. 붉게 동이 트는 구름 위를 여러 대의 전투기들이 행렬을 이루어 우리 영공을 지키는 것이 바로 전투기 조종사들의 임무입니다.

Q: 전투기 조종사의 비행생활은 어떻게 이루어지나요?

전투기 조종사는 대부분 전투 비행대대에서 다른 조종사들과 함께 생활합니다. 기본적으로 출퇴근 시간은 비행스케줄의 이륙·착륙 시간에 따라 조금씩 다르게 운영되는데요. 해당 일에 비행이 없는 조종사들은 일반적인 출퇴근 시간에 따라 일하고, 비행이 있는 조종사는 일과시간에 상관없이 비행스케줄에 따라 빨리 출근하거나 늦게 출근하기도 합니다. 이륙 시간 약 2시간 전에는 비행 준비를 위해 같은 비행 편조의 조종사들과 비행브리핑을 실시하고, 브리핑을 마친 뒤 항공기로 나가서 항공기에 이상이 없는지 외부 점검을 실시합니다. 이륙해서 주어진 비행임무(공대공이나 공대지)를 수행하고 착륙해서는 다시 항공기를 점검하여 아무런 문제가 없는지 꼼꼼히 체크하면 하루의 비행이 끝납니다. 때로는 하루에 두 번 비행하는 경우도 있습니다. 비행을 마치면 극도로 긴장된 마음이 한 순간에 풀리기 때문에 갑자기 피로감이 몰려옵니다. 잠시 조종사 휴게실에서 동료 조종사들과 커피를 마시며 이런 저런 이야기들을 나누다 보면 어느새 팽팽히 당겨졌던 긴장감이 사르르 녹아내립니다.

Q: 비행 이외의 시간은 어떻게 보내세요?

전투기 조종사는 극한의 임무를 수행하기 때문에 동료애가 매우 뛰어납니다. 비행임무는 엄격하게 수행하지만, 비행이 끝나면 누가 선배이고 후배인지 구분이 안 갈 정도로 매우 친하게 지냅니다. 후배가 잘 모르는 비행에 대해 제대로 된 스킬을 알려주고 여자 친구와의 사이가 어색할 때 서로 조언해주며 가족처럼 소소한 일상을 함께합니다. 군대를 다녀온 대한민국 남자라면 누구나 공감하듯이 조종사도 시간이 날 때마다

비행 훈련 후 동료들과 담소를 나누다.

같이 모여서 시끌벅적하게 축구도 합니다. 조종사는 체력이 중요하므로 수시로 피트니스도 하지요. 생소하게 보이는 조종사의 일상은 이렇게 비행으로 시작하여 사랑하는 동료들과 함께 마무리하는 것으로 끝납니다.

Q: 전투기 조종사만이 가질 수 있는 장점은 무엇일까요?

아마도 누구나 한 번쯤 꿈꿔왔던 하늘을 초고속으로 거침없이 날 수 있다는 로망을 이루었다는 것 아닐까요? 평소에 보통 사람들이 느낄 수 없는 것, 여객기에서 승객으로 탑승하여 창밖을 바라보는 것이 아니라, 직접 전투기를 몰고 드높은 창공을 날 수 있다는 행복함. 그게 전투기 조종사의 가장 큰 장점이 아닌가 생각합니다. 아무나 할 수 없는 것을 하는 데서 오는 성취감과 짜릿함이죠. 땅 위에서 익스트림 스포츠를 만끽하고 싶은 사람들은 스키나 스포츠카를 타면서 스피드를 즐기잖아요? 이에 비유한다면 전투기 조종사는 최상의 익스트림 스포츠를 즐기는 것과 마찬가지예요. 아니 극한의 임무와 매순간 나의 한계를 넘어야하는 위험을 헤쳐 나가는 거죠. 가히 슈퍼익스트림이라 할 만하네요. 이런 상황 자체를 이겨낼 수 있는 자라면 전투기 조종사의 장점을 한껏 즐길 수 있는 자격을 지녔다고 할 수 있습니다.

Q: 현실적으로 전투기 조종사들이 받는 혜택은 무엇일까요?

전투기 조종사는 군 내부적으로 좋은 조건의 혜택을 누립니다. 결혼한 조종사는 최우선으로 좋은 관사를 받을 수 있어요. 일반 공무원 월급에 비해 비행수당 및 기타 여러 수당으로 높은 급여를 지급받고요. 또한

터키 군사교육 중에 여행한 파묵칼레 정상에서 바라본 풍경

아직까지 공군에서는 장군 승진을 하려면 대부분 조종사 출신들이 하는 것이 사실입니다. 그만큼 조종사들이 승진하기 쉽다는 말이지요. 승진하는 대신에 민간항공 조종사가 되고 싶다면 사관출신 조종사는 의무 복무기간 15년, ROTC나 조종장학생 출신 조종사는 13년 뒤에 전역하여 민간항공에 취업할 수 있습니다.

Q: 조종사들은 다른 대학교나 해외에 나갈 수 있는 기회가 많나요?
제가 개인적으로 가장 감사하게 여겼던 것은 많은 교육 기회를 접했다는 점입니다. 원래 정치에 관심이 많았는데, 군에서 제공하는 전액 국비로 2010년에 연세대학교 대학원 정치학 석사학위를 받을 수 있어서 너무도 행복했습니다. 저는 어려서부터 역사에 흥미가 많아서 한때 이집트나 터키 유물을 탐사하는 고고학자를 꿈꾼 적이 있습니다. 그래서 동·서양의 모든 문물이 담긴 터키에 꼭 가고 싶다는 생각을 했어요. 그러던 중에 2010년 다시 터키에 있는 지휘참모대학이라는 곳에서 교육을 받을 수 있는 기회를 부여받게 됐어요. 물론 아무나 보내주는 것이 아니라 공정한 경쟁을 통해 갈 수 있었지만 말이에요. 그곳에서 좋은 터키 친구들과 다양한 국가의 친구들을 많이 사귀었어요. 지금도 연락을 주고받으며 추억을 함께 나누곤 합니다. 무엇보다 가족들과 함께 터키와 가까이에 있는 그리스 등 유럽 여러 국가들을 오토캠핑으로 다니며 쌓았던 좋은 추억들 덕분에 지금도 공군에 감사함을 느낍니다. 나중에 이런 소중한 추억을 책에 담고 싶어요.

유럽 오토캠핑 중 여행한 독일 로텐부르크

오스트리아 헬브룬궁전에서 바라본 호엔잘쯔부르크 성 전경

Q: 책을 쓴다면 어떤 내용들을 담고 싶으세요?

한국에서도 가끔 가족 단위로 여러 나라를 다니며 경험했던 일들을 글로 남기는 것을 볼 수 있잖아요? 저는 제가 경험한 터키와 유럽에 대한 이야기를 담고 싶습니다. 터키에 살면서 이방인들을 사랑하는 터키인들의 따뜻한 마음에 깊은 감명을 받았거든요. 장모님도 약 한 달 동안 터키에 머물고 가시면서 이런 말씀을 하였어요. "터키는 주변 경치가 너무나 아름다워서 좋고, 이런 자연 경관보다 터키 사람들의 마음이 더 아름답다." 이러한 터키에 2년 동안 살면서 느꼈던 좋은 기억들과 잘 모르는 유익한 정보들을 다른 사람에게도 나누어주고 싶어요. 그리고 당시 저는 한국인이 쉽게 도전하지 못하는 유럽 자동차 캠핑을 가족과 함께

한 달 가까이 했는데요. 그리스, 영국, 프랑스, 스위스 등 다양한 나라들을 다니며 겪은 소중한 일상을 담고 싶습니다. 마지막으로 '삶의 여유'에 대해 꼭 말하고 싶어요. 여러 나라를 여행한 사람들은 알 거예요. 유럽인들에게는 있고 우리에겐 없는 것이 바로 '여유'입니다. 여유는 내가 무엇을 위해 달려가고 있고, 무엇이 중요한지 알게 해주는 열쇠입니다. "좋은 사람과 차 한잔의 여유를 가져라. 지금 이 순간."

Q: 전투기 조종사들이 갖는 어려운 점은 무엇인가요?

전투기 조종사로서 많은 혜택을 받는 것은 그만큼의 직무에 대한 부담감이 있다는 것을 보여주는 것이라 생각하면 됩니다. 비행하는 매순간에 느끼는 극도의 긴장감을 이겨내고 초 단위로 진행되는 작전의 긴박함에 익숙해져야만 하는 직업이라고 이해하면 되지요. 또한 일반 업무나 비상출격 등의 많은 업무를 동시에 행해야 하기에 상대적으로 자기계발이나 여유를 찾을 시간이 부족한 편입니다.

Q: 조종사들도 다른 군인들처럼 자주 이사해야 하나요?

조종사도 모든 군인이 그렇듯이 이사를 자주 합니다. 큰 단점 중 하나죠. 그래도 본인이 타는 전투기 기종과 개인적으로 전역 시기에 따라서 한두 곳에서 계속 사는 경우도 있어요. 지속적으로 진급을 희망하는 조종사들은 차후 중요 보직을 맡는 경우가 많으므로 계급이 올라갈수록 이동을 많이 합니다. 그런 경우에는 생활의 안정이 잘 안 될 수도 있고, 무엇보다 아이들 교육이 가장 신경 쓰이는 게 사실입니다.

비행 훈련을 마치고 걸어나오는 조종사들

나는 대한민국의 공군 조종사다.

Q: 이러한 난관을 거치면서도 조종사를 꿈꾸는 사람들에게

이 길을 추천하는 이유는 뭘까요?

공군은 최근 이런 문제를 극복하기 위한 주거생활 안정화 노력으로 서울 여의도에 조종사들이 아파트를 장기간 이용할 수 있도록 모색하고 있어요. 또한 조종사 아파트 개선과 관사지역 내 어린이 육아시설, 도서관, 캠핑 글램핑 시설 등을 만들어 최적의 생활 여건을 조성하려 노력하고 있습니다. 저는 조종사라는 직업을 선택할 때 향후 전망, 직업 안정성, 경제적 요건 등 여러 경우를 고려해야겠지만, 무엇보다 생각할 점은 자신이 정말 이 길을 걸어갈 때 행복할 것인지를 먼저 깊이 고뇌할 필요가 있다는 점을 강조하고 싶습니다. 어떤 직업을 선택하든 힘들거나 즐거운 일이 공존할 거라고 봅니다. 그러한 삶 속에서 "나의 심장을 뛰게 하는 일이 조종사인가?"라는 물음에 자신 있게 "YES!" 할 수 있다면 꼭 조종사가 되세요.

////

공군 수송기 조종사 생생 인터뷰

Q: 전투기 조종사와 비교할 때 수송기 조종사들의 임무는 무엇이 다른가요?

수송기의 주 임무는 공중수송입니다. 전투기의 주 임무가 직접적으로 전쟁을 수행하는 것이라면 수송기 공중수송은 전시나 평시에 인원 및 화물을 필요로 하는 기지에 공중 운반하는 임무라고 할 수 있어요. 현재 공군 수송기는 CN-235M과 C-130 두 기종으로 운영 중입니다. 전 공군기지를 포함하여 전방에 있는 육군, 해군 기지에도 인원 및 화물수송 임무를 수행하고 있습니다. 이 외에도 조난자를 탐색하여 생환장구를 투하해주는 탐색구조 임무와 야간에 재해재난 및 미식별 함정 식별을 용이하게 하여 해군 및 공군 전투기가 공격할 수 있도록 지원하는 조명작전 임무도 합니다. 인원이나 화물을 원하는 곳에 공중에서 투하해주는 임무도 맡고요. 또한 해외 재해·재난 시 혹은 전쟁 발생 시에 한국의 지원을 필요로 하는 다른 나라에 대해 파병 형식의 수송 임무도 수행하고, 동남아를 비롯한 이라크 지역, 때론 미국까지 해외 공중수송 임무를 담당합니다.

수송기를 점검하는 조종사

부산 창공을 날고 있는 공군 수송기

기지로 화물을 운반하는 수송기

Q: 수송기 조종사의 하루 일과는 어떻게 진행되나요?

대대 생활은 일반 전투 비행대대와 거의 동일하다고 보면 됩니다. 수송기의 경우 전투기와 달리 장시간 여러 기지를 경유하기 때문에 아침 일찍 이륙해서 거의 해질 무렵 혹은 야간에 기지로 돌아오는 임무가 많아요. 그리고 정기공수라는 1년 단위로 정해진 노선을 운영하는 임무 이외에도 부정기공수, VIP를 수행하는 임무, 환자 수송 등 다양한 종류의 공수 임무들이 있어서 각각의 임무 목적에 따라 임무 시간대가 다양합니다. 또한 우리가 수행하는 임무의 성격에 따라 전투기 조종사들이 하는 비상대기와 비슷한 임무를 수행하고 있어요. 공수 비상대기, 국지도발대비 탐색구조와 조명지원으로 주어진 시간 안에 임무를 다해야 하지요.

Q: 수송기 조종사들의 장점과 단점은 무엇인지 말씀해주세요. 이 길을 걷고자 하는 이들에게도요.

수송기는 각 군이 필요로 하는 인원 및 물자를 적시적소에 가장 신속한 전력으로 전달해야 합니다. 이에 대한 자긍심은 수송기 조종사만이 가질 수 있지요. 수송기로 공수하는 품목은 항공기 적재 능력의 한계 내에서 무엇이든 가능하고 이는 각 군의 전투력을 향상시키는 데 큰 몫을 차지합니다. 이·착륙이 가능한 곳이라면 기지에 내려서 직접 적하역을 하고, 불가능한 지역이라도 공중에서 투하하여 조달이 가능합니다. 그러나 역시 조종사로서 장시간 동안 여러 기지를 경유하는 것은 피로도가 증가하고 체력적으로도 부담되는 면이 강합니다. 이 외에도 각 군의 해외 연합작전이나 대회 참가가 증가함에 따라 해외 임무도 증가하는 추세입니다. 부담도 있지만 보다 넓은 시야를 가지고 넓은 세계를 맘껏 누빌 수 있다는 것은 수송기 조종사만의 또 다른 매력이 아닐 수 없습니다. 마지막으로 이 분야에 몸담고 싶은 분들에게 당부의 말씀을 전한다면 우리가 하는 일의 특성을 잘 알고 자신의 스타일에 맞는지 신중히 고민해보고 자문을 구한 뒤 현명한 길을 선택하라는 것입니다.

///

공군 헬기 조종사 생생 인터뷰

Q: 헬기 조종사라는 직종을 낯설어 하는 분들이 많은데요. 공군에서 헬기 조종사는 어떻게 될 수 있나요?

공군에서 헬기 조종사가 될 수 있는 양성 과정은 여러 번의 변화를 거쳤습니다. 지금은 모든 조종사들이 비행훈련 과정을 마친 뒤 각자의 조건에 따라 전투기, 수송기, 헬기 조종사로 나뉘어 일하게 됩니다. 개인의 기종 선호도와 성적, 적성 등에 의거해 앞으로 탈 기종을 나누는 것이지요. 고등훈련 수료 후 전투기 조종사들은 CRT 과정*을 받고 비행대대에 들어갑니다. 헬기 조종사는 수송기와 마찬가지로 계속 지내게 될 비행대대로 바로 배속을 받아서 헬기에 맞는 훈련 과정을 다시 밟습니다.

---

* CRT(Combat Readiness Training) 훈련: 기종 전환 및 작전가능 훈련. 고등 비행훈련 과정을 수료한 조종사가 배정받은 각 기종에 맞는 임무에 익숙해지기 위해 받는 훈련 과정이다.

이륙 훈련 중인 헬기

Q: 헬기 조종사들은 주로 어떤 일을 하나요?

공군에는 제6탐색구조 비행전대라는 헬기 부대가 있습니다. 이곳에서 헬기 조종사들은 주로 공수 임무와 조난자 탐색구조 임무를 담당합니다. 때에 따라 정부의 주요 VIP 인사들을 태우는 일을 담당하기도 합니다. 또한 산림청과 MOU를 체결하여 물탱크(Belly Tank)*를 받아서 산불 진화와 같은 특수한 임무를 수행합니다. 현재 대부분의 일반인을 대상으로 하는 구조 활동이나 환자 이송은 119를 비롯한 해경과 같은 곳에서 담당하고 있으나, 기상 악화나 임무 지원이 어려운 고난이도 임무는 공군 헬기가 투입되어 지원합니다. 헬기 조종사도 비상대기 근무를 하고 있습니다. 특별히 헬기 조종사는 신속한 상황 대처를 위해서 자신의

---

* 물탱크(Belly Tank): 헬리콥터가 산불 진화를 위해 달고 다니는 물탱크를 말한다.

수중 조난자 탐색구조 훈련을 하고 있는 헬기

이륙 직후 저고도로 비행하는 헬기

기지 이외 지역으로 파견 가서 비상대기를 유지하고 있는 게 다른 기종과는 다른 특징이라 할 수 있습니다.

Q: 이번 인터뷰를 통해 헬기 조종사들이 중요한 역할을 담당하고 있다는 것을 알게 되었어요. 헬기 조종사들의 일상도 다른 공군 조종사와 같나요?

대부분의 일과시간은 다른 기종의 조종사들과 다르지 않습니다. 조종사와 정비사는 이륙 2시간 전에 출근하여 기상, 임무 특이사항, 항공기 외장 등을 파악하고 주요 임무 브리핑을 합니다.

Q: 헬기 조종사들의 장점과 단점은 무엇인지요?
그리고 이 길을 똑같이 걷고자 하는 이에게 한 말씀 부탁드립니다.

헬기 조종사는 탐색구조나 무거운 화물이나 다수의 인원을 공수해야 하는 임무를 담당합니다. 인원이나 화물을 전혀 가보지 않은 새로운 곳에 수송하고 헬기를 이·착륙해야 하므로 안전관리에 많은 부담을 느낍니다. 또한 구조나 환자 이송과 같은 임무는 대부분 날씨가 안 좋은 악기상 하에서 이루어지기 때문에 대단히 큰 긴장감과 압박감을 지닙니다. 그리고 전투기 조종사처럼 비상대기 전력을 유지하고 있기 때문에 주말이나 야간에 근무하는 경우가 많아서 자기 시간을 갖기 어려운 점도 있지요. 그러나 이러한 어려움에도 불구하고 헬기 조종사만이 가지는 장점이 많습니다. 일반인이 쉽게 가보지 못하는 독도, 울릉도, 백령도 등의 도서지역을 마음껏 다녀볼 수 있어요. 헬기는 저고도 비행을 통해 임무를 수행하기 때문에 한반도의 아름다운 경치와 시시각각 변하는 사계절의 변화를 만끽할 수 있습니다. 헬기 조종사만이 가질 수 있는 비행의 묘미지요. 무엇보다 일각을 다투는 위험에 처한 조난자와 환자를 빠른 시간에 이송하여 생명을 살렸을 때 느끼는 보람은 그 무엇과도 바꿀 수 없습니다. 끝으로 저와 같은 길을 걷고 싶은 분들에게 조언을 드린다면 이런 말씀을 드리고 싶어요. 헬기 조종사도 많은 직업 중에 하나일 것입니다. 하지만 공군 헬기 조종사는 직업의식에 앞서 국가를 지키고 어려운 사람들을 돕는 중요한 위치라는 의식이 필요해요. 즉 사명감을 가져야 한다는 뜻이에요. 스스로에 대한 자부심을 지니고 헬기를 사랑하는 사람이라면 도전하시기 바랍니다.

조종사 되는 방법
미리보기

조종사가 되는 길 한눈에 확인하기

분류		가능 분야	
민간항공 조종사	대학교	항공운항학과	
	비행교육원	항공대 비행교육원	APP과정 UPP/UPP경력 과정
		한서대 비행교육원	자가용/사업용/조종교육증명/ 터보프롭전환/CITATION JET형식 한정과정
		한국항공전문학교 비행교육원	자가용, 계기한정, 사업용단발, 사업용다발 교육과정
		초당대 비행교육원	자가용/계기/사업용/ 조종교육증명/등급한정추가과정
	해외과정	해외대학교 항공운항학과/해외 비행학교	
	군 조종사 전역 후 입사	공군/해군 전역 후 항공사 입사 (육군: 대부분은 헬기 분야에 입사/ 일부는 개인 타임빌딩 후 민간항공사 입사)	
군 조종사	공군	공군사관학교	
		ROTC	항공대, 한서대, 교통대, 연세대
		지정모집대학	세종대(항공시스템공학과) 영남대(항공운송학과)
		학사사관후보생	4년제 대학 졸업
	해군	해군사관학교, 사관후보생, 예비장교	
	육군(헬기 조종사)	육군사관학교/육군3사관학교, 육군 ROTC, 사관후보생, 군 장학생, 항공 준사관	

민간항공기 조종사가 될 수 있는 방법

대학-항공운항과(과정 1)	
대학교	
항공대	
한서대	
경운대	
초당대	
교통대	
청주대	
중원대	
카톨릭관동대	
극동대	
세한대	
신라대	
한국항공 전문학교	

비행교육원(과정 2)		
교육원		교육(연계)과정 (2023년 기준 잠정 유예)
항공대 (울진)	APP	APP 정규과정 (서서히 정상화 진행 중)
		APP 단축과정(중단)
	UPP	신규/경력과정
		비행원 교관과정
		비행경력 축적과정
한국항공 전문학교(울진)		신규과정 경력과정
초당대(무안)		정규과정
		교관/비행경력 축적과정
한서대	태안	정규과정
		비행원 교관과정 (학부생+일반인)
		경력추가과정
	PPP 과정 (잠정 중단)	아시아나, 티웨이항공 연계

민간항공	
항공사	선발 기준
대한항공 / 진에어	비행경력 1,000시간
아시아나항공	비행경력 300시간
저가항공	회사 선발 기준 의거

군 조종사가 될 수 있는 방법

공군	
공군사관학교	
학군 ROTC	항공대
	한서대
	교통대
	연세대
지정모집대학	세종대
	영남대
학사사관 후보생	4년제 일반 대학

해군	
해군사관학교	
사관후보생	4년제 대학 졸업 (예정자)
예비장교	4년제 일반 대학
해군 ROTC	잠정 중단
군 장학생	잠정 중단

육군	
육군사관학교 육군 3사관학교	
육군 ROTC	4년제 일반 대학
사관후보생	4년제 일반 대학
군 장학생	4년제 일반 대학
육군항공 준사관	고졸 이상 군필자
	부사관 2년 이상 복무자

공군 조종사	
고정익	회전익

해군 조종사	
고정익	회전익

육군 헬기 조종사

항공 종사자 전문교육기관 현황

순번	구분	교육기관		지정일	훈련기(대)	정원(年)	운영공항
1	대학교	항공대학교	수색	1986.10	6	75명	정석(제주)
			울진	2010.07	14	70명	울진
2		한서대학교		2006.11	29	108명	태안
6		한국교통대학교		2014.07	5	30명	무안, 청주
4		초당대학교		2016.04	25	60명	무안, 산이
8		청주대학교		2018.09	9	40명	무안, 청주
6		경운대학교		2018.11	7	33명	무안, 영암
7		중원대학교		2018.12	4	40명	무안
8		가톨릭관동대학교		2019.02	가디언즈 위탁 (훈련기 없음)	30명	양양
9		신라대학교		2019.07	신한에어 위탁 (훈련기 없음)	35명	영암
10		세한대학교		2019.08	미국비행학교위탁 (훈련기 없음)	35명	미국
11		극동대학교		2021.06	8	40명	양양
12	직업전문학교	한국항공직업전문학교	울진(학부)	2014.05	3	30명	울진
			울진(직업)	2014.01	14	60명	울진
13	제작사	한국항공우주산업		2018.04	형식한정과정		사천
14	항공기 사용 사업체	써니항공		2018.10	3	12명	무안
15		한국항공		2018.12	3	20명	청주
16		스펙코어		2019.01	4	40명	울산, 무안
17		에어플렉스항공(22.10.18)		2019.02	5	5명	양양
18		SOC항공비행교육원		2019.04	3	15명	무안
19		신한에어		2019.04	2	45명	영암
20	군	공군		1995.02	비공개	비공개	비공개
21		육군		1997.12	"	"	"
22		해군		2008.12	"	"	"
총계						823명	

* 2023.05.01 기준
조종사 양성 교육기관 : 총 22개
(대학교 11개, 직업전문학교 2, 제작사 1, 항공기사용사업체 6, 군 3)

〈출처: 국토교통부 홈페이지〉

03 **민간항공사 조종사 되기**

민항기 조종사 출신별 현황

항공진흥협회에서 산정한 2022년 기준 조종사의 출신별 현황이다. 이를 참조하면 민간항공사에 취업하는 조종사의 전반적인 현황을 알 수 있으므로 자신의 길을 찾는 데 많은 도움이 될 것이다.

구분	대한항공	아시아나항공	제주항공	진에어	에어부산	이스타	티웨이	에어인천	계
군 전역	1,202	754	10	86	79	53	47	1	2,232
자체 양성	807	285	0	0	0	0	0	1	1,093
기관사출신	36	0	0	0	0	0	0	0	36
기타(경력)	286	266	307	236	114	110	117	8	1,444
외국인	428	142	4	10	3	7	9	0	603
합계	2,759	1,447	321	332	196	170	173	10	5,408

〈출처: 항공진흥협회 포켓 항공현황〉

민항기 조종사
되는 과정

조종사가 되기 위해서는 기본 면장인 자가용 조종사(PPL: Private Pilot License), 계기비행 증명(IR : Instrument Rating), 사업용 조종사(CPL:Commercial Pilot Lisence)를 모두 취득해야 한다. 이를 위해서는 사설 비행교육기관에서 학습을 진행하며, 각 면장의 취득 기준과 과정은 다르다.

항공사 지원자로서 면접과 구술 테스트, 시뮬레이터 테스트 등을 거쳐 입사하게 된다. 입사 후에는 항공사에서 제공하는 회사 입사 교육과 함께, 해당 항공사의 비행기종에 대한 교육을 받게 된다. 이를 통해 비행기종의 운용 방식, 안전 절차 등을 습득하며, 최종적으로 본격적인 비행 업무를 시작하게 된다.

조종사는 비행 전반에 걸쳐 매우 중요한 역할을 수행한다. 따라서 항공기의 안전 운항을 위해서는 조종사의 전문성과 경험이 매우 중요하다. 비행 교육과 경험을 쌓아 나가며, 안전하고 원활한 비행을 지속적으로 수행하는 것이 조종사의 최우선 임무이다.

기본면장 취득

항공사에 조종사로서 입사를 하려면, 기본 면장(자격증)이 있어야 한다. 3가지의 기본 면장은 자가용 조종사(PPL: Private Pilot License), 계기비행 증명(IR : Instrument Rating), 사업용 조종사(CPL:Commercial Pilot Lisence)이다. 군 경력이 아닌 민 경력 조종사들은 사설 비행교육기관에서 이 과정을 취득하고, 기간은 대략 1년 정도 걸린다.

자 격		기본 응시요건	총비행 시간	기장 시간	야외비행 시간	계기비행 시간	야간비행 시간
사 업 용	비 행 기	○ 연령 : 18세 이상 –자가용 –외국 운송 용/사업용	200시간 (전문기관150시간)	100시간	20시간	10시간	5시간
			–모의비행훈련장치 20시간인정 –다른 종류 비행시간 1/3 or 50시간 중 적은 시간인정	–전문기관 70시간	–기장시간 (총 540km이상구간 2개 이상의 다른비 행장 완전착륙포함) 300NM	–모의비행훈련 장치 5시간 인정(기장 또는 부기장)	–기장시간 (이착륙 5회 이상 포함) ※전문기관: 10시간
	헬 리 콥 터	○ 연령 : 18세 이상 –자가용 –외국 운송 용/사업용	150시간 (전문기관100시간)	35시간	10시간	10시간	5시간
			–모의비행훈련장치 20시간인정 –다른 종류 비행시간 1/3 or 50시간 중 적은 시간인정	–기장시간	–기장시간 (총 300km이상 구 간 2개의 다른 지점 에서의 착륙비행 과 정 포함) 167NM	–모의비행훈련 장치 5시간 인정(기장 또는 부기장)	–기장시간 (이착륙 5회 이상 포함) ※ 전문기관: 7시간
자 가 용	비 행 기 헬 리 콥 터	○ 연령 : 17세 이상 –자가용 –외국 운송 용/사업용	40시간 (전문기관35시간)	10시간	5시간		※ 전문기관: 2시간(비행기)
			–모의비행훈련장치 5시간인정 –다른 종류/경량항공기 비행시간 1/3 or 10시 간 중 적은 시간인정	–기장시간 (단독비행 경력)	–기장시간(단독야외비행경력) (비:총 270km이상 구간 2개의 다른 비 행장에서의 이륙완전 착륙 경력 포함) 150NM (헬:180Km=100NM 2개 착륙비행과정 포함)		

형식		−운송용/ 사업용/자 가용	−전문교육기관: 제작사/국토부/외국정부 인정 −전문교육훈련(비행기): 항공운송사업자/사용사업자/제작사 실시 지상교육 + 비행기 20시간 모의비행훈련(왕복엔진은 16시간) + 2시간 비행훈련(실비행 1시간=SIM 4시간) −전문교육훈련(헬리콥터): 항공운송사업자/사용사업자/제작사 실시 지상교육 + 헬리콥터 15시간 모의비행훈련 + 5시간 비행훈련(실비행 1시간=SIM 4시간) −군·경찰·세관 : 200시간 기장비행시간 충족 −국가기관등 항공기: 국토부 승인 교육과정 이수 −외국 한정자격증명보유자		
계기		−운송용/ 사업용/자 가용	−전문교육기관: 제작사/국토부/외국 정부 인정 −전문교육훈련: 국토부 인정 지상교육 + 40시간 계기비행시간 (모의비행장치 20시간 인정,기본비행훈련장치5시간) −외국 계기비행증명보유자	기장야외비행시간 50시간	
				−해당 종류 기장 비행시간 10시간 포함	
조종교육	초급	−운송용/ 사업용 (계기비행 증명자격보 유) −외국 조종 교육	다음 조건을 모두 만족하여야 함 ※ 2018년 3월 30일부터 적용: 15시간 → 25시간 / 군 150시간 삭제 −해당 종류에 대한 200시간 이상의 비행경력 −운송/사업 자격취득 이후 전문교육기관 등(제작사/국토부/외국정부 인정)에서 해당·종류등급에 대한 조종교육증명과정 이수(총 230시간 이상) 또는 조종교육증명 자격보유자로부터 교육훈련(국토부/지방청 인정)지상교육(135시간) + 25시간 기장비행시간(동승 비행훈련)		
	선임	−초급 조종 교육증명	해당 항공기 종류·등급에 대한 초급조종교육증명을 받은 후 조종교육업무를 수행한 275시간의 비행경력을 포함한 총 500시간 이상의 비행경력 조종교육증명 취득후 2018년 3월 30일 이전 조종교육시간이 275시간 이상이며 총500시간이상의 비행경력시 수시면제처리		
	경량	−경량항공기 자격	총 비행시간 200시간이상이고 지상교육 20시간+비행15시간 비행기조종교육증명보유자의 경우 지상교육 불필요:경량비행시간5시간+학과시험 필수		

첫 번째 면장은 자가용 조종사(PPL: Private Pilot License)이다.
이 면장은 비행을 취미로 즐기는 개인들이나, 비즈니스적인 목적으로 비행을 하기 위해 필요한 면장이다. 이 면장을 취득하기 위해서는 항공교육기관에서 교육과정을 수료하고, 비행실습시간과 시험을 거쳐 취득할 수 있다. 총 비행시간은 적어도 40시간 이상의(전문기관의 경우 35시간) 비행시간이 필요하다.

두 번째 면장은 계기비행 증명(IR: Instrument Rating)이다.

계기비행 증명(IR)은 자가용 조종사 자격을 취득한 이후에 추가로 취득할 수 있는 증명이다. 안개가 낀 시정이 좋지 않은 날 비행을 하기 위해서는 '계기비행(Instrument Flight Rules)'을 해야 한다. 이것을 취득하는 것을 '계기비행증명'이라고 한다. '증명(Rating)'이란 자격을 취득하는 것은 아니고 새로운 증명을 추가(Add-on) 하는 개념이다.

　이 증명을 취득하면 기상이 좋지 않은 날씨에도 안전하게 비행할 수 있다. 계기비행 증명을 취득하려면 지정된 항공교육기관에서 훈련을 받아야 하며, 교육과정은 대략 3~6개월 정도 소요된다. 교육과정에서는 비행기에 장착된 계기판을 이용하여 비행할 수 있는 기술과 지식을 습득하게 된다.

세 번째 면장은 사업용 조종사(CPL: Commercial Pilot Lisence)이다.

사업용 조종사 자격을 취득하려면 적어도 200시간 이상의 비행시간이 필요하다. 이 시간은 자가용 조종사 자격을 취득한 후에도 충분한 연습과 훈련이 필요하다. 또한, 필기시험에서 모든 과목당 70% 이상의 점수를 받아야 한다. 필기시험 합격 후에는 구술시험과 실비행 시험이 있다. 구술시험은 비행이론, 공중 항법, 항공기상 등에 대한 지식을 검증하고, 실비행 시험에서는 비행기를 안전하게 운항할 수 있는 기술과 능력을 검증한다. 이러한 시험을 통과한 후에야 사업용 조종사 자격증을 취득할 수 있다.

항공사 입사

민간항공 조종사가 되기 위해서는 자격증을 취득해야 한다. 기본적으로는 자가용 조종사 면허(PPL), 계기비행 증명(IR), 그리고 사업용 조종사 면허(CPL)를 취득해야 하며, 이를 통해 항공사에 입사할 수 있는 자격을 얻게 된다. 자격증 취득에는 각각의 면허에 대한 시험이 필요하며, 이는 필기 시험과 구술 시험, 그리고 실비행 시험으로 이루어져 있다. 항공법규, 비행이론, 공중항법, 항공기상, 항공교통/통신/정보업무 등 다양한 과목을 포함하고 있으며, 시험에서는 모든 과목당 70% 이상의 합격점수를 받아야 한다.

항공사 입사를 위해서는 면접, 구술 테스트, 시뮬레이터 테스트 등을 거쳐 항공사 채용 과정을 마쳐야 한다. 입사 후에는 기본적인 회사 입사 교육과 오리엔테이션 등이 이루어지며, 이후에는 항공기 탑승 전 검사, 비행 계획 및 교통 제어와 같은 업무를 수행하게 된다.

JET RATING (CITATION)

기본 면장 취득을 위해 연습용 항공기를 사용하는 것은 민간항공 조종사의 기본이다. 이를 위해 CESSNA, PIPER, ARROW 등의 프로펠러기를 사용한다. 그러나 민간항공사의 대형 항공기는 대부분 제트엔진(Jet Engine)을 사용하므로 제트 엔진 항공기 rating을 추가로 취득해야 한다. 대표적으로 Cessna 사의 'CITATION'이라는 항공기가 사용되며, 항공사에 따라 입사 전에 jet rating을 취득해야 하는 경우도 있다. 이를 위해 약 1달 정도의 교육이 필요하다.

항공사 JTS(Jet Transportaion Simulator) 교육과정

민간 여객기는 2명의 조종사를 통해 운용되며, 이를 2 pilot concept procedure라고 한다. PF(Pilot Flying)와 PM(Pilot Monitoring)으로 역할을 나누어서 조종사들은 각자 명확한 역할을 수행한다. 두 조종사는 스위치 조작을 할 때도 절차가 정해져 있어 누가 어떤 스위치를 조작하고, 다른 조종사가 확인하고, 확인 결과를 말로 전달하는 절차를 따른다. 이것을 위해 항공사에서는 JTS(Jet Transportaion Simulator) 교육과정을 운영하며, 시뮬레이터를 통해 2 pilot concept procedure를 교육하고 체크한다. 이를 통해 조종사들은 안전하고 정확한 비행을 할 수 있도록 준비된다.

기종 배정 & Type Rating 취득 및 시뮬레이터 교육과정

초기 기종은 조종사의 직업적 커리어를 상당부분 좌우하는 큰 부분이다. 에어버스 또는 보잉 같은 제작사를 선택하는 것은 큰 갈림길이기도 하다. 초기기종을 결정하면 그 기종을 조종할 수 있는 자격증인 Type rating을 취득해야 한다. 이를 위해 Ground school, FBS, FFS 같은 과정을 거쳐서 이론교육을 받고 시뮬레이터를 이용해 교육을 받게 된다. 이를 통해 기본적인 normal procedure를 배우고, 각종 abnormal 상황에 대한 훈련을 하게 된다.

저자의 시뮬레이터 교육과정 경험: 시뮬레이터 교육은 주로 전반적으로 실비행에서 진행되는 비행절차를 숙달하고, 이보다 중요하게 다루는 부분은 바로 비상절차 교육이다. 비행을 준비하시는 분들은 어느 정도 이해하시겠지만, 실제 비행에서 연습할 수 없는 부분들이 바로 비상절차이기 때문에, 이에 대한 시뮬레이터 교육이 필요한 것이다. 대부분 외국인 시뮬레이터 교관들이 훈련을 담당하고 있으며, 다양한 비상상황을 일정 기간 내에 나눠서 진행하게 된다. 모든 것이 새롭게 진행되는 교육이지만, 먼저 과정을 이수한 기수들에게 배운 내용들을 먼저 충분히 이해하고, 많은 머리 비행을 통하여 몸에 익힌 뒤, 훈련에 임하면 엄청나게 어렵게 느껴지지는 않을 것이다.

OE (Operation Experience) 훈련

부기장이 될 마지막 단계는 바로 실제로 운항 중인 비행기를 교관 기장과 함께 비행하면서 정상 상황에 대한 교육을 집중적으로 받는 것이다. 비행기 타입에 따라 60번 이상의 편도 비행(60 LEG)을 직접 조종하면서 국내선, 국제선의 여러 취항지를 비행하면서 경험을 쌓게 된다.

이 단계에서는 시뮬레이터로 배운 것이 아니라 실제 비행기에 가서 쇼업, 비행자료 준비, 승무원 브리핑, 항공기 준비 및 셋업, 승객 보딩, 이륙, 순항, 접근, 착륙, 택시, 파킹, 승객 하기 등과 같은 운항을 경험하며 배우게 된다. 또한, 공항의 특수 절차들, 예를 들어 소음 경감 절차(Noise abatement procedure)나 항공교통관제(ATC: Air Traffic Control)와의 교신 절차와 같은 것들도 배우게 된다. 마지막에는 국토부 위촉심사관 자격을 지닌 교관과 체크 비행을 거쳐 최종적으로 항공사의 부기장 duty를 수행할 수 있는 자격을 얻게 된다. 그러나 OE는 승객을 태우고 실제 운항을 하는 훈련이기 때문에 실수가 용납되지 않는다. 따라서, 기성 부기장이 함께 탑승하여 피교육생을 모니터링하며 안전을 담당하는 역할을 한다.

이를 safety pilot이라고 한다.

저자의 OE훈련 경험: 역시나 관건은 실제 비행을 하는 OE훈련이었다. 앞서 언급한 바와 같이, 나름대로 군에서 전투기를 조종하였는데, 민간항공에서 운영하는 항공기가 과연 얼마나 어려울까 하는 마음으로 다소의 두려움보다는 기대감이 앞섰었다. 그러한 기대감은 한두 번의 비행교육 만으로도 금새 무너지고 말았다. 많은 승객을 모시고 비행하는 항공기는 전투기와는 다른 형태로 많은 지식을 요하고, 철저한 절차수행을 필요로 하였다. 민간항공에서의 비행은 실로 절차에서 시작하여 절차로 끝난다고 해도 과언이 아닌 것 같다.

항공기 시동을 걸기 전까지 지상에서 준비해야 하는 많은 준비과정이 우선 필요하다. 출발지/도착지 공항 정보, JEPPESEN, 비행절차, 비상절차, 항공기 특성, 기상, NOTAM, 공지사항, 특이사항 등 다양한 지식을 익혀야 비로소 비행준비가 겨우 끝났을 뿐이다. 비행준비한 사항에 대해 완벽히 숙달이 되어야지, 실제 비행에서 겨우 20~30%도 발휘될까 말까 한다. 이렇게 비행준비 과정을 마친 뒤, 실제 비행에 들어 간다. 비행 전 브리핑을 하기 위해 브리핑 약 2~3시간 전에 도착하여 또 다시 그날의 실제비행 준비를 하게 된다. 교관님이 오시면, 실제 비행을 어떻게 진행하실지 말씀하시고, 여러 가지 비행에 관련된 질문을 하시면 이에 답변을 드려야 한다. 드디어 비행에 임하게 되면, 준비한 절차 수행 과정을 실제 비행에 접목을 한다. 처음 비행을 하면서 우왕좌왕하고, 비행 하나하나를 몰라서 많이도 당황하고 힘들어했다. 절차 수행은 조종사가 수행해야 할 기본 중에 기본이다. 이와 더불어 항공기 시스템을 이해해야 실제 비행이 진행되는 전반적 과정을 이해할 수 있고, 절차 수행도 원활하게 진행이 된다. 그렇다고 부기장이 모든 것을 완벽히 이해하고 수행한다는 것은 불가능에 가깝다. 다만 아무런 노력없이 기장님들이 수행하시는 PERFORMANCE를 따라갈 수 없다. 이러한 모든 과정을 잘 수행해야 만 그 경지에 이를 수 있다. 그러기에 참 많은 시행착오를 겪었던 것 같다. 그리고 무엇보다 관제사와의 통화를 하는 것은 더 많은 어려움을 느끼게 한다. 국내선, 중국, 일본 등 여러 나라의 관제사들과의 통화는 그야말로 부기장 비행의 결정체이다. 그만큼 참 어렵다. 그래도 긍정적인 것은 비행을 하면 할수록 나아진다는 것이니까, 너무 걱정할 필요는 없다.

방법1_대학교 항공운항학과 진학

대학교 항공운항학과를 공략하라

현재 한국에는 많은 수의 대학교 항공운항학과*가 운영되고 있다. 항공대, 한서대, 교통대, 경운대, 초당대, 극동대, 중원대, 청주대, 세한대, 관동대, 신라대, 한국항공전문학교에 항공운항학과가 설립되어 있다. 각 학교에 진학하게 되면 학교별로 마련된 비행프로그램에 따라 비행교육 과정을 밟을 수 있다.

■ **항공대 항공운항학과(자유전공학부 포함)와 한서대 항공운항학과/항공조종학과**

우선 한국에서 가장 역사가 깊은 항공대 항공운항학과(자유전공학부 포함)와 한서대 항공운항학과/항공조종학과를 소개하고자 한다. 현재 민간항공

---

* 민항기 조종사가 되는 방법은 크게 항공운항학과가 있는 대학, 공군사관학교, 울진, 태안 등에 있는 비행교육원, 아시아나 운항인턴, 해외비행 과정으로 나누어볼 수 있다. 길이 다양하므로 자세히 알아보고 본인에게 가장 잘 맞는 방법을 선택하는 것이 중요하다.

B737 시뮬레이터 장비(한서대학교 비행교육원 제공)

시뮬레이터 훈련을 하고 있는 학생(한국항공전문학교 비행교육원 제공)

사에 들어갈 수 있는 확률이 매우 높고 기간이 짧은 코스가 바로 이 두 학교의 비행 과정이라고 봐도 좋다. 그래서 많은 학생들이 이곳에 들어가기 위해 지원하고 있어서 내신 1등급 내외의 우수한 성적을 유지해야 입학할 수 있을 정도로 해마다 경쟁률이 높았다. 다만 코로나 사태 이후 조종사 수요 급감 현상을 겪으면서 항공운항학과 경쟁률도 약 1~3등급 내외로 변동이 크다. 현재 항공사에서 조종사 채용을 증가시키고 있는 상황이므로, 이에 따라 경쟁률도 재상향될 가능성이 있다.

대표적인 두 학교는 대학교, 국내 비행교육원(울진/태안), 해외 비행학교에서 비행이론 및 비행실습을 가르치고 있다. 무엇보다 대한항공, 아시아나항공, 저가항공사 등과 직접 연계된 비행 과정을 수료하면 바로 해당 항공사에 들어갈 수 있는 기회가 부여되었다. 하지만, 코로나 사태 이후, 항공사에 바로 들어갈 수 있는 연계 비행과정이 잠정적으로 유예된 상태에서 항공대는 서서히 풀리고 있고, 한서대는 향후 진행할 예정이다. 이는 항공산업이 점차 정상화되면 자연스럽게 환원될 가능성이 높다.

또한 학교 내 ROTC에 지원하고 졸업 후 군 조종사로서 의무 복무 13년을 마치면 민항사로 갈 수 있다. 만약 ROTC를 하지 않을 경우 개인적으로 비용을 들여서 비행훈련을 해야 한다. 비행훈련에 드는 비용은 과정에 따라서 대략 1억여 원 부근에서 2억여 원이 될 정도로 부담이 크다. 조종사가 되기까지 걸리는 비행 총 기간은 3~4학년 비행시간을 제외하고 대략 1~3년 정도 소요된다. 항공대나 한서대에 진학할 때에도 공군사관학교와 비슷한 성적과 신체조건을 갖추어야 한다. 자세한 사항은 뒤에 나오는 학교별 세부 내용을 참조하자.(한국항공대학교 233~239pp, 한서대학교 240~247pp)

참고로 두 대학교의 항공운항학과(한서대 항공조종학과 포함)로 진학하는 것 이외에 해당 학과로 전과하는 경우도 있다. 항공대는 다른 학부의 학생이 1학년 말~2학년 말에 항공운항학과 정원의 20% 범위 내에서 학점 3.5 이상, 토익 800점 이상, 신체검사와 면접 통과 등의 전과 기준을 통과하면 해당 학과에 들어갈 수 있다. 한서대는 정원의 30% 범위 내에서 해당 전과 기준을 통과하면 들어갈 수 있으나, 실질적으로 보면 해당 전과 기준을 통과하지 못하여 한 해에 약 1~5명의 학생이 들어가고 있는 실정이다. 또한 해당 학과에서 정원의 변동이 있을 때만 가능하므로 다소 가능성이 희박하다고 본다.

▪ 기타 대학들

위 두 학교의 항공운항학과 이외에 많은 대학들도 계속적으로 우수한 교수진과 비행시설을 확보해가면서 탄탄하게 자리를 잡고 있다. 따라서 현재 많은 학생들이 항공운항학과가 있는 대학에 들어가기 위해 노력하고 있다. 물론 실력 있고 조종사에 관심 있는 학생들은 항공대나 한서대와 같은 대학들을 선호하고 있다. 코로나 이후 조종사 채용에 대한 불안으로 인해 일시적으로 항공대/한서대뿐만 아니라 다른 대학들의 항공운항학과의 경쟁률이 낮아져 있다. 현재는 과거보다 더욱 학생들이 자신의 진로에 대해 신중한 선택을 해야 하는 시기라고 생각된다.

초당대나 경운대와 같은 학교도 아시아나항공과 연계 과정을 운영하고 있었고(코로나 이후 아시아나항공의 조종사 채용 중단에 따라 2023년 현재 잠정 유예/향후 변동 가능), 대다수 학교에서도 항공사에 보다 수월하게 취업할 수 있도록 지속적으로 항공사와 MOU 체결을 진행하고 있다. 다만 아직까지는 현실적으로 항공대나 한서대와 비교하여 역사가 짧기 때문에 지속적으로 좋은 실적을 내기 위해 정진하는 중이다. 현재 민항기 조종사를 배출하는 수치를 볼 때 다소 저조하지만 실적이 향상되고 있다. 다만 코로나 사태 이후 항공사에서 조종사 수요가 급감함에 따라, 연계과정 및 MOU 체결의 영향은 일시적으로 미미한 상태이다. 항공대 및 한서대와 마찬가지로 지속적으로 개선될 여지가 충분하다.

무엇보다 감안해야 할 것은 각 학교의 항공운항학과는 등록금 이외에도 비행실습을 위한 비용이 많이 들어간다는 점이다. 조종사가 되기까지의 전체적 비용을 생각한다면 결코 적은 금액이 아닐 것이다. 하지만 학교별로 마련되어 있는 장학금제도와 대출금제도를 잘 활용하면 큰 도움이 된다. 각 학교에서는 성적이 좋은 학생들에게 장학금을 주는 제도를 적극적으로 활용한다. 자신의 졸업생들이 항공사에 취업하거나 군 조종사가 되는 비율이 높으면 높을수록 경쟁력이 커지기 때문에 학생들의 우수한 성적 유지를 위해 노력하는 것이다. 따라서 이러한 제도를 잘 이용한다면 비용을 최대한 절감할 수 있다.

대학교별 항공운항학과 현황(2023.5월 기준)

학교	과정	비용	
		수업료	실습비
항공대	군(MPC)	약 4,000만 원	약 3,000만 원
	UPC		약 4,500만 원
	APP (대한항공)		약 4,500만 원
한서대	항공운항	약 3,600만 원	약 4,500만 원
	헬기	약 3,600만 원	약 2,500만 원
극동대		약 3,500만 원	약 5,000만 원
교통대	군(MPC)	약 2,000만 원	약 3,000만 원
	민(CPC)		약 3,500만 원
초당대		약 3,500만 원	약 4,000만 원
한국항공전문학교		약 3,000만 원	약 7,000만 원
세한대		약 3,500만 원	약 6,000만 원
중원대		약 3,500만 원	약 5,000만 원
관동대		약 3,500만 원	약 6,000만 원
경운대		약 4,000만 원	약 5,000만 원
청주대		약 3,500만 원	약 4,000만 원

* 공군 조종분야 가산복무 지원금 지급대상자 선정시(ROTC, 지정모집대학, 학사사관후보생) 장학금 지급으로 인해 비용 절감
* 비용은 변동될 수 있으므로 자세한 사항은 학교별로 직접 확인할 것

방법2_비행교육원 진학

비행교육원을 공략하라

한국에는 대학교와 연계되고 국가에서 지정된 비행교육원들과 대학교에서 운영하는 비행교육원, 기타 사설 비행교육원 등이 있다. 이 중에 가장 큰 규모를 지닌 비행교육원으로 울진 비행교육원(한국항공대학교, 한국항공전문학교)과 태안 비행교육원(한서대학교)이 있다. 이 세 가지 비행교육원을 중심으로 소개하겠다. 다만 코로나 이후 각 비행교육원은 조종사 채용 저조 및 진로 불투명함에 따라 교육비용을 포함한 상세한 자료가 제한적이다. 이에 따라 코로나 이전 자료 및 일부 최신자료를 기반으로 자료 작성이 이루어졌다. 자세한 내용 및 일정은 반드시 직접 해당 비행교육원에서 확인할 필요가 있다.

비행교육원 현황

비행교육원	과정	비용	
		교육비	비 고
항공대 (울진 포함)	UPP	약 7,000만 원 (정부지원금 900만 원 포함 시)	기숙사비, 식비 등 별도 추가 비행시간 확보 비용 별도
	UPP경력자	약 5,500만 원 (정부지원금 900만 원 포함 시)	
	APP	PHASE1 : 463만원 PHASE2/PHASE3(교관과정 기준) − Hillsboro Aero Academy(HAA) : USD 113,200(생활비 USD 12,750 포함) − L3 Harris(L3) : USD 138,700(생활비 33,600 포함)	타임빌딩 및 비용절감(월급) − 교관과정 − 부기장과정
	APP 단축과정 (잠정 중단)		
한국 항공전문학교 (울진)	신규과정	신규 사업용 통합과정 (2017년 기준: 58,680,000원)	추가 비행시간 확보 비용은 별도
	경력과정		
한서대	재학생	해외 위탁교육(Long Beach Flying Club) (약 1.5억여 원)	아시아나항공 연계과정 PPP(잠정 중단)
	일반인과정	정규교육(약 1억여 원)	추가 비행시간 확보 비용은 별도
초당대	아시아나 연계 (잠정 중단)		
	정규과정	정규교육(2017년 기준: 약 7,000만 원)	추가 비행시간 확보 비용 별도

* 비용은 변동될 수 있으므로 자세한 사항은 비행교육원별로 직접 확인할 것

울진 비행교육원(한국항공대학교 & 한국항공전문학교)

아시아 항공시장의 급팽창에 따라 지속적으로 조종사 구인난이 심각해
지고 있다. 항공여행의 급증으로 항공기 수요가 늘어나고 있지만 그에
비해 조종사의 공급이 부족하여, 우리나라를 포함한 많은 아시아 항공
사들이 외국인 조종사들을 채용하는 실정이다. 정부는 이러한 조종사

인력난을 해결하기 위해 항공 조종인력 양성 사업을 펼치고자 울진공항을 활용하는 방안을 세웠다. 정부는 울진에 부족한 조종인력을 양성하기 위해 항공대학교에서 운영하는 비행교육원과 한국항공전문학교에서 운영하는 비행교육원을 교육기관으로 선정하고 교육비 일부를 지원하여 조종사 교육을 후원하고 있다.

① 항공대학교 비행교육원

먼저 항공대학교 비행교육원을 알아보자. 이곳의 비행교육과정은 크게 APP(대한항공 부조종사 과정)과정, UPP과정, UPP경력자과정으로 구성되어 있다.

APP과정은 대한항공 입사 가능성이 가장 높은 과정이다. 이 과정은 항공대 항공운항학과 학생들이 3학년 때 지원하여 4학년부터 입과할 수 있으며, 다른 학교 전공자들과 일반인들도 지원할 수 있다.

코로나 이전에는 통상 APP과정에 지원할 수 있는 정규과정에서는 1년에 4기수를 모집하고 1기수 모집에 25명 내외의 인원을 선발했다. 2017년도 기준으로 볼 때 174명(본교 재학생 80명, 타 대학 출신 94명)이 입사했고, 상대적으로 타 대학 출신들의 경쟁률은 치열하고 합격률도 그리 높지 않다. 예를 들어 2016년 APP 1차 모집에서 123명이 응모했으나 결시, 토익/토플 및 영어구술, 비행적성 등에 불합격되어 24명만이 최종 선발되었다.

2019(3차) APP 선발 전형 원서접수 결과

구분	본교		타교
	항공운항학과	타학과	
Hillsboro Aero Academy	7	5	37
L3 Airline Academy	6	4	18
계	13	9	55

〈출처: 2019년(3차) 항공대학교 비행교육원〉

그러나, 코로나 이후, 2022년에는 연 1회 선발 기준으로 변경되었고, 인원도 48명으로 한정되었다. 따라서 이전에는 항공대 4학년은 거의 APP 합격률이 상당히 높았다면, 현재는 타 출신들과 경쟁을 통해 APP에 입과할 수 있어서, 합격률이 떨어져 있다. 2023년도 대략 46명으로 한정되어 있어서, 민간항공사 조종사 채용 비율이 향상되기 전까지는 당분간 이런 경향은 계속 지속될 여지가 있다.

교육기간은 3~4년이며, 순수 교육비 및 모든 경비를 포함하여 약 2억여 원의 비용이 든다. 교육과정상 PHASE Ⅱ까지 마치고 비행교관과정(IP)이나 부기장 조종사교육과정(F/O)까지 1,000시간의 비행시간을 채우면 대부분 대한항공 부조종사로 채용될 가능성이 높았지만, 마찬가지로 코로나 이후 조종사 채용 확률이 많이 낮아져 있는 상태이다. 계속 언급하고 있지만, 다만 지속적으로 정상화되고 있다는 점은 희망적이다.

교육과정 구성

구분	Phase I	Phase II	Phase III
과정내용	FAA PPL 과정 기준 교육과정 진행	FAA PPL, IR, CPL(SE/ME) 자격 취득	비행학교 교관 등을 통한 비행기량 향상
기간/장소	3개월/국내	15개월/해외	15개월/해외

합격자 현황

구분	총원	교관과정	부기장과정	비고
계	300명	68명	232명	-
2018년 이후	87명	49명	38명	-

합격자 연령(만 나이 기준)

구분	평균	최고	최저	30세미만 (16.1%)	30~33세 (47.1%)	34~36세 (21.8%)	37세 이상 (14.9%)
2018년	33.1세	40세	27세	6명	16명	11명	6명
2019년	32.1세	38세	25세	6명	10명	5명	3명
2020년	33.0세	40세	29세	1명	1명	0명	1명
2021년	32.8세	39세	29세	1명	14명	3명	3명

〈출처: 2019년(3차) 항공대학교 비행교육원〉

UPP(Uljin Pilot Program)과정은 항공사에 지원할 자격을 갖추기 위해 조종사 자격증명을 취득하는 과정으로서 신규과정과 경력과정이 있다. 대표적으로 자가용 조종사 면장, 사업용 조종사 면장, 계기비행증명, 형식한정증명 자격을 취득하게 된다.

통합사업용 과정(신규과정)

자가용 과정

- 교육기간
  지상학술 : 2개월
  비행교육 : 10개월

- 비행시간
  단발동승 60.0Hrs
  단발단독 10.0Hrs
  모의비행장치 5.0Hrs

계기비행 증명

- 교육기간
  지상학술 : 1개월
  비행교육 : 4개월

- 비행시간
  단발동승 62.5Hrs
  모의비행장치 22.0Hrs

사업용 조종사

- 교육기간
  지상학술 : 1개월
  비행교육 : 2개월

- 비행시간
  단발동승 27.5Hrs

다발한정

- 교육기간
  지상학술 : 0.25개월
  비행교육 : 0.75개월

- 비행시간
  단발동승 10.0Hrs
  모의비행장치 3.0Hrs

통합사업용 과정(경력과정)

표준화 과정	**계기비행 증명**	**사업용 조종사**	**다발한정**

- 교육기간
  지상학술 : 0.25개월
  비행교육 : 1개월

- 비행시간
  단발단독 10.0Hrs

- 교육기간
  지상학술 : 1개월
  비행교육 : 4개월

- 비행시간
  단발동승 62.5Hrs
  모의비행장치 22.0Hrs

- 교육기간
  지상학술 : 1개월
  비행교육 : 2개월

- 비행시간
  단발동승 27.5Hrs

- 교육기간
  지상학술 : 0.25개월
  비행교육 : 0.75개월

- 비행시간
  다발동승 10.0Hrs
  모의비행장치 3.0Hrs

〈출처: 항공대학교 비행교육원〉

2016년 기준으로 UPP과정에 응시한 총인원은 대략 180여 명이었는데 입사한 인원은 74명이었다. 예를 들어 2016년도 UPP과정 1차 모집에서 37명이 응모했으나 APP과정처럼 결시, 영어구술, 비행인적성 등에 불합격하여 12명만이 최종 선발되었다. 신규과정은 170시간의 비행시간을 포함하여 전 자격을 취득하기 위해 약 1년 6개월 동안 교육이 이루어지며, 5,400만 원(정부지원금 900만 원 포함 시) 가량의 비용이 소요된다. 경력과정은 자가용 조종사 면장과정이 생략되고 총 1년의 교육기간과 약 3,500만 원(정부지원금 900만원 포함 시)의 비용이 들었다.

2019(8차) JPP 및 UPP 선발전형 원서접수 결과

구분	본교		타교
	항공운항학과	타학과	
제주항공 선선발 전형(JPP)	3	28	221
일반전형(UPP)	7	6	25
계	10	34	246

〈출처: 2019년 항공대학교 비행교육원〉

코로나 이후 2022년에는 4개 차반으로 UPP과정 모집을 하였다. 2023년에도 1차 모집이 진행 중인데, 모집인원 및 지원율, 합격률 등은 자세히 공개하지 않고 있다. UPP의 경우, 지상학술은 울진에서 약 2~3개월 진행 후, 해외로 넘어가서 자가용과정을 위탁교육 받게 된다. 자가용과정은 해외(미국)위탁교육이 기본 원칙이고, 자가용과정은 해외위탁 시 통상 5개월 예상된다. 국고보조금은 여전히 유효하며, 해외 자가용 이수하여도 불이익 없도록 처리하고 있다. 총 교육기간은 통상 1.5~2.0년 예상하고, 교육비용은 현재 기준 39,325,000원 + $26,538이며, 정부지원금 선반영된 금액이다.

이 이후에는 개별적으로 자비를 들여 비행교육원 비행경력 축적 과정을 통해 타임빌딩을 하면서 항공사에 지원할 수 있는 비행시간(requirement)을 쌓거나 교관 자격증명을 취득 후 울진 비행훈련원이나 사설 비행훈련원의 교관으로 근무하면서 비행시간을 쌓을 수 있다. 자비로 타임빌딩을 하는 것보다는 교관으로 근무하는 것이 일정한 보수를 받을 수 있어 경쟁률이 높은 편이다. 이후 제주항공, 에어부산, 진에어 등 저가항공에 바로 입사하거나 다시 APP과정(대한한공 부조종사 과정)에 들어가는 경우도 있다. 국내에서는 그래도 APP과정과 UPP과정을 통해서 조종사가 될 수 있는 확률이 비교적 높은 편이다.

2023(1차) 울진비행훈련원 조종훈련생 모집공고

□ 목　표

　○ 일반인을 대상으로 조종훈련생을 선발하고, 울진비행훈련원의 체계적
　　훈련을 통한 항공사 채용요건에 부합하는 우수 조종인력 양성

□ 선발인원 : 신규 00명 / 경력 00명

　　※ 신규 입과자의 자가용과정은 미국 Aeroguard에서 진행예정
　　※ 선발인원은 지원자의 평가결과 및 내부사정 등에 의해 변동 가능
　　※ 울진입과 후 Aeroguard로 자가용과정 진행 시, 현지 비행학교 담당자와의
　　　별도 영어 인터뷰 합격 후 미국 자가용과정 입과

□ 지원자격

구 분	지 원 자 격		
신규과정	① 학력 무관　② 남자의 경우 군필 또는 면제자　③ TOEIC 750점 수준 이상 공인영어성적 보유자　※ 기타 공인영어성적 기준		
	TOEIC Speaking	EPTA	OPIc
	LVL IM3	LVL 4	LVL IM3
	④ 항공종사자 신체검사 증명 1종 소지자　⑤ 비행시간 Zero Time자		
경력과정	① ~ ④ UPP(신규)과정 지원자격과 동일　⑤ 자가용 조종사 자격증 소지자　※ 외국면장 보유자는 입과 후 면장전환 가능		

□ 선발일정

구 분		일 정	비고
1차전형	원서접수	2023.04.10(월) ~ 2023.04.19(수)	
	합격자 발표	2023.04.25(화)	
2차전형	운항인적성검사	2023.04.29(토)	
	합격자 발표	2023.05.08(월)	
3차전형	비행적성/영어구술평가/비행지식평가(경력자 한함)	2023.05.15(월) ~ 05.24(수)	
	합격자 발표	2023.05.30(화)	
4차전형	최종면접	2023.06.07(수)	
	합격자 발표	2023.06.13(화)	
입과예정일		2023.07.10(월)	

　　※ 상기 일정은 내부사정에 의해 변동 가능

선발절차

구분	1차전형	2차전형	3차전형		4차전형
전형방법	서류심사	운항인적성검사	영어구술평가	비행적성평가	최종면접
평가내용	지원자격 충족여부	학습/운항능력 및 심리상태 등	해외비행교육의 원활한 진행을 위한 영어능력 확인	Simulator를 활용한 비행감각, 주의력, 지시사항 이행능력 등	호감도, 인품 등
장소	-	본교			

〈출차: 항공대학교 비행교육원〉

■ 항공대학교 비행교육원 APP과정

구 분	PHASE 1	PHASE 2	PHASE 3	PHASE 4
교육장소	본교	L3 / HAA	L3 / HAA / ICA	본교 / 울진
교육내용	학과 교육	사업용 자격 취득 (PPL, IR, CPL)	비행경력축적 (IP / FO)	채용 준비 (항공영어, 자격전환 등)
예상 교육기간	3개월	15개월	15~30개월	3개월
교육비	463만원	USD 115,000 ~ 138,700		331만원 (실비정산)

※ 교육비와 교육기간은 내외부사정으로 변동 가능(해외교육기관과 '23년 교육비 협의 중)

L3 Harris

- 대상 과정 : PHASE2 & 3
- 교육 장소 : Sanford, Florida
- FAA PPL, IR, CPL, CFI 자격 취득
- 운영 기종 : C172SP/PA28/PA44 등
- 예상 교육기간 : 30~36개월
- 최대 1년 교관 근무 가능(OPT)

교육비 구성

납입회차	금액($)	납입시기
1차	36,200	입과 2개월 전
2차	32,500	입과 1개월 후
3차	43,500	입과 5개월 후
4차	26,500	입과 9개월 후
계	138,700	

- 생활비 33,600$ 포함
- 1,600$ x 15M, 800$ x 12M
- 기숙사 미제공
- 교재비, FAA Test 비용 등 포함
- 교육운영비 8,750$ 포함

Hillsboro Aero Academy

- 대상 과정 : PHASE2 & 3
- 교육 장소 : Redmond, Oregon
- FAA PPL, IR, CPL, CFI 자격취득
- 운영 기종 : C152/C172/PA44 등
- 예상 교육기간 : 30~48개월
- 최대 2년 교관 근무 가능(CPT/OPT)

교육비 구성

납입회차	금액($)	납입시기
1차	29,800	입과 2개월 전
2차	18,900	입과 1개월 후
3차	42,600	입과 5개월 후
4차	21,900	입과 9개월 후
계	113,200	

- 생활비 12,750$ 포함
- 750$ x 17M
- 기숙사비 9,000$ 포함(18M)
- 교재비, FAA Test 비용 등 포함
- 교육운영비 8,780$ 포함

■ 비행학교 비교

HILLSBORO AERO ACADEMY

$ 91,450 (교육운영비 포함)	교육비
비행가용일수는 230일 수준으로 겨울철 비행교육관련 제약 多	교육환경
CFI 취득 이후 채용평가 (Presentation-Interview)	채용절차
2021년 이후 19명 채용(1명 탈락) 인터뷰 최대 6회 가능	채용상황
교관급여 25$/h(CFI 보유기준) 월 평균 30-40h 비행	근무조건
최근접 대도시 포틀랜드와 약 3시간 Sales Tax 없음	생활환경

L3HARRIS

$ 102,670 (교육운영비 포함)
비행가용일수는 330일 수준으로 여름철 오후 강우/낙뢰 등 제약 多
CFI 취득 이후 채용평가 (Interview-Sim Evaluation)
2021년 이후 14명 채용(전원채용) 인터뷰 최대 2회 가능
교관급여 $19/h 시작 월 평균 40-50h 비행
최근접 대도시 올랜도와 약 40분 Sales Tax 약 7%

InterCaribbean Airways

- 대상과정 : PHASE3 부기장과정
- 교육장소 : Turks&Caicos(영국령)
- 입과조건 : 비행시간 250시간
- 입과대상 : 교관과정 진행 불가 시
- 예상교육기간 : 18개월
- 부기장 근무 TBU(기간제약 X)

교육비 구성

납입회차	금액($)	납입시기
1차	33,000	입과 3개월 전
2차	16,600	입과 1개월 전
3차	7,400	입과 2개월 후
4차	13,700	입과 5개월 후
계	70,700	

- 생활비 18,750$ 포함
  - 1,250$ x 15M
- 기숙사 미제공
- 교육운영비 3,770$ 포함
- 입과조건 충족을 위한 TBU는 개인 부담

〈출처: 항공대학교 비행교육원 2022년 APP설명회〉

■ 항공대학교 비행교육원 UPP(Uljin Pilot Program)과정(2017년 기준)

정규 교육 과정

2017학년도 교육운영

민간항공사 산학협력 연계과정

제주항공
- 선발대상 : UPP 수료(예정)자
- 평가위원 : 제주항공 관계자
- 평가방법 : 기량(FTD) ,지식,영어

* 합격자는 비행경력축적과정 입과 또는 개별 타임빌드

진에어
- 선발대상 : UPP 수료(예정)자
- 평가위원 : 진에어 관계자
- 평가방법 : 기량(FTD) ,지식,영어

* 합격자는 본교 교관 또는 타기관 교관을 통한 타임빌드업

연계 과정

에어부산
- 선발대상 : UPP 수료(예정)자
- 선정방법 : 학과, 비행성적 우수자 추천
- 평가방법 : 인성, 기량, 최종면접

* 3개월 인턴 근무 후 개별 타임 빌드업 및 지정 레이팅 취득

항공기사용사업체
- 선발대상 : UPP 수료(예정)자
- 평가위원 : 해당기관 관계자
- 평가방법 : 기량(FTD) ,지식, 면접

* 합격자는 사용사업체 근무하며 타임비드업

본교 교관
- 선발대상 : UPP 수료(예정)자
- 평가위원 : 본교 평가담당
- 평가방법 : 기량(FTD) ,지식,영어

- 합격자는 조종교육증명(40Hr) 이수 후 채용 전형을
  거쳐 비행교관 임용

외부 교관
- 지원대상 : UPP 수료(예정)자
- 선정방법 : 수료자 지원

* 조종교육증명과정 (15Hr) 이수 후 외부 비행교관 추천

연계 과정

APP 교육과정
- 지원대상 : UPP 수료(예정)자
- APP 선발전형 응시 , 합격후 교육과정 입과

* APP 교육수료 후 KE 입사절차 진행

교육비 현황

UPP 교육과정 현황

신규과정
- 교육운영 : 자가용조종사, 계기비행증명, 사업용조종사, 형식한정증명
- 교육기간 : 1년 6개월 (지상학술 4개월 , 비행교육 14개월)
  - 지상학술 : PPL (1.5개월), IFR (1개월), CPL (1개월), ME (0.5개월)
  - 비행교육 : PPL (6개월), IFR (6개월), CPL (1개월), ME (1개월)
- 교육평가 : 학과평가 (수시평가), 종합평가, 비행평가 등

경력과정
- 교육운영 : 계기비행증명, 사업용조종사, 형식한정증명
- 교육기간 : 1년 (지상학술 3개월 , 비행교육 9개월)
  - 지상학술 : 표준화 (0.5개월), IFR (1개월), CPL (1개월), ME (0.5개월)
  - 비행교육 : 표준화 (1개월), IFR (6개월), CPL (1개월), ME (1개월)
- 교육평가 : 학과평가 (수시평가), 종합평가 비행평가 등

교육비 현황

구분	교육부대비용	교육비	계
신규과정	2,280,000	60,720,000	63,000,000
경력자과정	1,960,000	42,735,000	44,695,000

- 기숙사비 별도 : 2인1실 기준 180,000원/월
- 식비 별도 : 3천원/1식 ~ 4천원/1식

〈출처: 2017년 한국항공대학교 비행교육원 홈페이지〉

② 한국항공전문학교 비행교육원

한국항공전문학교 비행교육원의 비행교육과정은 크게 사업용 통합과정 (신규/경력자)과 비행경력 축적과정으로 구성되어 있다. 울진 비행훈련원의 정규과정은 자가용, 계기한정, 사업용단발, 사업용다발 교육과정으로 구성되어 있으므로 항공사에 지원할 수 있는 조종자격을 모두 취득할 수 있다. 울진 비행훈련원에서는 총 200시간의 비행교육을 받게 되며, 교육기간은 약 12개월이다. 조종사가 될 수 있는 모든 자격증을 취득할 수 있는 인프라를 구축하고 있지만 기상과 개인역량을 고려해 15~18개월 정도를 계획하고 있다. 이후에 비행경력 충족을 위해 타임빌딩(시간쌓기)

1. 신규교육과정

	자가용	계기한정	사업용	다발한정	
훈련기간	5개월	4개월	2개월	1개월	12개월
학과	200시간	167시간	167시간	25시간	559시간
실비행	65시간	61시간	34시간	10시간	170시간
시뮬레이터	0시간	20시간	0시간	10시간	30시간
비행훈련	65시간	81시간	34시간	20시간	200시간

※ 기상 및 개인 기량으로 인한 비행시간 및 기간의 차이는 있습니다.

2. 경력교육과정

	표준화	계기한정	사업용	다발한정	
훈련기간	1개월	4개월	2개월	1개월	8개월
학과	5시간	167시간	167시간	25시간	359시간
실비행	10시간	61시간	34시간	10시간	115시간
시뮬레이터	0시간	20시간	0시간	10시간	30시간
비행훈련	10시간	81시간	34시간	20시간	145시간

〈출처: 한항전 울진비행교육원〉

과정, 교관교육과정을 운영하고 있으니, 개별 선택하여 항공사 요구조건을 충족한 다음 개인별로 직접 항공사에 지원한다.

입과하는 훈련생 평균 연령은 만 30.52세다. 입과 시 나이 제한은 없으나 항공사 취업을 고려하여 만 34세까지 입과를 권고한다. 조종교육생 과정은 항공대와 마찬가지로 항공신체검사 자격 1종과 군필자 또는 면제자라면 신청이 가능하다. 라식, 라섹 수술을 하여도 조종사가 될 수 있다. 입과시 항공종사자 신체검사 1종을 받으면 입과 가능하며 시력 교정술을 받았어도 1종을 받을 수 있다. 다만, 자체 신체검사를 하는 항공사의 경우 제한이 있을 수 있다.

한국항공전문학교 비행교육원 교육과정은 약 2달에 1번 입과하는 형태로 이루어지고 있다.

○ UPP 교육내용(신규)
  • 자가용조종사-계기한정-사업용조종사-다발한정 자격취득
  • 실비행 170시간(다발10시간 포함), FTD 비행 30시간

○ UPP 교육내용(경력)
  • 표준화-계기한정-사업용조종사-다발한정 자격취득
  • 실비행 115시간(다발10시간 포함), FTD 비행 30시간

원서접수	2023년 5월 9일 ~ 2023년 6월 5일
1차 서류전형(서류심사 합격자 발표)	2023년 6월 7일
2차전형(인적성검사-온라인)	2023년 6월 10일
2차전형(영어면접/운항적성/교내면접)	2023년 6월 16일
최종합격자발표	2023년 6월 19일
등록	2023년 6월 20일 ~ 2023년 6월 23일
입과일	2023년 8월 7일

※ UPP과정의 경력자 과정은 선발인원 10명 충족시 입과일정과 무관하게 선입과 가능합니다.
※ 정부지원금 소진 시 지원되지 않을 수 있습니다.
※ 본 훈련원은 매월 모집, 전형을 실시하여 2달에 한번 입과가 진행됩니다.

교육과정 및 교육비 현황(2017년 기준)

과 정	교육시간	훈련기간	교육비	비 고
신규 사업용 통합과정 (자가용+계기+사업용+다발)	학과559시간 비행170시간 SIM 30시간	12개월~18개월 (평균 15개월)	58,680,000원	과정 수료 시 900만 원 환급
경력 사업용 통합과정 (표준화+계기+사업용+다발)	학과359시간 비행115시간 SIM 30시간	8개월	44,528,000원	과정 수료 시 900만 원 환급
비행교관 인턴양성과정	학과135시간 비행 25시간	6개월	14,475,000원	

〈출처: 한국항공전문학교 울진비행교육원〉

태안 비행교육원(한서대 재학생/일반인 비행교육 과정)

비행교육원은 한서대학교 재학생의 비행과정과 태안 비행교육원 일반인 과정을 운영하고 있었다. 태안 비행교육원은 2023년 현재 크게 비행기 자가용조종사과정, 비행기 사업용조종사과정(자가용, 계기, 사업용), 비행기 조종교육증명과정 (단발), 비행기 조종교육증명과정(다발), 터보프롭전환과정, CITATION JET 형식한정과정(C525) 등으로 이루어지고 있다.

한서대학교는 코로나 이전에는 PPP과정을 통해 현재 아시아나항공, 티웨이항공과 연계하여 민간항공사에서 미리 알려준 선발 예상인원을 고려한 조종훈련생을 선발하여 취업하는 형태로 운영되었으나, 잠정 중단된 상태이다. 현재는 한서대 2학년 2학기와 3학년 기간에 대부분의 비행실습을 미국에 있는 위탁 비행학교(Long Beach Flying Club)에서 이루어진다. 교육기간은 약 20개월이고 순교육비(8,600만 원), 기숙사비, 생활비 등 모든 경비를 포함하여 약 1.5억 원의 교육비가 소요된다.

태안 비행교육원 일반인 과정은 태안에 있는 비행교육원에서 전체 교육이 이루어진다. 태안 비행교육원의 장점은 아시아 최초 자체 비행장을 보유하고 있고, 최신의 항공기 및 훌륭한 기량의 정비사를 보유하고 있다는 점이다. 인천공항 다음으로 일일 이착륙 횟수가 많을 정도로 훈련생들이 더욱 많은 이착륙 훈련 등의 비행실습을 할 수 있다는 게 차별화된 강점이다. 본 과정은 185시간의 비행시간을 이수하고 115시간의 비행시간을 비행교관이나 비행경력 축적과정으로 수료한 뒤 민간항공사에 입사한다. 교육 시작 후 입사까지의 교육기간은 약 20개월이며 비용은 약 1~1.5억 원이 소요된다. 2013년부터 2015년까지 태안 비행교육원에서 교육받은 50여 명의 교육생이 민간항공사에 취업한 만큼 높은 경쟁력을 지닌 것으로 파악된다(관련 자료: 한서대학교 태안 비행교육원 홈페이지).

■ 한서대학교 PPP과정(2017년 기준 자료/2023년 현재 잠정 중단)

정규 교육 과정

과정	기간	교육비
Phase 1 (이론기초)	1.5개월	순수교육비 (86,000,000원) 이외에 모든 경비를 포함하여 약 1.3억 원 소요(예상)
Phase 2 (미국 자가용/계기과정)	8개월	
Phase 3 (국내 자가용/계기과정)	3개월	
Phase 4 (민간항공사 입사준비)	1.5개월	
Phase 5 (조종예비자원 선발 준비)	0.5개월	
Phase 6 (미국 사업용 과정-다발,단발)	4.5개월	
Phase 7 (국내 면장전환과정)	1개월	
합 계	20개월(266~300시간)	

비행교관 과정

과정	기간	교육비
Phase 1 (이론기초)	1.5개월	순수교육비 (86,000,000원) 이외에 모든 경비를 포함하여 약 1.3억 원 소요(예상) *비행교관 급여지급 등 전체적인 교육비 저렴
Phase 2 (자가용/계기과정)	8개월 (비행 115시간, SIM 30시간)	
Phase 3 (비행리뷰/심화이론)	6개월(35시간)	
Phase 4 (조종예비자원 선발 준비)	2개월	
Phase 5 (사업용 과정-다발,단발)	4개월 (비행 60시간, SIM 7시간)	
Phase 6 (교관과정)	4개월 (비행 32시간, SIM 30시간)	
합 계	22.5개월(비행 242시간)	

〈출처: 2017년 네이버카페 한서대학교 PPP〉

■ **한서대학교 태안 비행교육원(일반인 과정)**

교육 수료 후 진로

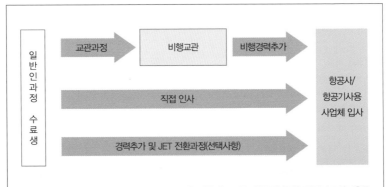

※ 비행교관으로 경력추가: 사업용 조종사 수료 후 지원자는 조종교육증명과정을 통하여 조종교육증
명 한정을 취득할 수 있고 자격증명 취득 후 우수자는 비행교원으로 임용. 비행교원으로서 비행경
력 추가 후 항공사 입사 가능.
※ 경력추가 및 JET 전환과정: 경력추가과정을 통해 다양한 민간항공사에 지원할 수 있는 경력을 추
가할 수 있고, JET 한정자격을 취득한 다음 민간항공사에 입사 추천을 받을 수 있다.

〈출처: 한서대학교 비행교육원〉

교육 과정 및 경비

	분류	과정	항공기	기 간	비용(원)	비고
1	고정익	자가용조종사	C172SP	4~6개월	18,060,000	분할납부 가능
2		계기한정		3~4개월	21,459,000	분할납부 가능
3		사업용단발		3~4개월	9,350,000	분할납부 가능
4		다발한정	SEMINOLE	1~2개월	5,908,000	
5		면장전환 (육상단발)	C172SP	3일	1,870,000	
6		면장전환 (육상다발)	SEMINOLE	3일	2,776,000	
7	회전익	자가용조종사	ENSTROM480	4개월	50,442,000	분할납부 가능
8		계기한정증명		1.5개월	21,850,000	

※ 기간과 비용은 날씨와 개인기량에 따라 달라질 수 있음 .
※ 지원자격: 학력 , 연령 , 성별 제한 없음. 화이트카드소지(자가용 2 급, 계기부터는 1 급).
※ 분할납부: 최초 교육비용 5,000,000원 입금 후 희망하는 비행시간 맞춰 항공기 사용료 납부.
※ 교육항공기 사진과 자세한 교육내용은 한서대학교 비행교육원 홈페이지에서 확인 가능.

〈출처: 한서대학교 비행교육원〉

방법3_해외 비행 과정

해외 대학교 취학

해외에서 면장을 취득하고 조종사가 될 수 있는 과정으로는 크게 항공 운항과가 있는 해외 대학교에 취학하는 코스와 직접 해외 비행학교에 들어가 조종사 자격조건을 취득하는 코스가 있다. 대형 항공사의 인사 담당자 말에 의하면 현재 민간항공사의 조종사로 취업하는 비율에서 국내 출신과 해외 출신이 거의 비슷한 수준을 유지하고 있다고 한다. 항공사 입장에서는 사업용 면장을 가진 사람들을 똑같은 자격요건 취득자로 보는 것이다. 이에 더해 해외 비행학교 출신들은 영어를 잘한다는 장점이 큰 매력 포인트로 작용한다. 하지만 현재 한국에는 사업용 면장을 지니고 있으면서 상대적으로 비행시간이 적은 사람들이 많다. 항공사와 연계된 비행과정에 있거나 군 조종사 출신들도 많다. 즉, 이들 모두가 서로 경쟁상대가 될 수 있다는 뜻이다. 따라서 새롭게 해외 비행과정을 준비하는 사람들은 막연한 희망만 가지고 시작하지 말고 철저히 준비하여 신중하게 접근해야 할 것이다.

먼저 해외 대학교 비행과정을 알아보자. 비행할 수 있는 항공 여건이 좋은 미국 등 항공운항학과가 있는 외국의 대학에 진학하여 면장을 취득한 후 비행훈련을 통해서 타임빌딩을 하고 해외 및 국내 항공사에 취업하는 방법이 있다. 대학교 지원에도 다양한 루트가 있다. 대학에 따라 SAT, 토플, 학교 자체의 입학심사(Conditional Admissions: 조건부 입학), 어학연수 후 대학지원, 커뮤니티 칼리지 지원 후 편입 등 방법이 다양하다. 각 대학의 수준 및 특성별로 입학조건이 까다로워지거나 약간 완화되기도 하므로 자신의 자격기준에 맞추어 접근해야 한다. 서류전형과 면접만으로 학생을 선발하기 때문에 성적이나 신체검사 조건이 국내보다 까다롭지 않다는 것이 장점이라 하겠다.

항공운항학과가 있는 많은 국가 중에서 인기가 가장 높은 곳은 단연 미국이다. 미국은 항공산업이 최고로 발달했고, 우수한 항공교육 환경을 갖추고 있으며, 무엇보다 미국 연방항공청(FAA; Federal Aviation Administration)으로부터 면장을 취득하기 때문에 국제적으로 인정받는다는 점에서 선호도가 높다. 다만 미국 항공운항학과 재학생은 국내 항공운항학과와 달리 주로 자가용 조종사 면장을 취득하는 데 초점이 맞춰져 있고, 등록금이 엄청 비싼 미국 항공대학은 비교적 선호하지 않는 경향도 있다. 미국 대학은 이렇듯 사업용 조종사면장은 취득하는 사람은 거의 없다고 볼 수 있다. 또한 미국의 우수한 대학교에는 4학년부터 비행교관을 할 수 있는 제도가 있어서 비행교관을 하면서 별도의 비용을 들이지 않고 비행시간을 쌓을 수 있는 기회도 있다. 졸업 후 항공운항학과에 연결된 저가 항공사에서 근무할 수 있는 방식도 있는데, 미국 항공대학을 들어가기 전에 학교별로 책정된 정책이나 과정에 대한 자세한 확인은 필수사항이다.

해외 비행학교

과거에는 군 조종사나 항공대·한서대에 진학하는 방법 이외에는 국내에서 조종사가 될 수 있는 길이 전무했다. 물론 해외에서 조종사가 되는 방법은 있었지만 대중적이지 못했다. 그러나 상황이 많이 달라졌다. 이제는 정부가 지정한 비행교육원과 항공운항학과가 있는 다양한 국내 대학교를 통해 비행을 접할 기회가 많아졌다.

그럼에도 불구하고 아직도 많은 사람들이 미국이나 캐나다, 호주 등에서 사업용 면장을 취득하고 있다. 앞서 말했듯이 그중에서도 특히 미국에서 FAA 면장을 취득하는 것은 국내 및 국외에서 조종사가 될 수 있는 자격요건을 갖추는 데 있어서 좋은 기회를 제공하고, 조종사가 된 뒤 영어를 보다 원활히 구사할 수 있다는 장점이 있어 사람들이 선호하는 방법이다.

해외 비행학교의 대표적인 미국 비행학교의 가장 큰 장점은 단기간 내 면장 취득이 가능하다는 점이다. GA(General Aviation)가 발달되어 있고, 비행할 수 있는 날씨가 한국에 비해 양호하므로 비행 가능 횟수가 많아서 단기간 내 자격취득이 가능한 것이다. 또한 미국은 넓은 국토를 기반으로 다수의 공항을 보유하고 있어서 비행여건이 상당히 좋다고 할 수 있다.

구체적으로 보면, 미국 비행학교를 통해 우선적으로 자격을 취득하고,

항공사가 채용자격 요건으로 요구하는 비행시간을 취득하기 위해 크로스컨트리 등의 타임빌딩을 한다. 또한 대한항공이나 진에어에 입사하고자 하는 경우, 비행학교 교관과정을 통해서 비행교관자격증을 취득 후 학생들을 가르치며 1000시간을 채우거나 미국의 CARGO 회사에 들어가 비행시간을 쌓는 과정을 거치는 경우도 있다.

다른 경우로는 항공대에서 주관하는 APP프로그램에 따라서, 1단계는 한국에서 그라운드 스쿨을 마치고, 2단계부터 미국 플로리다 FLIGHT SAFETY에서 위탁교육을 받는 형식도 있고, 지금은 잠정 중단되었지만 아시아나항공의 운항인턴 비행교육 위탁 학교인 WESTWIND SCHOOL 비행학교에서 비행하는 과정도 있다.

해외 비행학교에서 비행교육을 받기 전에는 신경을 써야 할 부분이 있다. 이 같은 과정을 거치려면 무엇보다 본인 스스로의 노력이 절실하다는 점을 반드시 주지해야 한다. 미국의 비행학교 대부분은 비행교육 시스템을 잘 갖추었지만, 때론 그렇지 못한 곳을 만날 수도 있다. 자세히 알아보지 않고 잘못 접근했다가 귀중한 시간과 돈을 낭비하게 될 수도 있다. 그러므로 비행유학 관련 카페를 많이 찾아 직접 들어가서 정보를 확인하고, 실제 입학한 학생들에게서 생생한 정보를 얻으려 노력해야 한다. 출처가 불분명한 입소문이나 막연한 정보에 자신의 인생을 맡길 수는 없다. 시간이 걸리더라도 직접 충분히 알아보고 신중하게 접근해야 한다. 또한 해외 교육 시 들어가는 비용은 교육비 외에도 생활비가 많이 들어간다는 점을 반드시 고려하자. 국내 대학교나 비행교육원에 비해 훨씬 높은 금액이 발생할 수 있다.

그 어떤 것보다 중요한 선행 조건이 있다. 스스로 자신의 실력을 분석하여 본인이 과연 이 과정을 무난히 수행할 수 있을지, 그게 아니라면 다른 길을 선택해야 하는 것은 아닌지 냉철하게 평가해야 한다는 점이다. 해외 대학교 및 비행학교에 들어가서 원하는 성과를 내려면 영어실력 또한 충분해야 한다. 아무리 좋은 대학교나 비행학교를 골랐다고 해도 본인이 수업내용을 이해하지 못하고 따라가지 못한다면 무슨 소용이 있겠는가? 그럴 경우엔 국내에서 교육받는 것이 낫다. 그러므로 해외 비행학교를 계획 중인 사람은 그저 막연한 꿈에 휘둘려 무작정 계획을 세우기보다 자신의 실력과 현실적인 여건을 이모저모로 고려하여 철저히 준비해야 할 것이다. 국내이든 해외이든 기회는 본인의 실력에 따라 주어진다는 점을 명심하자.

04 군 조종사 되기

공군 조종사 되는 과정

공군 조종사 되는 과정

첫 단계인 비행교육 입문과정을 거쳐 기본과정 및 고등과정까지 총 3단
계로 구성된 훈련과정을 거쳐야 한다. 비행훈련 입과 학생 조종사는 비

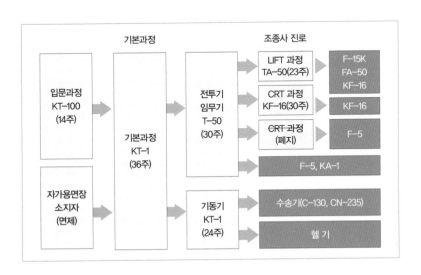

행과 관련된 모든 이론교육과 비행훈련, 체력 및 정신교육을 받은 후 공군 조종사로 성장한다. 다음 표의 공군 조종사 양성과정은 공군사관학교, 학군사관후보생(ROTC) 및 지정모집대학, 학사사관후보생(일반대학 졸업생)이 대학을 졸업하고 받는 훈련과정과 동일하게 진행된다.

입문과정

입문과정은 공군사관학교 212비행교육대대에서 KT-100 훈련기를 통해 약 14주 동안 15소티(Sortie: 비행횟수)의 비행으로 이루어진다. 훈련은 비행에 필요한 제반지식과 비행절차 책자를 이해하고 암기하는 것부터 시작된다. TEST를 통과하고 자가용 비행면장을 소지한 학생조종사(주로 ROTC나 대학교 항공운항학과 출신)는 입문과정을 면제받을 수 있다.

이 중에서 가장 먼저 하는 일은 비행절차를 외우는 것이다. 비행절차에는 훈련기의 시동을 걸고 항공기를 이륙시키기 위한 최소한의 작동절차(Procedure)가 포함되어 있다. 요즘에는 공군사관학교에 비행시뮬레이터가 있기 때문에 많은 학생 조종사들이 입문과정에 들어오기 전부터 이러한 비행절차를 외워오고 있다. 앞서 각 과정의 비행교관이 조언한 바와 같이 처음에 좋은 인상을 심어주고 무난하게 과정을 이수하고 싶다면 첫 단계부터 잘하는 것이 대단히 중요하다.

분량이 많은 이론교육을 마치고 나면 훈련기로 이·착륙, 공중조작 등 실제 비행실습을 한다. 비행교관이 같이 탑승해 학생 조종사들의 조종을 도와주고, 미숙한 점을 교정해주며, 기초적인 공중조작과 기동, 이착륙 등에 익숙해지게끔 훈련한다.

기본과정

3~4개월의 입문과정을 마친 학생 조종들사은 비행교육 기본과정을 이수해야 한다. 기본과정은 36주 동안 66소티의 비행(변경: 2017년 후반부터 면장 소지한 학생 조종사도 단기 기본과정 대신 정규 기본과정을 이수해야 한다)을 하게 되는데, 본 과정에서는 항공기 매뉴얼을 비롯한 국지절차, 비행교범 등의 이론교육과 함께 국산 훈련기인 KT-1을 통한 본격적인 비행교육에 돌입한다. 비행교육 기본과정에서는 고고도 비행과 두 대의 항공기가 일정한 대형을 이루어 비행하는 편대비행, 기상이 나쁜 상황에서 오직 계기에만 의존해 비행하는 계기비행 등을 배운다.

기본과정의 비행은 입문과정 비행훈련과 달리 속도가 더욱 빨라지며, 약 4km 높이의 고고도에서 수행하는 비행도 이루어진다. 항공기가 할 수 있는 고난이도의 기동이 가능해지는 단계이므로 두려움이 발생하는 단계이기도 하다. 특이사항으로 학생 조종사 혼자 하는 첫 단독비행이 이루어진다는 점을 들 수 있다. 혼자 이륙해서 1회의 비행을 마치고 착륙하는 것뿐이지만 이 순간 대단한 긴장감이 감도는 게 사실이다. 늘 교관과 같이 훈련하다가 혼자 모든 것을 수행한다는 것은 야생의 어린 동물들이 홀로 독립하는 것과 비슷하기 때문이다. 긴장감과 부담이 큰 만큼 완벽히 임무를 끝마치고 나면 홀가분한 마음이 들면서 학생 조종사는 진짜 조종사에 한 벌 더 가까이 다가서게 된다.

가장 유념할 부분은 기본과정 수료 시 고등과정에서 전투기 기종과정과 수송기 기종과정으로 나뉘는 중요한 결정의 순간을 맞이한다는 점이다. 통상 본인의 의사를 반영하여 기종을 선택할 수 있지만, 대다수의 학생들이 전투기 과정을 선호하기 때문에 수료 성적이 앞으로의 길을 나누는 주요한 잣대로 작용한다. 따라서 학생들은 지상에서 이루어지는 학술교육과 비행실습 성적을 잘 받을 수 있도록 최대한 노력해야 할 것이다.

고등과정

기본과정을 수료한 학생 조종사들은 공군 조종사의 상징인 '빨간 마후라'를 메기 위한 마지막 관문인 비행교육 고등과정에 입과한다. 전투기 고등과정은 광주 제1비행단에서 국내에서 개발한 최초의 초음속 항공기인 T-50으로 약 30주 동안 51소티를 타게 된다. 기동기 고등과정은 기본과정과 마찬가지로 사천 제3훈련비행단에서 국내에서 개발한 항공기 KT-1으로 약 24주 동안 35소티를 비행한다.

오랜 시간 지상 학술교육을 마친 학생 조종사들은 본격적인 비행교육을 받기 전에 시뮬레이터 탑승훈련을 거쳐야 한다. 시뮬레이터 탑승훈련은 실제 항공기와 똑같은 모의환경에서 비행훈련을 하는 것이다. 전투기 고등과정 학생 조종사들은 이제까지 수행한 프로펠러 훈련기와 차원이 다른 음속에 가까운 빠른 속도로 비행하기 때문에 초반에 적응하기 어려워한다. 그 후 공중 특수기동, 이착륙훈련, 고등계기비행, 항법비행, 전술편대비행, 야간비행 등을 배우며 점차 기량을 향상하게 된다.

수송기 고등과정도 수송기 특성에 맞는 특화된 프로그램에 따라 이착륙훈련, 계기비행, 항법비행, 야간비행 등에 집중하여 훈련한다. 쉽지 않은 과정이지만 약 2년간의 비행교육 전 과정을 성공적으로 이수하면 학생 조종사들은 비로소 대한민국 공군의 정예 조종사가 될 수 있다.

훈련과정을 모두 마친 조종사들은 전투기과정과 기동기과정으로 나뉘어 각자의 길을 걷는다. 전투기 조종사는 크게 네 가지로 나누어진다. TA-50 LIFT과정을 통해 F-15K, FA-50, KF-16 조종사, F-16 CRT과정을 거쳐 (K)F-16 조종사, 별도의 중간 과정 없이 바로 전투대대로 가서 F-5, KA-1 조종사가 되는 과정이다.

기동기 고등과정 수료 시 수송기와 헬기 조종사로 분류된다. 분류가 이루어진 다음 수송기 조종사는 C-130, CN-235를 타기 위해 해당 비행단으로 가고, 헬기 조종사는 청주에 있는 6전대로 가서 작전가능훈련을 받는다.

///

방법1_공군*

공군 조종사가 되는 길

먼저 공군 조종사가 되는 과정으로 공군사관학교, ROTC(항공대, 한서대, 교통대, 연세대), 지정모집대학 조종장학생, 학사사관후보생(일반대학 졸업생)을 들 수 있다. 모집하는 인원과 조종사가 되는 비율을 볼 때 가장 높은 수치를 유지하고 있는 것은 공군사관학교이고, 다음으로 ROTC, 지정모집대학, 학사사관후보생 순이다. 이에 따라 경쟁률도 비슷하게 높낮이가 형성되어 있다. 전체적으로 높은 관심 및 경쟁률은 군 장교인데 이는 100% 취업이 가능하고 군 조종사 및 향후 민간항공사 조종사 진출 가능성이 높기 때문이다. 이에 따라 많은 학생들이 공군사관학교나 ROTC 배정된 대학교 등에 진학하고 있다. 또한 공군에서는 조종장학생 제도

---

* 군 조종사가 되는 데엔 크게 세 가지 길이 있다. 공군(공군사관학교, ROTC, 지정대학, 사관후보생), 해군(해군사관학교, 사관후보생, 예비장교), 육군 헬기과정(육군항공 준사관, 육군사관학교, 사관후보생 등)에서 조종사가 될 수 있는 훈련과정을 거치는 것이다.

※ 대학 재학생 중에서 조종사 양성을 목표로 우수자를 선발하여 장학금을 지급하고, 졸업 후 비행교육과정을 거쳐 조종자원으로 양성하는 제도

◎ 조종분야 가산복무지원금 지급대상자

대학 재학생(1~4학년 남학생) 중 우수자를 선발하여 장학금을 지급하고 졸업 후 장교 임관 및 비행교육과정을 거쳐 조종사로 양성

* 지원시기 : 매년 3월 (선발 : 9월)
* 지원자격 : 국내 정규(주간)대학 1~4학년 재학생으로 임관일 기준 만 20세~27세의 대한민국 남자
* 학군장교 : 한서대 항공운항학과, 항공대 항공운항학과, 교통대 항공운항학과, 연세대 신촌캠퍼스(전공무관) 재학생 중 1~2학년으로 현역이 아닌 사람(3학년에 학군단 편입)
* 학사장교 : 국내 4년이상 정규대학 재학생(최종학기 재학생 제외) 중 현역이 아닌 사람

〈출처: 대한민국 공군〉

를 통해 대학 재학생 중에서 조종사 양성을 목표로 우수자를 선발하여 장학금을 지급하고, 졸업 후 비행교육과정을 거쳐 조종자원으로 양성하고자 노력하고 있다. 이에 해당하는 대상을 조종분야 가산복무지원금 지급대상자라고 칭하고 있다. 이에 대한 지원자격은 국내 정규(주간)대학 1~4학년 재학생으로 임관일 기준 만 20세~27세의 대한민국 남자이고, 학군장교, 학사장교도 이에 해당된다.

중요한 정보를 먼저 알고 대처하는 것이 필요하다. 2023년 기준으로 공군사관학교 출신은 대략 200명 내외의 인원이 조종사를 목표로 하며, 이 중에서 시기에 따라 약 50~80%가 조종사가 된다고 볼 수 있다. ROTC가 배정된 대학교의 정원은 항공대(30명), 한서대(20명), 교통대(25명), 연세대(10명)이다. 통상 ROTC 출신의 공군조종사 의무복무기간이 13년으로 늘어나고 공군 조종사 최종 합격에 대한 불확실성 때문에 항공대와 한서대의 ROTC 희망하는 학생 비율이 다소 낮고, 항공대·한서대 학생들이 빨리 민간항공사 조종사가 되기 위해 학교에서 운영하는 민간항공사와 연계된 비행교육과정에 바로 입과하는 비율이 높았었다.

그러나 코로나 사태 이후, 민간항공에서 조종사 채용비율을 급격히 낮추어서 과거 대비 최근에는 군 조종사를 희망하는 비율이 상승해서 거의 공군에서 필요로 하는 정원을 다 채우고 있다. 교통대와 연세대도 마찬가지로 배정된 ROTC 정원을 거의 채우고 있다.

공군에서는 매년 일정한 수의 조종사를 충원하기 위해 조종사 자원확보 계획을 지니고 있다. 이에 따라 공군사관학교나 ROTC, 지정모집대학의 선발 정원이 늘어나게 되면 학사사관후보생 비율을 줄이게 된다. 이에 따라 군 조종사가 되고자 하는·학생들은 다양한 방법들을 비교·분석해서 자신에게 맞는 방법을 찾아야 한다.

각각의 선발과정을 통해 공군장교로 임관하게 되면 약 2년의 비행훈련(입문, 기본, 고등)을 거쳐 조종사가 될 수 있다. 입문 비행훈련에서는 KT-100 항공기로 약 3개월간 이·착륙, 공중조작 등 기본적인 비행에 대해 배운다. 공군 ROTC 및 일부 대학교 항공운항학과 학생 중 TEST를 통과하고 자가용 비행면장을 소지한 학생은 이미 일정 비행과정을 수행했기 때문에 입문과정을 생략하고 바로 기본 비행훈련으로 들어갈 수 있게 된다. 기본 비행훈련은 KT-1 항공기로 약 8~10개월간 이·착륙, 공중조작, 계기비행 등 기초적인 비행을 수행한다. 특히 기본 비행훈련 과정을 마치고 고등 비행훈련 과정 입과 전에 전투기와 기동기(수송기, 헬기)로 나누는데, 고등 비행훈련에서는 약 8개월간 각 특성에 맞게 KT-1으로 수송기 고등과정, T-50 JET기로 전투기 고등과정에서 별도의 고난이도 훈련을 받는다. 이 모든 과정을 마치면 비로소 군 조종사가 될 수 있다. 또한 추가시험을 치러 자가용 조종사 자격증명과 사업용 자격증명을 취득할 수도 있다.

야간비행 출격을 대기하고 있는 조종사

조국 영공수호의 굳은 다짐을 하는 조종사

군 조종사는 어느 군이나 의무복무기간이 산정되어 있다. 공군사관학교 출신의 의무복무기간은 임관 후 15년이고, 조종장학생(ROTC, 지정모집대학, 학사사관후보생)은 임관 후 13년(회전익 10년)이다. 의무복무가 끝나면 본인의 신념에 따라 지속적인 고급 장교의 길을 걷거나 민간항공사로 갈 수 있다. 군 조종사의 길은 민간 조종사가 될 수 있는 방법 중에서 비용이 들지 않고 월급을 받으며 비행경력을 쌓을 수 있는 유일한 길인 반면, 오랜 기간 군 복무를 해야 한다는 단점이 있다. 하지만 일단 전역 후 민간항공사에 상당한 인원이 입사할 수 있다는 큰 장점이 있다. 코로나 이전에는 군 조종사 출신은 거의 100% 취업이 가능했으나, 코로나 이후 항공사에서 조종사 채용인원을 줄임에 따라, 지원자에 비해 채용되는 인원이 적다. 물론 코로나가 정상화됨에 따라 채용 비율도 증가하고 있으므로, 개선의 여지는 있다.

현재 조종사를 준비하는 많은 학생들이 민간 조종사가 될 수 있는 방법과 군 조종사가 되는 방법 사이에서 신중한 선택을 하기 위해 고민하고 있을 것이다. 여러 번 말했지만 무엇보다 본인의 적성 및 상황을 고려하여 자신에게 맞는 길을 걷는 것이 중요하다.

■ **조종사 선발 현황**

구분(정원)	대학 입시 수능(내신)등급 기준	전형내용
공사생도 (2023년 기준: 약 150명)	수능 대비 수준: 1~3등급	1차: 서류+필기(국/영/수) 2차: 신검/체검/면접 3차: 신원조사, 종합성적순

	학군 (ROTC) 35/20/25/10	국/영/수 평균 3등급 이내	1차: 필기고사 2차: 신검/체검/적성/면접 최종: 1차+2차 점수, 신원조사 대학성적
조종 장학생	일반 대학 약 5~60명	국/영/수 평균 3등급 이내	
	지정모집 (세종/영남) 각 25/20명	국/영/수 평균 3등급 이내	1차: 수능/내신(대학) 2차: 신검/체검/적성/면접 신원조사 3차: 수능/내신 성적순(대학)

* 공사, 학군, 지정모집대학 정원 대비 미충족 인원 ⇨ 일반대학 조종장학생으로 대체 선발

공군사관학교

공군사관학교는 누구나 알고 있듯이 조종사가 될 수 있는 가장 잘 알려진 길이다. 조종사가 될 수 있는 방법 중에 유일하게 비용이 전혀 들어가지 않는다는 큰 장점을 지닌다. 학교생활 동안 전 학기 장학금 및 매월 품위유지비를 제공받고 졸업 시 모든 졸업생이 공군소위로 임관할 수 있어서 100% 취업이 가능하다. 또한 공군사관학교 졸업 후 장교로 임관하여 군 조종사가 되면 공군의 핵심전력인 만큼 집(관사) 대여, 미국, 일본, 중국 등 해외 교육기관 교육, 국내·외 대학 석사/박사 진학 기회 등 많은 혜택을 받을 수 있다. 또한 15년 의무복무가 끝나면 본인의 선택 여하에 따라 지속적인 고급 장교의 길을 걷거나 민간항공사로 갈 수 있다. 전역을 희망한다면 거의 대부분의 사람들이 민간항공사에 취업할 수 있다.

공군사관학교 진학은 항공대나 한서대와 마찬가지로 조종사가 될 수 있는 가장 확실한 과정이기 때문에 경쟁률 또한 매우 치열하다. 다만 내신

공군사관학교에서 행하고 있는 성무의식

1등급 내외의 성적을 유지해야 했으나, 코로나 사태와 초급장교의 낮은 연봉 등이 이슈화됨에 따라 내신1~3등급으로 변동된 상태이다. 그리고 공군 항공우주의료원에서 실시하는 까다로운 신체조건을 통과해야 한 다.

4년간의 생도생활을 마치면 졸업 전에 다시 신체검사에서 통과해야 한 다. 이를 통과한 학생들만 비행훈련을 받는 기회를 부여받기 때문이다. 임관 뒤 비행훈련에 입과하면 약 1년 6~10개월 동안 입문, 기본, 고등 비 행훈련 과정을 거친 뒤 공군 조종사가 된다. 반드시 알아야 할 점은 공 군 조종사는 그저 조종사가 아닌 군인이라는 것이다. 군 조종사로서 임 무를 수행해야 하기 때문에 군인으로서의 삶을 살아야 한다는 것을 인 지해야 한다. 하지만 사관학교가 가진 특성상 일반대학교에서 느낄 수 없는 다양한 경험과 혜택을 누릴 수 있고 무엇보다 국가를 수호한다는 명예를 얻을 수 있다는 것은 그들만이 가질 수 있는 강한 자긍심이다(전체적인 시험 일정 및 자세한 내용은 본 책의 00p 참조).

■ 공군사관학교 졸업 후 진로

공군사관학교 졸업 후 진로

> 조종장교
  ◆ 훈련단계
    입문과정(14주)
      → 기본과정(36주)
        → 고등과정(30주) / 기종별 운영
  ◆ 임무단계
    해당 기종 임무 부대에서 임무 수행

입문과정 / KT-100

기본과정 / KT-1

고등과정 / T-50

〈관련자료: 공군사관학교 입학처 홈페이지〉

ROTC(항공대, 한서대, 교통대, 연세대)

공군 학군(ROTC)의 경우 한국항공대학교, 한서대학교, 교통대학교의 항공운항학과, 연세대학교(전공 무관) 학생들만 지원할 수 있다. 조종분야 가산복무지원금 지급대상자로 지정되기 위해서는 1~2학년 때 재학생이 지원(3학년부터 학군단에 편입)해야 하고, 대상자로 지정되면 재학 중에 등

조종사들이 비행브리핑을 마치고 비행을 나가는 모습

공군 조종장학생 임관식

록금 및 비행실습비에 대한 장학금을 차등 지급받을 수 있다. 따라서 조종분야 가산복무지원금 지급대상자로 선정되면 재학시절부터 임관할 때까지 많은 비용이 들지 않는다. 이 점이 큰 메리트다. 또한 임관 후 13 년 뒤에는 고급 장교로서의 길을 걷든지 전역하여 민간항공사로 갈 수 있다.

졸업 후에는 소위로 임관하여 비행훈련을 받는다. 이때 다른 과정과 달리 첫 비행훈련 단계인 입문과정은 생략하고 바로 기본 비행훈련 단계부터 훈련받을 수 있다는 장점을 지니고 있어서 나름의 경쟁력을 갖춘다. 만약 훈련 도중에 탈락하게 된다면 조종특기가 아닌 다른 특기를 배정받아 장교로서 3년 의무복무기간과 장학금 혜택을 받은 기간을 합산하여 군 복무를 수행해야 한다.

주지해야 할 점은 공군 ROTC 역시 임관 후에는 무조건 조종사로서의 삶을 사는 것이 아니라 먼저 군인이 된다는 것이다. 전투기 조종사로서 생활하는 면도 있지만 군인으로서 지켜야 하고 따라야 하는 규칙적 생활도 있다는 것을 강조하고 싶다. 이러한 모든 정보를 제대로 알고 있는 사람만이 잘 적응하고 좋은 미래를 만들어갈 수 있다(전체적인 시험 일정 및 자세한 내용은 본 책자의 00p 참조).

공군 지정모집대학 조종장학생

지정모집대학은 공군에서 조종사 양성을 목표로 우수한 자원을 선발하여 장학금을 지급하고 졸업 후 비행교육 과정을 거쳐 조종자원을 양성하는 제도다. 이를 위해 세종대 항공시스템공학과 신입생과 영남대 항공운송학과 신입생을 대상으로 조종장학생을 선발한다. 선발 인원은 각 대학별로 각각 세종대 25명, 영남대 20명 정도다. 선발은 수시 및 정시로 이루어지며, 조종장학생 전형은 1차 수시(내신)/정시(수능), 2차 조종적성검사(모의비행), 신체검사, 체력검정, 면접, 신원조회 작성으로 이루어진다. 모든 선발과정을 통과하면 전학기 장학금을 지원받고 졸업하여 조종장학생 비행과정 절차를 밟는다. 이 과정은 다른 과정만큼 인기가 높아서 경쟁률 역시 치열하다.

다른 조종장학생 과정처럼 졸업 후 소위로 임관하여 동일한 공군 비행훈련 과정을 수료하면 군 조종사가 될 수 있고, 총 13년의 의무복무를 마쳐야 한다(전체적인 시험 일정 및 자세한 내용은 본 책자의 00p 참조).

학사사관후보생(일반대학 졸업생)

학사사관후보생은 국내 4년제 정규대학 1~4학년 재학생으로서 현역이 아닌 사람은 누구나 신청할 수 있다. 다만, 학사경고 등으로 유급되어 졸업이 지연된 사람, 방송통신대학교, 사이버대학, 학점은행제 및 야간대학 재학생은 지원할 수 없다.

학사사관후보생 제도는 항공대나 한서대와 같이 항공운항과 학생들만 지원할 수 있는 것이 아니라 전공에 무관하게 본인이 평소에 조종을 하고 싶다는 꿈을 지닌 사람이라면 누구나 군 조종사가 될 수 있는 기회를 부여받는다. 그러나 현실적으로 공군사관학교, ROTC, 지정모집대학에 비하여 모집정원이 많이 부족하고 최종적으로 조종사가 되는 비율도 낮다(해마다 공군, 학군, 지정모집대학 정원 대비 미충족 인원은 일반대학 조종장학생으로 대체되는 경우가 있다).

앞서 언급한 바와 같이 코로나 이후 항공대와 한서대 ROTC 지원율이 높은 실정이므로 예전보다는 선발될 수 있는 인원이 다소 감소될 여지는 있다. 다만 이런 상황이 지속적일지 일시적인 것일지는 전망하기 어려우며, 정책 또한 변화할 여지가 있다.

현재 대학별로 항공운항학과가 신설된 학교가 많은데 이곳에서 지원하는 경우가 대다수이며 간혹 다른 전공자들이 지원하는 경우도 있다. 따라서 항공운항학과 재학생이 아닌 학생들이 군 조종사가 되고자 한다면 보다 구체적인 준비를 위해 마음을 다잡아야 할 것이다.

모집에 합격한 대상자들은 조종장학생 장학금을 받을 수 있다(국가장학금과 함께 이중수혜가 가능하다). 또한 항공운항학과 학생들은 면장 취득 수준(자가용, 계기, 사업용)에 따라 비행실습비를 차등 지급받을 수 있다. 비행훈련 과정은 자가용면장 소지자는 입문과정을 생략하고 다른 사람들은 공군사관학교 출신이나 지정모집대학 조종장학생 방법과 동일하다(전체적인 시험 일정 및 자세한 내용은 본 책자의 00p 참조).

///

방법2_해군

해군 조종사 되기

해군의 항공 전력은 현재 6항공전단에 소속되어 있으며 고정익 항공기 (P-3)와 회전익 항공기(LYNX, UH-60 등)으로 분류되어 운용되고 있다. 해군 조종사의 주 임무는 수상함/잠수함전, 특수전과 같은 해·육상 항공 작전을 수행하는 것이다. 또한 연합으로 해상 항공작전을 하고 산불진화, 환자이송 등 대민 지원을 담당하고 있다.

  해군 조종사가 되는 길에는 해군사관학교, 해군 사관후보생, 예비장교를 통하는 방법이 있다. 해군 ROTC 및 해군 장학생 과정은 잠정 중단된 상태이다(향후 조종사 충원을 위해 해군 장학생 과정의 재도입을 고려할 수도 있다). 해군사관학교를 졸업하거나 사관후보생과 예비장교로 선발된 후 임관하여 비행훈련 과정을 통과하면 해군 조종사가 될 수 있다. 조종병과 선발시 공군 항의원에서 공중근무자 1급 신체검사 기준을 통과해야 한다.

P-3 항공기

LYNX 헬리콥터

해군 조종사 과정

해군 조종사 교육과정은 크게 항공초군반, 해상생환훈련, 기본/고등과정으로 구성되어 있다. 기본적으로 회전익과 고정익 모두 항공초군반 과정에서 항공기본 지식을 습득한 뒤, 3주간의 해상생환훈련을 통해 해상 불시착 시 생환능력을 배양한다. 모든 교육과정이 종료되면 크게 고정익 항공기와 회전익(헬기) 조종사로 분리되어 훈련을 받게 된다. 헬기 과정에서는 기본/고등과정을 통해 조종사 자격을 받게 되는데 해군에서 자체적으로 비행교육을 이수하고, 교육수료 후 해군과 해병대에 배치되어 임무를 수행할 수 있다. 고정익 항공기 조종사는 공군 비행훈련 과정에 입과하여 훈련을 받고 다시 해군에 돌아와 대잠초계기(P-3C)를 타게 된다. 공군의 모집 기준과 동일하게 자격자(자가용 면장 소지+공군에서 파견한 평가관으로부터 평가 합격자)는 공군 입문과정을 생략하고 바로 기본 비행과정에 들어갈 수 있다.

공군과 비교할 때 고정익 항공기의 수가 적기 때문에 해군사관학교 졸업 후 항공병과를 받고 조종사가 될 수 있는 경우와 사관후보생 및 예비장교를 통해 고정익 항공기 조종사가 되는 인원이 그다지 많지 않다. 군 조종사가 될 수 있는 가능성을 고려한다면 해군 조종사 과정보다는 공군 조종사 과정이 상대적으로 유리하다는 뜻이다. 순수하게 해군 장교가 되고 싶은데 이 길을 걷다 보니 다시 항공에 관심이 깊어져서 이 과정을 선택한 경우라면 큰 무리는 없다.

해군 조종사의 경우 의무복무 기간은 고정익 항공기는 13년이고 회전익 항공기는 10년이다. 구체적 내용은 대한민국 해군 홈페이지(www.navy.mil.kr)를 확인하라.

///

방법3_육군

헬기 조종사 되기

육군은 공군이나 해군과 달리 오직 헬기 조종사만 존재한다. 육군 헬기 조종사가 되는 방법에는 크게 육군 항공장교로 선발되는 과정과 육군 항공 준사관으로 선발되는 과정이 있다. 먼저 육군에서 실질적으로 헬기 조종을 하는 대부분의 사람들은 항공 준사관이고, 항공장교들은 주로 관리자 역할을 수행해야 하기 때문에 상대적으로 비행횟수가 제한적이다. 따라서 전역 후 민간분야에서 헬기 조종을 고려하는 이들은 이러한 현실을 고려하여 선택해야 한다.

항공장교 과정은 육군사관학교나 육군3사관학교를 졸업하여 항공병과를 부여받거나 ROTC, 사관후보생, 대학 군 장학생 과정을 통과한 뒤 육군항공학교에서 비행훈련 과정을 이수하면 육군항공 조종사가 될 수 있다. 앞서 설명한 대로 실질적인 헬기 조종의 주 역할을 수행하고 있는 육군항공 준사관이 될 수 있는 길은 고졸 이상 학력 소지자로 군복무

코브라

를 필한 자 또는 부사관으로 임관 후 2년 이상 근무자에 한하여 자격을 부여받을 수 있다. 다만 예비역 임관자는 임관일자에 관계없이 지원이 가능하다. 항공장교와 마찬가지로 육군항공학교에서 일정기간 비행훈련을 받고 과정을 이수하면 헬기 조종사로서 조종 임무를 수행하게 된다.

선발 일정

육군 항공운항준사관의 선발방식은 크게 공채 회전익 조종준사관 선발과 경력직 준사관 선발이 있다. 육군 항공운항 준사관 모집은 연 1회 이루어진다. 응시연령은 항공운항 준사관에 응시할 수 있는 연령은 임관일 기준 만 50세 이하인 자이다. 또한 복수국적자의 임용은 제한된다. 복수 국적자는 임용일 전까지 외국 국적의 효력이 상실되어야 한다. 선발 시험과목은 1차 평가와 2차 평가로 나뉘어 있다. 1차 평가는 필기평가(간부선발도구, 국사, 영어)이고 영어는 공인성적(토익, 텝스, 토플)을 제출해야 한다. 2차 평가는 체력인증평가, 면접평가, 신체검사, 신원조사로 구성되어 있다. 신체 검사는 국군 대전병원에서 실시하며 공중 근무자 신체검사 기준(불합격 기준)을 적용한다(인터넷 육군모집 선발 신체검사 기준표 참조). 자세한 내 용은 대한민국 육군모집 홈페이지(www.goarmy.mil.kr)에 접속하면 알 수 있다.

05 **조종사의 자질**

비행기 조종사에게 요구되는 적성이 따로 있을까?

본인의 적성과 성향을 체크하라

내가 좋아하는 사관학교 후배가 한 명 있다. 사관학교 시절부터 이 친구는 누가 봐도 전투기 조종사 감이라고 생각했다. 튼튼한 신체조건(특히 건장한 목) 덕분에 어떤 기동을 하더라도 잘 이겨낼 거라면서 친구들이 부러워했다. 졸업을 앞둔 시점에 치러야 하는 신체검사도 가뿐히 통과하여 공군 입문 비행훈련 과정에 무난하게 입과했다. 그런데 본인도 예상하지 못했던 일이 벌어졌다. 고소공포증*이 있었던 것이다. 비행이 시작되어 지상에서 발이 떨어지기만 하면 그는 공포를 느꼈다. 공포심을 떨치기 위해 주말이면 놀이동산에 가서 롤러코스트를 20번 이상 탔지만 고소공포증은 그렇게 해결할 수 있는 문제가 아니었다. 선천적 내지 후천적으로 알게 모르게 오랜 기간에 걸쳐 형성된 것이어서 절대 쉽게

---

* 고소공포증(高所恐怖症, acrophobia)은 높은 장소에서 비정상적으로 심리적인 불안감과 공포를 느끼는 상태를 말한다.

롤러코스터를 타며 고소공포증을 극복하려 노력하다.

해결되지 않는다. 결국 그는 첫 비행훈련에서 탈락한 뒤 많이 힘들어 했다. 지금은 힘든 과정을 극복한 후 잘 지내고 있지만 말이다.

이 같은 예를 통해 꼭 말해주고 싶은 점이 있다. 가장 먼저 나의 적성을 체크해야 한다는 것이다. 신체적인 면이나 정신적인 면에서 나의 적성과 성향이 비행기 조종사가 되기에 적합한지 알아야 한다. 고소공포증이 있을 수도 있고, 정상적인 상황에서는 괜찮은데 조금이라도 긴장하면 손발이 경직되면서 머릿속이 백지처럼 하얘질 수도 있다. 또한 사람에 따라 한 가지 일에 몰두하면 다른 것을 잘하지 못하는 경우도 있다. 멀티플레이에 능하지 못한 사람이 많은 것이다. 비행기 조종은 크로스체크(Cross Check)라고 해서 다양한 계기들을 판독하고 동시에 많은 절차를 수행해야 하는 경우가 많기 때문에 멀티플레이가 어렵다면 조종사의 길을 재고(再考)해보아야 한다.

급박한 기동을 해야 하는 전투기 조종이나 많은 승객을 태우고 안전하게 비행해야 하는 민간항공기 조종사가 비행기 조종에 적합하지 못한 성격이나 성향을 지니고 있다면 그 과정에서 많은 시행착오를 거듭할 수밖에 없다. 항공기 조종은 땅에서 차를 운전하는 2차원 공간이 아닌 공중이라는 3차원 공간에서 수행되는 일이어서 늘 다변적인 상황에 노출되기 때문이다.

전투기 조종사들은 비행훈련을 받을 때 이런 말을 종종 듣는다. "자신이 100%의 비행준비를 했다면 실제 비행에서는 10%도 발휘하기 어렵다"라는 말이다. 그만큼 공중에 올라가면 자신의 기량을 발휘하기 어렵다는 뜻이다. 또한 성향에 따라 다양한 비상상황이 발생할 때 이를 침착하게 파악해서 해결해나가는 사람이 있는가 하면 뭔가 하나 잘못된 상황에 맞닥뜨리면 이성이 거의 마비되는 사람도 있다.

항공기 조종은 공중이라는 3차원 공간에서 수행되는 일이다.

전문가에게 조언을 구하라

조종사가 되려면 무엇보다 까다로운 신체검사를 통과해야 하고, 꾸준히 최상의 조건을 유지해야 한다. 민간항공사나 대학교 항공운항과, 공군 사관학교, 조종장학생 등 여러 과정에 따라 눈(시력, 굴절율, PRK*조건 등), 심전도, 폐, 혈압 등에 대한 통과기준이 다르다. 이러한 신체검사의 기준과 자신의 정확한 신체 상태를 알아야만 과정을 밟기 전에 미리 준비할 수 있고 시행착오를 최소한으로 줄일 수 있다. 따라서 조종사가 되는 과정을 준비하는 사람들 중에 통과기준에 약간 미달이 되더라도 너무 좌절하지 말고 시간을 두고 준비할 일이다. 여유를 가지고 개선할 수 있는 조건들을 찾아내어 미리 철저히 대비하자. 예를 들어 시력이 좋지 않은 사람은 평상시 눈 운동, 스마트폰 이용 자제, 적절한 휴식시간 갖기 등 다방면의 노력을 통해 조금이나마 시력을 향상할 수 있다.

이처럼 자신이 비행기 조종에 있어 어떠한 성향을 띠고 있고 좋은 자질 또는 부족한 자질을 가지고 있는지 미리 아는 것은 아무리 강조해도 지나치지 않는다. 그런데 문제는 이를 정확히 알 수 있는 방법이 거의 없다는 점이다. 따라서 나는 조종사가 되고 싶은 사람들에게 "비행분야에 오랫동안 몸담아온 전문가들을 찾아가서 조언을 구하라"고 권하고 싶

---

* 굴절교정 각막 절제술(PRK; photorefractive keratectomy): 라식, 라섹은 볼록한 각막을 근시, 난시 도수만큼 레이저로 깎아서 시력을 교정하는 수술이다. 수술 방식에 약간의 차이가 있는데, 각막을 레이저로 깎을 때 라식은 각막의 중간층을 깎고, 라섹은 각막의 표면을 깎는다. 구체적으로 라식은 각막의 중간층을 깎아야 하기 때문에 일단 각막의 상층부를 자른다. 이렇게 형성된 각막의 상층부를 '각막절편'이라 하고 노출된 각막의 중간층을 레이저로 깎은 뒤 다시 이 각막절편을 제자리로 덮으면 라식 수술이 완료된다. 라섹은 각막을 자르지 않고 각막의 껍질, 즉 각막상피만 벗겨내고 노출된 각막을 레이저로 깎은 뒤 벗겨냈던 상피로 다시 덮거나 보호렌즈로 각막을 덮는 수술이다. PRK는 라섹과 거의 동일한 수술인데 벗겨냈던 상피를 다시 덮는 것이 라섹이라면 덮지 않고 그냥 제거하는 것이 PRK다. 임상적으로 두 수술의 차이는 거의 없고 부작용, 장단점이 모두 동일하다.

다. 각 과정에 입과하여 교육받고 있는 가까운 사람들의 조언도 중요하지만 오랜 경험과 많은 지혜를 지니고 있는 사람들의 이야기를 듣다 보면 이제까지 전혀 생각하지 못했던 다양한 정보를 구할 수 있고, 이를 통해 다시금 자신을 면밀하고 객관적으로 돌아볼 수 있는 기회를 얻게 된다.

너무 어렵게 생각할 필요는 없다. 무조건 찾아가라. 무슨 일에서나 의지와 시도, 실천이 가장 중요한 법이다. 머리로 생각만 하고 걱정만 하는 사람은 자신의 꿈을 결코 이룰 수 없다. 하지만 '지금 이 순간' 행동하면 여러분은 이미 그 길에 한 발 가까워진다. 나 자신을 신중하게 파악하고 적성을 찾는다면 누구보다 빨리 조종사가 될 수 있는 길을 걷게 될 것이다. 좋은 길이란 시간이 덜 걸리는 빠른 길이 아니라 느리게 가더라도 지속적으로 오래 걸을 수 있는 길이다.

///

나만의 조종사 상(像)을 그려라

자신을 객관적으로 분석하자

나의 적성과 능력을 제대로 파악하면 내가 나아가야 할 길도 명확히 알수 있다. 먼저 나를 잘 들여다봐야 한다. 나는 과연 어떤 사람인가. 어떤일을 했을 때 가장 좋아하고 싫어하는가. 또 어떤 일을 할 때 행복해하며 좋은 성과까지 낼 수 있을까. 명상을 하다 보면 자칫 잡념에 빠져 자신을 잘 보지 못할 때가 있다. 그래도 우리는 민간항공 조종사나 군 조종사 등 여러 갈래의 길 중에서 중요한 선택을 할 때 가장 먼저 객관적으로 나를 분석해야 한다. 그래야만 뚜렷한 길을 볼 수 있다.

나의 성향은 자유롭고 개성적인 편인데 규율과 복종을 중시하는 군조종사의 길을 걸어간다면 어떨까. 실제 공군 전투비행대대 생활을 하다 보면 "저 친구는 참 자유로운 영혼을 지녔군. 그런데 어떻게 이곳 생활을 견디고 있을까?" 하는 의문을 품게 만드는 조종사들을 만나곤 한다. 물론 큰 문제는 없을지 모른다. 적성이 좀 맞지 않는다 해도 노력으

석양 아래 전투기에 탑승하고 있는 조종사

로 극복할 수 있는 부분도 분명 존재한다. 처음엔 다소 힘들어 하다가도 곧 적응하면서 누구보다 잘하는 사람도 많다. 하지만 "즐기는 사람을 이길 수 없다"라는 말이 있는 것처럼 개인적인 성향과 적성에 맞는 길을 선택하여 본인이 진정으로 즐긴다면 금상첨화가 아닐까? 이럴 때 직업의 운명 또한 긍정적으로 발전하지 않을까?

조종사에게 필요한 적성과 능력

조종사를 꿈꿀 때 고려해야 하는 적성과 능력에는 여러 가지가 있다. 적합한 신체조건, 상황판단을 잘하는 통찰력, 적절한 비행적성, 건전한 인성, 능숙한 영어실력, 과정을 끝까지 이수할 수 있는 경제적 능력, 조직 적응력 등이다. 그렇다면 조종사를 준비하는 모든 이들이 과연 이러한 능력을 다 갖추어야만 할까? 결단코 "아니다"라고 말할 수 있다. 민간항공사에 근무하는 조종사든 군 조종사이든 위에서 말한 모든 능력을 겸비한 사람은 절대 있을 수 없다. 적어도 내가 20년 넘게 봐왔던 사람 중에는 없었다. 이 말은 곧 자신의 적성과 능력을 비추어 민간항공사 조종사가 되는 과정과 군 조종사가 되는 과정을 잘 알아본다면 나에게 맞는 길이 보인다는 뜻이다.

앞 장에서 설명한 것처럼 조종사가 될 수 있는 방법은 여러 가지다. 그 가운데 나의 적성과 능력을 고려하여 내게 맞는 길을 선택하면 된다. 그리고 나서 선택 여부에 따라 나만의 미래 그림을 그려보라. 내가 가진 적성과 능력을 벗어난 그림을 그리려다 보면 뭔가 엉성한 결과물이 나오게 마련이다. 여러 번 반복해서 자신의 본바탕과 상황을 잘 인식하고 그에 걸맞은 비행 과정을 찾아 차근차근 나의 미래상을 설계하라고 강조하는 이유다. 예를 들어 경제적 상황이 허락하지 않는데 계속해서 민간항공사 조종사가 될 수 있는 길을 무작정 걸어가려 한다면 과연 오래 할 수 있을까? 혹은 자신의 성향이 비행적성 쪽은 아닌데도 조종사에 대한 로망만 품고서 "언젠가 되겠지!" 하는 막연한 희망에 청춘을 투자할 수 있을까?

완벽한 사람은 없다. 하지만 자신에게 맞는 비행 과정을 찾을 수는 있다. 누구나 부족하다. 그러나 모자란 부분을 알면 이를 보완하여 조종사로 성공할 수 있는 길도 분명 존재한다. 나에게 잘 어울리는 옷을 입었을 때 가장 멋있는 것처럼 나의 상황을 고려하여 본인에게 가장 잘 맞는 비행 과정을 선택하는 첫 설계가 무엇보다 중요한 이유다.

////

열정과 겸손함

열정은 평가자를 춤추게 한다

열정이라는 말에는 참으로 많은 의미가 담겨 있는 것 같다. 열정이 있는 사람과 가까이 하면 나도 모르게 기운을 듬뿍 받곤 한다. 같이 있는 게 즐거워지고 덩달아 힘이 생기는 것처럼 느껴진다. 반면 삶에 대한 애정과 열정이 부족한 사람과 함께하다 보면 내 기분마저 푹 가라앉는다.

나는 론다 번(Rhonda Byrne)이 쓴 『시크릿*The Secret*』이라는 책을 좋아한다. 좋은 생각을 지니고 무엇이든 할 수 있다는 긍정적 마인드를 지닌 사람은 일상을 행복하게 보낼 수 있고 성공도 가능하다는 내용이다. 사람에 따라 책의 내용 자체를 긍정하거나 부정할 수는 있지만, 바람직한 열정을 지닌 사람을 만나면 상대방도 그를 인정하게 되고 결국 그 사람을 긍정적으로 바라보게 된다는 것이 본질이다.

비행을 가르치는 교관생활을 하면서, 또한 여러 기종(F-15K, F-1, T-50, C-130 등)의 조종사를 평가하는 평가관을 하면서 나는 많은 조종사를

열정은 삶을 긍정적인 방향으로 끌어주는 에너지다.

만났다. 사람을 많이 대하다 보면 그들의 태도나 자세를 자연스럽게 평가하게 되는데, 처음부터 조종을 잘하는 사람은 극히 드물고 대부분 많은 실수를 거듭하면서 발전한다는 것을 알게 된다. 그런데 열정이 있는 조종사는 똑같은 실수를 하더라도 받아들이는 자세가 다르다. 자신의 실수를 능동적으로 인정하고 다음에는 그런 실수를 하지 않겠다는 마음 자세가 눈에 띈다. 이러한 자세를 보이는 조종사에게는 그의 작은 실수에 연연하기보다 그 사람이 가진 좋은 면모와 발전 가능성에 중점을 두게 된다. 반대로 열정이 없는 조종사를 만나면 이 사람이 행여 같은 실수를 반복하지 않을까 하는 우려가 증폭된다. 신뢰도가 떨어져 평가할 때도 상대적으로 낮은 점수를 주게 된다.

공군사관학교 면접관을 할 때, 그리고 조종장학생 면접관을 할 때 이런 생각이 좀 더 깊어졌다. 분명히 본인이 원한 면접일 텐데 마치 누군가가 시켜서 억지로 끌려온 것처럼 보일 만큼 열의를 보이지 않는 지원자들이 있다. 면접관 역시 사람인지라 이런 사람들과 몇 마디 이야기를 나누다 보면 아무리 좋은 경력과 뛰어난 지식을 지니고 있더라도 호감이 생기지 않는다. 반면, 열정이 넘치는 지원자에게서는 비록 해당 분야에 훌륭한 사전지식을 갖고 있지 않더라도 강렬한 첫인상을 받곤 한다.

겸손은 현명함의 열매다

하지만 열정이 너무 지나치면 당당함이 아닌 오만함으로 비칠 수 있다. 이 사람이 열정을 가지고 있기에 당당한 것인지 아니면 자신의 실력만을 높이 생각하고 다른 이들을 전혀 의식하지 않으면서 아무렇게나 행동하는 것인지 금방 알 수 있다.

어느 비행대대의 조종사 비행평가를 할 때였다. 그 대대에서 실력이 좋기로 명성이 높았던 한 젊은 조종사가 있었다. 그는 브리핑을 하면서 자신만이 최고이고 동료나 후배의 실력은 안중에도 없는 것처럼 행동했다. 자신이 좋은 실력을 가졌다는 것을 부각하려고 다른 사람들의 실력을 낮춘 것이다. 하지만 막상 평가비행을 하자 그의 단점이 곧 드러났다. 분명 남다른 비행감각을 지니고 있었지만 작은 실수들이 반복되었고, 결국 평가에 떨어졌다.

당당한 모습이 빛을 발휘하려면 스스로에 대한 관대한 시선이 아니라 다른 사람들의 자연스러운 인정이 필요하다. 우리 가까이에 있는 사람들을 생각해보라. 자기가 최고라고 항상 으스대는 사람 곁에는 진심으로 그를 아끼고 위하는 사람이 별로 없지 않은가? "벼는 익을수록 고개를 숙인다"라는 속담이 괜한 말은 아닐 성싶다.

비행기를 조종하는 데 있어 겸손함은 필수 품성이다. 흔히 자동차를 운전할 때 "3년차가 고비"라는 말을 많이 하고, 직장에서는 "3~4년차 과장이 고비"라는 말을 많이 한다. 둘 다 뭔가 다 아는 듯한 착각에서 실수와 오류를 범하기 쉬운 시기임을 경계하라는 말이다. 하물며 3차원의 세계에서 일하는 비행기 조종은 더 심각하다. 매 순간 마주하는 새로운 상황에 대처해야 하고, 돌발 상황에 대한 현명한 판단이 요구되는 탓이다. 이런 와중에 자신의 실력만 믿고 행동하는 것은 정말 어리석은 일이다. 자칫 돌이킬 수 없는 큰 아픔을 겪을 수 있기 때문이다. 따라서 비행기 조종사에게는 "아는 길도 물어"서 가고, "돌다리도 두들겨보는" 겸손함이 큰 덕목이 아닐 수 없다.

/////

덜렁거리는 성격보다 꼼꼼한 성격이 낫다

주의분배를 요구하는 직업 특성

조종사의 주 임무장소는 공중(空中)이다. 앞서 언급했지만 공중에서 비행한다는 것은 많은 주의분배를 필요로 한다. 여러분도 TV나 미디어를 통해서 항공기 내부 사진을 본 적이 있을 것이다. 항공기 내부는 정말 복잡하다. 수많은 버튼과 스위치, 스크린, 작동장치 등 장비들이 엄청나다. 종류도 다양하다. 하지만 소홀히 취급해도 좋은 것은 단 한 개도 없다. 모두 필수적인 것들이다.

조종사는 이 모든 것을 정확하고 적절하게 다루어야 하며 수행에 있어 한 치의 오류도 범해서는 안 된다. 즉, 항공기가 이륙해서 항로를 타고 착륙하는 단계까지 조종사는 "이 정도는 괜찮겠지"라는 안일한 생각을 하지 않고 모든 임무를 100% 수행하고, 다시 200%의 확인 절차를 거쳐야 한다. 절대로 실수가 발생하면 안 된다. 본인의 생명뿐 아니라 조종사가 책임져야 하는 수많은 승객의 생명까지 위험해질 수 있기 때문이다.

조종사의 꼼꼼함은 곧 생명이다

조종사에게는 어느 하나도 빠뜨리지 않고 "철저하게 모든 것을 완벽히 수행"하는 꼼꼼한 성격이 요구된다. 비행훈련을 할 때 보면 성격 좋고 누구와도 잘 어울리는 사람이 중도에 탈락하는 경우를 종종 목도한다. 매사 덜렁거리는 바람에 교수에게 무수히 지적을 받다가 떨어지는 경우이다. 이런 결과는 본인에게 당장 큰 절망으로 다가올 수 있으나 먼 미래를 본다면 도리어 행운이라 할 수 있다. 전투기 비행대대에 있다 보면 가끔씩 크고 작은 비행사고를 접한다. 항공기 자체의 결함에 의한 것도 있지만 조종사의 작은 실수로 벌어지는 사고도 적지 않다. 조종사의 인적(人的) 요인, 즉 사람에 의한 실수로 사고를 일으키지 않고 끝까지 살아남는 조종사가 되려면 무엇보다 성격이 꼼꼼해야 한다.

전투기에 탑재된 무장을 꼼꼼히 점검하는 조종사

AIR SAFETY
infographics

CHANCE THAT YOUR PLANE WILL CRASH
1 IN 11 MILLION

IN 2014, THERE WERE ABOUT
40 MILLION FLIGHTS WORLDWIDE

5 MOST COMMON CAUSES OF PLANE CRASHES

50%	**22%**	**12%**	**9%**	**7%**
PILOT MISTAKE	MECHANICAL PROBLEM	WEATHER	SABOTAGE	OTHER HUMAN ERROR

DEATHS PER BILLION KILOMETERS TRAVELED

0.05	0.4	0.6	2.6	3.1	108.9

TOP 10 COUNTRIES
WITH THE HIGHEST NUMBER OF FATAL CIVIL AIRLINER ACCIDENTS

United States	784
Russia	326
Canada	177
Brazil	176
Colombia	173
United Kingdom	103
France	103
Mexico	96
Indonesia	95
India	94

CAUSES FEAR OF FLYING

FEAR OF CRASHING	FEAR OF CLOSED IN SPACES (CLAUSTROPHOBIA)	FEAR OF HEIGHTS (ACROPHOBIA)	FEAR OF HIJACKING OR TERRORISM

SURVIVAL RATE OF PASSENGERS ON AIRCRAFT DITCHING DURING CONTROLLED FLIGHT
53%

항공기 안전사고 요인을 분석한 인포그래픽

///

조종사는 잠잘 때도 안전을 생각한다

일상에서 안전 감각을 훈련하라

누구에게나 타고난 성격이 있게 마련이다. 이제껏 살아온 자신만의 패턴
도 있다. 어떤 사람은 큰일에만 신경을 쓰고, 어떤 사람은 사소한 일까지
두루 신경을 쓴다. 대개 숲을 보는 사람은 나무를 보지 못하고, 나무에
집중하는 사람은 숲을 놓치기 쉽다. 두 가지 다 잘하는 사람은 찾아보
기 힘들다. 하지만 비행기 조종사에게는 저 멀리 상황을 전망할 수 있는
시각과 눈앞의 세세한 부분까지 놓치지 않을 수 있는 시각이 두루 필요
하다. 어떤 종류의 비행기를 조종하든 마찬가지다. 과정과 목적지는 달
라질 수 있어도 조종사의 핵심과 본질은 동일하기 때문이다.

조종사를 꿈꾸는 사람들이라면 하루아침에 모든 성격을 변화시키기
보다 '안전'이라는 키워드에 집중해야 한다. 비행에서 안전을 실천하려
면 일상생활에서부터 안전에 대한 인식 수준을 강화해야 한다. 예를 들
어 조종사들은 집에서 식사할 때조차 식탁 모서리에 물 컵이 놓여 있거

나 어떤 물건이 가장자리에 있는 것을 보면 매우 불안해한다. 반드시 안전한 위치에 옮겨 놓아야만 마음을 놓는다. 보행로 주변에 공사장이 보이면 가급적 우회로를 선택하고, 운전할 때도 돌발 상황에 대비하여 안전거리를 준수하며, 편도 3차선의 길을 갈 때엔 안전을 고려하여 2차선을 탄다. 이처럼 평상시에도 안전을 생각하여 그에 걸맞은 생활을 하다 보면 항공기 조종에 적합한 성격과 습관을 기를 수 있다. 항공기 조종도 평상시 생활의 연장선에서 생각하면 한결 이해하기 쉽다. 자동차 운전보다 훨씬 복잡한 환경에서 일하지만 일상에서 유념했던 안전 습관을 항공기 조종으로 연결시키면 그다지 큰 어려움 없이 적응할 수 있기 때문이다.

안전 의식이 위험한 순간을 바로잡아준다

전투기를 조종하다 보면 아찔한 순간이 찾아오게 마련이다. 내가 2007년 먹구름이 잔뜩 낀 밤에 비행할 때였다. 맑은 날씨라면 상관없겠지만 야간에 구름이 많은 곳에 들어가게 되어 나는 순간적으로 심각한 비행착각에 빠졌다. 수평자세를 유지하고 있다고 생각했는데 항공기가 급격히 기울어졌던 것이다. 같이 타고 있던 조종사가 다급히 "정신 차려! 지금 항공기가 뒤집어졌잖아"라고 말했을 때 비로소 나는 상황을 파악할 수 있었다. 그래서 항공기 자세 지시계를 보고 겨우 자세를 바로잡았다. 같이 타고 있던 조종사의 조언이 무엇보다 결정적 역할을 했지만, 그 순간 작용한 또 하나의 중요한 요소가 있었다. 나 자신이 평상시 비행할 때 늘 안전에 대해 생각하고 있었다는 점이다. 이처럼 좋지 않은 상황에 접하게 되면 "동승 조종사의 조언을 듣고, 항공기 계기를 믿고 따라야지"라고 하는 '안전 가이드라인'을 세워놓았기 때문에 동승자의 말을 듣는 순간 몸이 바로 반응한 것이다.

비행을 해보지 못한 분들은 이 말을 잘 이해할 수 없을 것이다. 하지만 극한 상황에 놓이게 되면 아무리 고도의 훈련을 받은 조종사라 할지라도 본능적으로 행동하게 된다. 그래서 같이 비행하는 동승 조종사의 조언이나 항공기 장비를 믿지 않고 자기 느낌대로 조작하는 경우가 종종 있다. 이런 것을 비행착각이라 하는데, 비행착각에 빠지면 항공기 추락이나 조종사 사망이라는 큰 사고로 이어진다. 따라서 비행 순간은 물론 평상시에도 안전에 대한 높은 수준의 인식을 체화해야 한다는 것이다. 조종사에게 안전은 그 무엇보다 중요한 최우선의 가치임을 유념하자.

영어는 조종사의 기본 자질이다

세계적으로 통용되는 비행용어가 영어인 이유

비행기를 처음 만든 사람은 미국의 라이트형제다. 대부분의 전투기와 여객기를 만드는 나라 역시 미국과 대다수 유럽 국가들이다. 따라서 항공기를 운용하려면 그들의 언어인 영어를 익혀야 한다.

우리가 알고 있는 F-35, F-15 등과 같은 전투기나 보잉과 에어버스 여객기를 조종하려면 조종 매뉴얼, 조종실의 계기와 버튼, 정비 T/O 등을 이해해야 하는데, 이 모든 매뉴얼은 영어로 이루어졌다. 따라서 반드시 영어를 잘 알아야 한다. 뿐만 아니다. 모든 나라의 공항에서도 관제사와 대화를 나누는 데 영어를 사용한다. 이륙부터 착륙까지 영어를 쓰지 않고서는 일할 수 없다. 하다못해 한국에서 비행하는 전투기 조종사들도 각종 비행 상황에서 영어로 교신한다. 조종을 하는 사람들이 필수적으로 영어에 친숙해야 하고, 조종사가 되기 위한 각 과정에 신청하는 사람들이 높은 수준의 영어실력을 겸비하기 위해 노력하는 이유다.

F-15 전투기

F-35 전투기

라이트 형제가 만든 최초의 엔진 비행기(1903년)

영어는 조종사의 중요한 자격요건이다

한국에서 일하는 수많은 민항기 기장 가운데엔 외국인들이 많다. 외국 조종사들과 일반적인 상황별 조치를 하기 위해서는 최소한 영어로 대화를 나눌 수 있어야 한다. 여러분도 간혹 세계 곳곳에서 일어나는 대형 항공기 사고를 접했을 것이다. 사고 원인으로 항공기 결함이나 악천후 등도 있지만, 일정 부분은 조종실 내에서 혹은 관제사와의 의사소통이 제대로 이루어지지 못해서 발생하기도 한다.

또한 대부분의 항공운항과 학교나 비행교육원 일부 과정들은 미국에서 이루어지기 때문에 반드시 영어를 원활히 할 수 있어야만 원하는 목적을 달성할 수 있다. 물론 거창한 업무 이외에 미국의 뉴욕이나 오스트

외국인과의 소통이 원활히 이루어져야 한다.

레일리아의 멋진 곳에 가서 즐거운 시간을 갖고 싶을 때에도 영어는 필수적이다. 어느 정도의 영어 실력을 갖추어야만 좋은 추억을 남기고 올 수 있으니까! 이 글을 읽는 사람들은 나이에 상관없이 지금부터라도 영어공부에 매진하기를 바란다.

언제나 긍정적으로 생각하라

긍정의 힘

2004년 9월 13일, 미국 토크쇼의 대명사인 〈오프라 윈프리 쇼〉에서 빅 이벤트가 있었다. 미국 전역에서 자동차를 꼭 가지고 싶은 사람들을 대상으로 공개 응모기회를 부여한 것이다. 사연을 보낸 사람 중 당첨된 사람 276명이 스튜디오에 모였다. 이날 방송에서 진행자인 윈프리는 방청객 11명을 무대로 불러내 폰티악 G6를 한 대씩 선물한 뒤 나머지 방청객에게는 선물상자를 하나씩 나눠줬다. 윈프리는 이 상자 중 하나에 12번째 차 열쇠가 들어 있다고 말했다. 그런데 실은 모든 방청객의 상자에 차 열쇠가 들어 있었다.

오프라 윈프리가 사람들에게 알려주고 싶었던 것은 바로 긍정의 힘이다. 어떤 사람들은 "설마 그 많은 사람들에게 차를 줄까?"라고 생각하며 시도조차 하지 않았을 것이다. 그러나 "나도 받을 수 있을지 몰라"라고 생각하거나 "나는 꼭 받을 수 있어" 하는 긍정적인 마음으로 시도한 사람들은 좋은 결과를 만끽할 수 있었다.

위기에서 진가를 발휘하는 긍정 마인드

조종사가 되는 길에도 이 같은 긍정의 힘이 매우 크게 작용한다. 3차원이라는 생소한 환경에서 전혀 익숙지 않은 업무를 해야 하는 데엔 물론 다소의 행운도 필요하다. 그러나 이러한 행운도 '긍정 마인드'에서 비롯된다. 조종사가 되기 위한 각 단계의 과정 하나하나를 밟다 보면 많은 실수를 거듭하게 되는데, 이때 부정적 사고를 지닌 사람들은 "왜 나만 이렇게 실수하지. 나는 조종사가 적성에 맞지 않나. 정말 스트레스받아"라고 생각하면서 끊임없이 자기 자신을 힘들게 한다. 짧은 과정이라면 어떻게든 견뎌내겠지만 오랜 시간을 이수해야 하는 조종사 과정에서는 쉽게 낙오하게 된다. 이에 반해 긍정적 사고를 지닌 사람들은 똑같은 실수를 하더라도 "내가 지금 하는 실수를 조종사가 된 상태에서 했다면 더 큰 사고로 이어졌을 거야. 훈련 과정에서 실수했으니 실제 상황에서는 반드시 조심해야지"라고 생각하면서 다음을 위한 도약의 디딤돌로 여기게 된다. 실제로 이런 사람들은 훈련을 받을 때 아무리 실수를 많이 하고 발전이 더디더라도 대부분의 비행교관들이 높게 평가하며, 최종적으로 결과도 좋게 나온다.

긍정의 힘이 가장 잘 발휘되는 순간은 비정상적인 상황과 맞닥뜨렸을 때다. 이제까지의 비행경험을 회상해보면 부정적인 시각을 지닌 사람보다 긍정적 시각을 지닌 조종사들이 어떤 비상상황과 조우하더라도 이를 잘 헤쳐 나갔다. 우선 그런 상황을 잘 받아들인다. "왜 이런 상황이 나한테 온 거지?"라고 불평하기보다 위기에 순응하면서 대처법을 고민한다. 앞서 언급했듯이 공중에서 발생할 수 있는 상황들은 매우 다변적이다. 어떤 상황이 닥칠지 모르기에 교과서처럼 외워서 대처하기란 쉬운 일이

긍정 마인드도 훈련하면 강화된다.

아니다. 긍정적인 마인드는 이럴 때 진가를 발휘한다. 우선 상황에 잘 적응하게 한 뒤 최선의 방안을 마련해주는 해결점을 찾게 해준다.

조종사의 길을 걷고자 하는 후배 조종사들에게 꼭 이 말을 전해주고 싶다. "그 어떤 것보다 긍정의 힘을 믿어라. 평상시에 이러한 생활습관을 지니도록 노력하라. 그러면 미래도 긍정적으로 변할 것이다."

06 **조종사 합격 노하우**

///

신체검사 통과 노하우

신체검사의 기준을 정확하게 파악하라

무엇보다 신체검사의 기준을 명확히 알아야 한다. 공군사관학교, 공군 ROTC를 운영하는 학교의 항공운항학과(항공대, 한서대, 교통대, 연세대) 입학 시, 공군 조종장학생(지정모집대학, 일반대학 졸업생) 선발 시 신체검사 합격 기준은 공군 항공우주의료원에서 공중근무자 1급 신체검사를 통과해야 한다.

일반적인 항공대, 한서대 등의 대학교의 항공운항학과와 비행교육원(울진, 태안)의 신체검사 기준은 항공종사자 1급 신체검사 기준을 통과하면 된다. 일부 특정한 항목이 다르게 적용할 수 있으니 세부적인 사항은 대학별 신체검사 기준을 잘 읽고 적용하자. 대한항공, 진에어, 아시아나항공 같은 큰 규모의 항공사 신체검사는 별도의 병원에서 실시한다. 기준도 다소 까다롭다. 여러 항목을 철저히 분석하고 이에 맞춰 대비해야 한다.

시력검사

신체검사 등급에서 가장 중요한 기준은 시력이다

공중근무자 1급의 경우 나안시력 0.4 이하, 교정시력 1.0 미만은 불합격이다. 다만 나안시력 0.4이하인 경우도 굴절교정술 조건부 합격 기준을 만족하면 합격 가능하다. 굴절교정술의 조건부 합격 기준은 교정시력 1.0 이상이고, 굴절(조절마비 굴절검사)는 어느 경선에서나 +0.50 D 또는 -5.50 D 이하이며, 난시는 3.00 D 이하/부동시 2.50 D 이하여야 한다. 또한 굴절교정술 전 검사에서 다른 안과 불합격 기준에 해당하지 않아야 한다.

　굴절교정술의 병력은 주요 불합격 사유에 해당하나, 의무기록[수술 前 굴절률, 수술기록지(수술날짜, 수술방법) 필수] 제출이 가능할 경우에 한하여 의무기록 검토를 통해 다음 조건을 모두 만족하면 불합격 조건에서 제외 가능하다.

　항공종사자 1급의 경우는 굴절률을 보지 않고 교정시력 1.0만을 요구하지만, 사위와 모든 종류의 사시 등의 정해진 시력검사를 통과해야 합격할 수 있다. 항공종사자 1급의 경우 위와 같은 라식, 라섹, 굴절률 보정술(PRK), 렌즈삽입술 등과 같은 수술을 받을 수 있으나 다만 시술자는 별도의 빛번짐 검사를 통과해야 한다. 이는 CST(대비감도) 검사와

DAT(빛번짐) 검사 두 가지의 기준치를 통과해야 하는 것이다. 항공사 인사담당자들은 "항공사의 경우 대한항공, 진에어와 아시아나항공과 같은 대형 항공사도 시력교정수술을 허용하지만 자체 병원에서의 까다로운 기준의 시력검사를 통과해야 한다"라고 말한다. 저가항공사는 항공조종사 1급 기준을 적용한다.

조종사가 되기 위한 중요한 과정 중에 이 검사만큼 중요한 부분도 없다. 예를 들어 2017학년도 공군사관학교 기준으로 볼 때 1차 시험에 합격한 학생의 30~40%에 해당되는 많은 학생들이 신체검사에서 떨어졌는데, 간혹 청력이나 허리 디스크, 키, 몸무게 등의 요건으로 불합격하는 경우도 있었지만 약 80%에 가까운 불합격 요인이 바로 시력 문제였다. 어떻게 하면 시력검사에 통과할 수 있을지 그 방법을 알아보자.

시력 보호 방법

요즘은 초등학생부터 대학생에 이르기까지 대부분의 학생이 안경을 끼고 있다. 이런 광경을 당연하게 여기게 되었을 만큼 많은 사람들의 시력이 저하된 실정이다. 따라서 시력 조건이 좋지 않아 불합격 판정을 받기 전에 평소부터 눈을 보호하고 건강하게 유지할 수 있는 생활습관을 길러야 한다. 신체검사에서 시력을 판가름하는 요인으로는 유전적인 고도 근시, 굴절률, 시력 기준 미달 등 여러 가지가 있다.

중요한 점은 어려서부터 시력이 나빠지지 않도록 올바른 생활습관을 가져야 한다는 것이다. 우리나라 학생들은 시력이 나빠질 수 있는 최적의 환경에 노출되어 있다. 장시간의 공부, 스마트폰이나 컴퓨터 중독, 장시간

현대인은 어려서부터 시력이 손상되기 쉬운 환경에 놓여 있다.

TV 화면 노출 등을 요인으로 꼽을 수 있다. 우리는 종종 사람의 몸이 기계와 다르다고 생각하는 경향이 있다. 그러나 실은 별반 다르지 않다. 기계를 오랫동안 혹사시키면 고장이 나는 것처럼 사람의 몸도 혹사당하면 고장 나게 마련이다. 특히 눈이 그렇다. 좋지 않은 환경에서 계속 활동하다 보면 금방 피로해지면서 그 한계를 넘어서는 순간 급격히 능력이 저하된다. 프로 운동선수들이 짧은 기간 무리하게 몸을 쓰다가 나중에 고생하는 경우가 있는 것처럼 말이다.

- 공부할 때나 화면을 볼 때 반드시 1시간 당 최소 15분 정도 눈이 쉴 수 있도록 휴식을 취하라.

- 책이나 화면을 너무 가까이서 보지 말고 일정 거리를 유지하라.

- 눈 운동을 자주 하라. 피트니스센터에서 근력운동을 하는 것처럼 시력도 운동을 통해 좋아질 수 있다. 눈에 안정감을 주는 초록빛 나무들이나 멀리 있는 구름 같은 데 눈의 초점을 맞추는 운동을 꾸준히 하라. 처음에는 가까운 곳에 보이는 나무나 꽃에 초점을 맞추다가 차츰 좀 더 먼 곳에 있는 나무나 구름, 산등성이 등으로 초점을 이동하면서 눈동자 운동을 지속하라. 이런 과정을 통해 눈은 서서히 능력을 키워갈 수 있다.

- 눈을 감고 손바닥을 약 1분간 비빈 다음 눈에 지그시 얹어보라.

- 눈동자를 주기적으로 왼쪽, 오른쪽, 위, 아래 이런 식으로 돌리면서 움직여보라. 이것은 오직 눈을 위한 운동으로 눈의 피로를 풀어주는 효과가 뛰어나다.

과도한 운동과 나쁜 자세는 금물

학생들은 종종 공부 스트레스를 풀기 위해 친구들과 함께 축구를 하거나 농구를 많이 한다. 따라서 많은 학생들이 무릎연골을 다치기도 하고 허리디스크를 앓기도 한다. 공부 도중 짧은 시간을 내서 운동하기 때문에 충분히 준비운동을 하지 않은 상태에서 급작스레 운동을 하여 몸에 무리가 간 탓이다. 또한 대부분의 학생들에게 전문적인 기술이나 지식이 부족한 탓이기도 하다. 공군사관학교에 있는 공군 항공우주의료원 신체검사 담당관의 조언을 들어보면 의외로 학생들이 이러한 무릎연골 손상과 허리디스크로 인해 탈락하는 경우가 있다고 한다. 그런 만큼 운동을 하더라도 충분히 준비운동을 한 다음 본 운동에 임할 것을 권한다.

또한 많은 시간을 책상에 앉아 있게 되는데 이때 앉는 자세가 대단히 중요하다. 오랜 시간 허리를 바르게 펴지 않고 비틀고 앉는다거나 옆으로 비스듬히 누운 자세로 공부하면 척추가 휘어져서 허리디스크로 발전할 수 있다. 다리를 꼬고 앉는 것도 피해야 한다. 이는 허리와 자세 교정에 대단히 나쁘므로 가급적 평소에도 올바른 자세를 유지하도록 습관을 들여야 한다.

신체검사 전 주의사항

가장 먼저 해야 할 일은 나의 신체조건이 조종사에 적합한지 항공분야 전문진단이 가능한 의료기관에서 체크하는 것이다. 그리고 본격적으로 과정 시험에 들어가게 되면 신체검사를 실시하기 전에 본인이 원하는 과정별로 정해진 신체검사 항목을 잘 확인해야 한다. 공군사관학교는 신체검사 전 PRK수술을 하면 불합격이 된다는 사례처럼 말이다. 이런 문제를 해결하려면 각 조종사 과정의 입시설명회를 잘 듣고 신체검사 시 유의사항이나 반드시 지켜야 하는 항목 등을 숙지해야 한다.

최소한 신체검사를 받는 날로부터 2~4주 전에는 무리하게 약물을 복용하거나 무리한 운동을 삼가야 한다. 한약, 홍삼, 보충제 등을 잘못 복용하면 여러 신체검사 수치가 상승될 수 있다. 또한 무리한 운동을 하게 되면 혈뇨나 단백뇨 등에서 재검사가 나올 가능성도 있으니 주의하자.

POSTURE

correct

incorrect

올바른 자세 vs. 나쁜 자세

신체검사 총정리

		공중근무자 1급	항공종사자 1종 (화이트카드)	기 타
공군사관학교		O	X	
항공대	항공운항학과	O	X	공중근무자 or 항공종사자 中 택1
	ROTC	X	O	
한서대	항공운항학과	O	X	공중근무자 or 항공종사자 中 택1
	ROTC	X	O	
비행 교육원 (울진)	항공대	X	O	
	한국항공 전문학교	X	O	
극동대		O	O	공중근무자 or 항공종사자 中 택1
교통대		O	X	
연세대				
세종대 항공시스템공학과				
영남대 항공운송학과				
초당대		O	O	공중근무자 or 항공종사자 中 택1
한국항공전문학교		X	O	
세한대		X	O	
중원대		X	O	
경운대		O	O	공중근무자 or 항공종사자 中 택1
청주대		O	O	공중근무자 or 항공종사자 中 택1

〈변동사항이 있을 수 있으므로, 해당 기관별로 개별적 확인할 것〉

공중근무자 1급 선발 주요 불합격 사유

■ **조종분야 주요 신체검사 기준: 공중근무자 신체검사 기준**

구 분	주요 불합격 사유	
체 격	· 신장 : 162cm 미만, 196cm 초과 · 좌고 : 86cm 미만, 102cm 초과	· 체중 : 신장별 체중표 참조 ＊ 공군사관학교 입학안내 홈페이지 별도 공지
안 과	· 시력 : 나안시력 0.4 이하, 교정시력 1.0 미만 　＊ 나안시력 0.4이하인 경우도 굴절교정술 조건부 합격 기준을 만족하면 합격 가능 · 굴절(조절마비 굴절검사) : 어느 경선에서나 +2.00 D 또는 -1.50 D 초과, 　　　　　　　　　　　　　난시 : 1.50 D 초과 / 부동시 : 2.00 D 초과 · 경도이상의 사위(외사위 : 6PD초과, 내사위 : 10PD초과, 수직사위 : 1.5PD초과) · 모든 종류의 사시 　＊ 사시 수술의 병력이 있는 경우, 신검 당일 기준 수술 6개월 경과 후 판정 가능 · 색각 이상, 입체시 이상, 고안압증(22 mmHg 이상 등), 백내장 · 망막 : 망막박리, 변성, 반흔 등 · 각막 : 각막염, 각막궤양, 진행성이거나 시력장애를 초래하는 모든 종류의 각막혼탁, 　　　　각막이영양증, 원추각막 등 · 첨모난생 · 각막 지형도 검사에서 이상이 있는 각막변형(렌즈 착용으로 인한 각막의 변형이 관찰되는 　경우 포함) · 굴절교정술의 병력 ┌─────────────────────────────────┐ │ 굴절교정술의 병력은 주요 불합격 사유에 해당하나, 의무기록[수술 前 굴절률, │ 수술기록지(수술날짜, 수술방법) 필수] 제출이 가능할 경우에 한하여 의무기록 검토를 │ 통해 다음 조건을 모두 만족하면 불합격 조건에서 제외 가능 │ 1) 수술시기 : 만 21세 이상 │ 2) 수술 前 굴절률 : 어느 경선에서나 +0.50D 또는 -5.50D 이하, │ 　　　　　　　　　3.00D 이하의 난시, 2.50D 이하의 부동시 │ 3) 수술방법 : LASIK, LASEK, PRK, SMILE 중 하나에 해당하는 경우 │ 4) 신체검사 당일 굴절교정술 시행 날로부터 180일 경과한 경우 │ 　＊ 단, 재검 기간 2주 이내 180일 도래 불가능한 경우 불합격 │ 5) 다른 안과 불합격 기준에 해당하지 않는 경우 └─────────────────────────────────┘ · 안검하수 : 안검연광반사거리 2mm 미만인 경우 · 콘택트렌즈 착용금지 : 소프트 렌즈(신체검사일 기준 최소 1개월 이상), 　　　　　　　　　　　하드 렌즈, 드림렌즈(신체검사일 기준 최소 3개월 이상) → 렌즈착용으로 각막의 변형이 관찰되는 경우 굴절률 측정이 불가하여 불합격 처리됨. · 굴절교정술의 조건부 합격 기준 ┌─────────────────────────────────┐ │ · 교정시력 1.0 이상 │ · 굴절(조절마비 굴절검사) : 어느 경선에서나 +0.50 D 또는 -5.50 D 이하 │ · 난시 : 3.00 D 이하 / 부동시 : 2.50 D 이하 │ · 굴절교정술 전 검사에서 다른 안과 불합격 기준에 해당하지 않아야 함. └─────────────────────────────────┘	

구 분		주요 불합격 사유
정형외과	사지	· 경도이상의 관절염, 류마티스 관절염, 골수염 · 주요 관절의 습관성 탈구 또는 아탈구 　예) 어깨 : 「전방탈구 과거력 + 이학적 검사 상 불안정성 + MRI 병변」 또는 　　　　　 전방탈구로 수술한 병력 · 골절 후유증(불유합, 부정유합, 가관절형성 등) · 체내고정물이 기능적 이상을 초래한 경우 · 인공관절 삽입술을 시행한 경우 · 관절내에 증상이 있는 유리체가 존재하는 경우 · 골관절 질환으로 인한 변형, 통증, 불안정성, 또는 운동범위 감소 등 · 2.0cm 이상의 하지부동 · 발 : 만곡족, 강직성 편평족, 요족 변형, 무지외반 등 · 무릎 : 십자인대 파열에 동반한 불안정증, 반월상 연골판 부분절제술 　· 전방십자인대 2차 재건술 및 후방십자인대 재건술 시행 병력은 불합격 · 박리성 골연골염(슬관절, 족관절) · 오스굿씨 병(오스굿슐라터 병)
	척추	· 공중근무에 지장을 초래하는 척추/천장관절의 질환 또는 손상 · 25도 이상의 척추 측만증 · 척추 분리증, 척추 전위증 · 확실한 추간판 탈출증의 병력 또는 수술 과거력 　· 팽윤, 돌출, 탈출, 부골화 4단계로 나누어 추간판 팽윤은 불합격 조건에서 제외 가능 · 척추 골절 　· 횡돌기의 골절 병력이 있으나 무증상일 경우는 제외 · 한 개 이상의 척추갈림증(spina bifida)이 동일 부위 피부 함몰을 동반하거나 　수술적으로 교정한 기왕력이 있는 경우 · 척추관절염, 척추강 협착증
순환기		· 심전도 이상 : 부정맥, 전도장애 등 · 고혈압 · 저혈압 　· 동반된 증상이나 원인질환이 없는 경우는 불합격 조건에서 제외 가능 · 선천성 심장질환 및 심장 시술 혹은 수술의 과거력 · 심장판막질환, 심부전, 심근병증, 심낭질환 등 · Raynaud씨 병, Buerger씨 병, 혈관 내 이식물 등
호흡기		· 특발성 기흉의 병력 · 폐소수포 혹은 폐대수포, 전체성 폐기종 · 기관지 천식: 현재 증상 또는 과거 병력이 있고, 천식유발검사 또는 기관지 　　　　　　 확장제 흡입 전후 폐기능 검사에서 양성소견 · 폐결핵 또는 결핵성 늑막염 　· 항결핵제로 충분한 기간을 치료한 후 치료 완료 시점으로부터 6개월 이상 추적 관찰하여 　　비활동성임이 확인된 경우 불합격 조건에서 제외 가능 · 폐소엽 절제술 이상을 시행한 경우 · 기관, 기관지, 폐, 늑막 또는 종격동의 양성 및 악성 종양

구 분	주요 불합격 사유
소화기	· 위 또는 십이지장 궤양 및 재발의 병력 · 위장관 출혈의 병력, 위/십이지장 수술병력 · 궤양성 대장염(Ulcerative colitis), Crohn's disease를 포함하는 염증성 장 질환 · 장 절제의 병력, 간염항원 보유자, 담석증, 담낭용종 · 간기능검사 이상 소견 　★ 약물 복용에 의한 경우, 신체검사 당일 기준 최소 1주 이상 약물 중단 후 재검사/판정 · 췌장염 및 이전의 병력, 비장 부분절제술
내분비	· 당뇨병, 통풍 및 병력, 갑상선 기능 항진증 및 병력 · 고지혈증(가족성 혹은 약물치료 필요시) · 갑상선 기능 저하증 　★ 단, 완치되어 판정 당시 치료 종결 후 6개월이 경과한 경우는 불합격 조건에서 제외 가능 · 부신 기능 이상, 뇌하수체 기능 이상
혈액	· 빈혈 및 적혈구 증다증 · 혈소판 결핍증 또는 혈소판 증다증, 출혈성 질환, 백혈구 감소증 · 백혈병, 골수증식성 질환, 림프종, HIV 또는 HIV Ab 존재가 증명된 면역 결핍성 질환
신장	· 일측 신장의 결손 또는 저형성, 기능장애 · 마제철신(horseshoe kidney), 다낭성 신장, 수신증 또는 농신증 · 지속 또는 재발하는 혈뇨 　★ 정밀검사 결과 '단순 특발성 혈뇨'인 경우 불합격 제외 가능 · 신염, 신우염, 신우신염 · 단백뇨(정상 활동하에서 200mg/24hrs 초과의 단백뇨 또는 임의소변검사에서 protein to creatinine의 비가 0.2 초과인 경우)
전신질환	· 탈감작 치료를 요할 정도의 알려진 질환 · 아나필락시스 병력(산소포화도 저하 또는 쇼크에 준하는 혈압저하) · 류마티스 질환 및 이에 준하는 질환(강직성 척추염 등) · 선천성 또는 후천성 매독
비뇨기과/ 부인과	· 최근(크기에 따라 12~24개월 이내) 요로결석 및 제석술 병력 · 수술적 치료가 필요한 정계정맥류 　★ 판정 당시 수술 후 합병증/재발 없이 6개월 이상 경과된 경우 불합격 조건에서 제외 가능 · 기저질환을 동반한 모든 우측 정계정맥류 · 정류고환, 고환결손　　　　· 반음양(hermaphroditism) · 자궁내막증의 병력　　　　· 증상을 동반하는 자궁근종, 난소 낭종 · 증상을 동반하는 모든 생식기관의 선천적 이상 · 다낭성 난소 증후군(PCOS)

구 분	주요 불합격 사유
이비인후과 /두부/안부 /경부/두피	· 외이도의 폐쇄, 심한 협착, 또는 종양 　• 고막의 적절한 시진을 방해하는 경우 포함 · 급·만성 중이염(화농성, 진주종성, 장액성 등) · 일측 귀의 하나 이상의 주파수에서 30dB 이상의 청력손실을 보이는 유착성 중이염 · 재발성 항공성 중이염 · 메니에르 병 · 중이 내 외과적 수술의 병력(단, 고막 천자술, 고막 환기관 삽입술은 제외) · 이관기능 장애, 전정 기능 이상, 청력 이상(난청) · 고막 천공 · 현훈 발작의 병력 · 모든 종류의 두경부 만성 누공 · 사경(Torticollis)
신경과/ 정신과	· 경련성 발작, 경련성 질환의 병력 · 중추신경계 감염증 및 병력 　• 급성 단순 무균수막염이 적절하고 충분한 치료 후 증상이 완전 소멸되었고, 신경과 문진 　　및 이학적 검사상 정상인 경우는 불합격 조건에서 제외 가능 · 재발성 두통(혈관성, 편두통성, 군집성)의 병력 · 두개내 종양(뇌실질, 뇌막), 뇌수두증, 척수염 · 신경계 발달 이상 : 척추분열증, 수막류, 지주막 낭종, 척수공동증, 아놀드키아리 기형, 　　　　　　　　　　　댄디-워커 기형 등 · 다발성 경화증 또는 기타 탈수초성 질환 · 원인불명의 실신, 유발검사 상 확진이 된 미주신경성 실신 · 두부외상의 병력 　• 일정 기간 경과 후 재평가하여 신경학적 검사 및 영상검사 상 정상일 경우 불합격 조건에서 　　제외 가능 · 개두술 및 두개골 결손의 병력 · 중추신경계의 신생물 병력 · 중추신경 및 말초신경 질환 · 조현병 및 기타 정신병적 장애 또는 이전의 병력 · 기분장애(우울, 양극성 장애 등) 또는 이전의 병력 · 주의력 결핍 과잉행동 장애(ADHD) 　• 신체검사 당일 기준 최근 12개월간 치료를 받지 않았고, 학업평가에 통과한 경우는 불합격 　　제외 가능 · 자살 시도나 자살 행동의 과거력

구 분	주요 불합격 사유
피부과	· 활동성 아토피 피부염 · 아토피 피부염의 잔류병소가 있는 경우 　★ 2주 후 재평가하여 변화가 없는 경우 불합격 조건에서 제외(최초 선발 시에만 적용) · 건선 및 이전의 병력 · 손, 발의 만성 또는 심한 다한증 · 만성 또는 재발성의 두드러기 및 맥관부종 　★ 단순 피부묘기증 제외 · 편평태선(Lichen Planus) · 광과민성 피부질환 · 치료에 반응하지 않는 만성 습진 · 군장 착용에 지장을 줄 정도의 응괴성여드름 · 군장 착용(헬멧, 마스크, 낙하산 장구 등)에 지장을 주는 모든 종류의 만성피부질환 (습진, 진균감염, 켈로이드 등)
치 과	· 결손치가 있는 경우 　★ 구조적/기능적으로 완전히 치료된 경우는 비행 입과 신체검사 전까지 치료가 완료될 수 있으면 　불합격 제외 가능 · 저작 장애를 초래하는 심한 부정교합으로 고정식 교정장치를 통한 교정이나 악교정 수술이 필요한 경우 · 고정식 교정장치를 장착한 경우 　★ 단순 미용 목적의 교정은 비행 입과 신체검사 전까지 고정성 교정장치 제거 조건으로 불합격 　조건에서 제외 가능
종양 및 악성 질환	· 악성의 경향을 보이거나 진행성인 양성종양 및 기능장애를 초래하는 양성종양 　★ 양성종양 진행 여부 확인을 위해 최소 6개월간의 관찰 기간 필요 · 악성 종양

공중근무자 신체검사 FAQ

■ 굴절(안과)

선발 신체검사에서는 조절마비제를 사용하여 굴절검사를 진행합니다. 조절마비제를 점안하게 되면 홍채의 조절기능이 마비됨에 따라 원시가 더 심하게 나올 수 있으며, 평소 안경 없이 지내던 사람도 원시 기준 초과로 불합격할 수 있습니다. 공정한 검사를 위해 외부에서 측정한 결과는 인정하지 않습니다. 정확한 굴절 검사를 위하여 소프트렌즈는 최소 1개월, 하드렌즈(드림렌즈 포함)는 최소 3개월은 착용금지 한 후 신검에 참여 가능하며 신체검사 당일 렌즈 착용으로 인한 각막변형이 충분히 회복되지 않아 굴절 측정이 불가능 할 경우 불합격 요인입니다. 모든 종류의 굴절교정술(라식, 라섹 등) 및 렌즈삽입술(ICL)을 신검 이전 시행한 경우 불합격 요인입니다. 단, 굴절교정술의 경우, 규정에 언급된 조건을 모두 만족하는 경우, 불합격 조건에서 제외될 수 있습니다. 자세한 내용은 특수검진과(043-290-6963)로 문의해주시기 바랍니다.

■ 사위, 사시

미세사시나 사위의 경우 평소 일상생활에서 잘 나타나지 않기 때문에 본인이 모르고 지낼 수 있습니다. 미세사시를 포함한 모든 종류의 사시는 불합격이며, 사시나 사위로 수술했을 경우 수술 6개월 이후 신체검사 지원이 가능하며, 전문과 비행군의관에 의한 안구운동정밀검사 등을 실시한 후 판정합니다. 수술 후 사위나 사시가 재발할 수 있으며 규정에 따라 조종 불합격 요인이 될 수 있습니다.

■ 두드러기

단순 피부 묘기증을 제외한 만성 또는 재발성의 두드러기 및 맥관부종은 불합격 요인입니다. 다만 두드러기의 경우 정도가 경미하고 유발 물질이 특정되어 피할 수 있다면 합격 가능합니다. 광과민성 질환은 불합격 요인이고, 콜린성 두드러기의 경우 사안이나 검사 결과에 따라 판단하고 있습니다. 신검 시 알레르기 검사 및 진료기록을 요구할 수 있습니다.

■ **기흉 수술**

외상이나 폐 실질 및 공기 통로에 다른 질병 없이 폐와 늑골 사이 공간에 공기가 존재할 경우를 특발성 (자발성)기흉이라고 하며 이는 수술 여부와 상관없이 조종 불합격 요인입니다. 특발성(자발성) 기흉을 가진 사람에게 흉강경 검사를 실시하면 많은 경우 폐기포가 존재하여, 추후 기흉 재발의 가능을 내포하고 있고 고공환경에서는 기압의 변화로 인해 재발 가능성이 더 높아질 수 있습니다.

■ **간염 보유자**

간염 보유자의 경우(B, C형), 선발 신검에서는 조종 불합격에 해당합니다. 과거 보유자였지만 자연 회복되었거나 치료하여 없어졌다면 합격 가능합니다(선발신검 시 간염항원 음성인 경우에 한함).

■ **다한증**

다한증은 주먹을 쥐었을 때 2분 이내에 땀이 떨어지면 불합격 요인이 될수 있고, 수술을 한 경우 보상성 다한증, 안면 무한증, 늑간 신경통, 안검하수 등 교감신경차단 또는 절제와 관련된 증상이 발생한 경우 불합격 요인입니다.

■ **아토피 피부염**

안면부, 경부, 주관절와, 슬관절와 등 특징적인 부위에 활동성 아토피성

피부염인 경우 조종 불합격 요인에 해당하며 아토피성 피부염의 잔류병
소가 있는 경우 담당군의관의 판단에 따라 결정됩니다.

■ 문신

문신이 신체의 한 부위에 지름이 7cm 이하거나 두 부위 이상에 5군데
이하로 합계 면적이 30cm² 미만인 경우 문신이 있어도 합격 가능합니다.
신체의 6군데 이상 있는 경우 합계 면적과 관계없이 불합격입니다.

■ 반흔(수술 자국 및 흉터), 모반(점)

수술자국 또는 흉터가 기능적(운동, 군장착용)으로 문제를 일으키지 않을
정도이고 광범위하지 않다면 합격 가능합니다. 화상의 경우 체표면적의
10%를 넘는다면 불합격 요인입니다. 점의 경우도 기능상 문제가 없을 정
도이면 합격 가능합니다.

■ 반월상 연골(반달 연골) 파열

십자인대와 동시에 또는 단독으로 반월상 연골 손상이 생기는 경우가
있습니다. 십자인대 수술을 같이 한 경우는 신체검사 불합격 요인이며,
손상된 연골을 단순 봉합한 경우 합격 가능하나 연골을 절제한 경우 불
합격 요인입니다.

■ 편평족

강직성 편평족은 불합격 요인이고 유연성 편평족의 경우는 증상을 동반
한 편평족 또는 직접측면방사선 검사 상 거골의 종축과 제1중족골의 종

축이 이루는 각도(Talo-1st Metatarsal각도)가 15도 이상인 경우는 불합격 요인입니다. 편평족이 경미한 경우 합격 가능합니다.

■ 십자인대 파열

십자인대 파열의 경우 치료 후 불안정성, 근력약화, 관절운동범위 제한 등이 남아 있는 경우에는 규정에 따라 불합격 요인입니다.

■ 추간판탈출증

확실한 추간판탈출증의 병력 또는 이로 인하여 수술적 치료나 화학수핵용해술을 시행받은 경우는 불합격 요인입니다. 신경학적 징후가 없고 방사선학적으로 디스크 팽윤증이 있는 경우는 예외로 합니다. 하지만 병력이 있었다면 불합격 요인입니다.

■ 중이염

급·만성 중이염으로 현재 치료 중인 자는 조종 불합격 요인이지만, 치료가 종료되었으며 청력이나 다른 기능상 이상이 없을 시 조종 합격 가능합니다. 진주종성 중이염을 앓고 있는 경우 불합격 요인입니다.

■ 난청

순음(기도) 청력 검사 상 한쪽 귀에서 각 주파수마다 공중근무자 신체검사 기준을 하나라도 불충족 시 불합격하게 됩니다.

■ **비용 및 비염**

비용이 있으면 조종 불합격 사유입니다. 단, 최소 1년 이전에 수술을 받고 재발 및 합병증이 없는 경우에는 불합격 조건에서 제외 가능합니다. 비염은 비호흡 장애가 빈번하거나 부비동 환기 및 배출 장애를 유발하여 장기간의 치료가 예상되는 경우에는 조종 불합격 사유입니다. 단, 증상이 경하며 약물로 조절되는 경우에는 불합격 조건에서 제외가 가능합니다.

■ **실신 및 간질**

간질(경련성 질환)의 병력이 있는 경우 조종 불합격입니다. 단 5세 이전 발생한 열성경련 및 외상 당시 발생한 경련은 제외될 수 있습니다. 실신의 경우 두부외상에 기인하지 않은 의식장애의 경우는 모두 조종 불합격 요인이 될 수 있습니다. 두부 외상으로 인한 실신이 있었다면 경도의 두부외상으로 신경학적 검사 및 영상 검사상 모두 정상일 경우에만 조종 합격이 가능합니다. 미주신경성 실신의 경우 병력이 확인되거나 또는 유발 검사상 확진된 경우에 불합격 요인입니다.

■ **치과 교정치료**

정상적인 저작이 불가능하여 향후 교정치료가 예상되거나, 현재 고정성 교정 장치를 이용한 교정이 진행 중인 경우에는 조종 불합격 사유입니다. 단, 단순미용 목적의 교정치료에 한하여 현재 고정성 교정 장치를 하고 있으나 입대 전까지 교정치료가 완료될 수 있다는 담당의사의 진단서가 첨부될 경우에는 불합격 조건에서 제외 가능합니다. 교정치료가 끝난 후의 보정장치(retainer) 또는 가철식 교정장치로 교정치료를 받는 경우에는 불합격 사유가 아닙니다.

■ 치과 결손치

결손치가 있거나 회복 불가능한 우식치아가 치료되지 않은 상태로 존재하는 경우에는 조종 불합격 사유이나 구조적 또는 기능적으로 완전히 치료된 경우에는 불합격 조건에서 제외 가능합니다. 또한 전치부에 광범위한 결손치가 있는 경우에는 조종 불합격 사유이나 구조적 또는 기능적으로 완전히 치료된 경우는 불합격 조건에서 제외 가능합니다.

■ 성형 수술

기능에 문제가 없을 경우, 쌍꺼풀 수술, 코 성형(비중격 만곡증 수술 포함) 등은 조종 합격 가능합니다.

■ 정신과

우울증이나 조울증 등을 이전에 진단 받은 경우가 있다면 조종 불합격 요인이지만, 정신과 약을 복용했다고 해서 모두 불합격은 아닙니다. 정신과 진료를 받았다면 자신의 진료 기록 및 진단서를 신체검사 시 제출하시기 바랍니다. 주의력결핍 과잉행동장애(ADHD)는 최근 12개월 동안 치료를 받지 않았고, 학업 수행 평가에 통과한 경우는 조종 합격이 가능합니다.

〈출처: 대한민국 공군 홈페이지〉

항공신체검사 실시 의료기관 현황

■ **항공 종사자 전문교육기관 현황['23. 5. 1. 기준]** ■

조종사 양성 교육기관: 총 22개(대학교 11개, 직업전문학교 2, 제작사 1, 항공기사용사업체 6, 군 3)

순번	구분	교육기관		지정일	훈련기(대)	정원(年)	운영공항
1	대학교	항공대학교	수색	1986.10	6	75명	정석(제주)
			울진	2010.07	14	70명	울진
2		한서대학교		2006.11	29	108명	태안
3		한국교통대학교		2014.07	5	30명	무안, 청주
4		초당대학교		2016.04	14	60명	무안, 산이
5		청주대학교		2018.09	9	40명	무안, 청주
6		경운대학교		2018.11	7	33명	무안, 영암
7		중원대학교		2018.12	4	40명	무안
8		가톨릭관동대학교		2019.02	가디언즈 위탁 (훈련기 없음)	30명	양양
9		신라대학교		2019.07	신한에어 위탁 (훈련기 없음)	35명	영암
10		세한대학교		2019.08	미국비행학교위탁 (훈련기 없음)	35명	미국
11		극동대학교		2021.06.21	8	40명	양양
12	직업전문학교	한국항공 직업전문학교	울진(학부)	2014.05	3	30명	울진
			울진(직업)	2014.01	14	60명	울진
13	제작사	한국항공우주산업		2018.04	형식한정과정	.	사천
14	항공기사용사업체	써니항공		2018.10	3	12명	무안
15		한국항공		2018.12	3	20명	청주
16		스펙코어		2019.01	4	40명	울산, 무안
17		에어플렉스항공('22.10.18)		2019.02	5	5명	양양
18		SOC항공비행교육원		2019.04	3	15명	무안
19		신한에어		2019.04	2	45명	영암
20	군	공군		1995.02	비공개	비공개	비공개
21		육군		1997.12	〃	〃	〃
22		해군		2008.12	〃	〃	〃
총계						**823명**	

〈출처: 국토교통부 홈페이지〉

////

체력검정 통과 노하우(공군사관학교, 공군 조종장학생)

조종사 선발 과정 중 체력검정의 의미

조종사 선발과정에 있어서 체력검정을 실시하는 과정은 공군사관학교와 공군 ROTC, 지정모집대학, 학사사관후보생이다. 체력검정이 그다지 중요한 부분이 아니라고 생각할지 모르나 공군사관학교 1차 시험 합격자 중에서 체력검정으로 불합격한 사람들이 적지 않다. 2차 시험 수험자들은 1개의 조를 구성하여 진행하는데 약 20~30명으로 이루어진다. 체력검정 담당관에 따르면 그중에 평균적으로 1~2명이 체력검정에서 떨어졌다고 한다. 평소의 체력만을 생각하면서 "가서 열심히 하면 되겠지"라고 생각하는 경우가 많은데, 이는 대단한 오산이다. 공군사관학교의 체력검정 항목(오래달리기, 팔굽혀펴기, 윗몸일으키기, 제자리멀리뛰기) 중에 가장 많은 과락이 나오는 것이 오래달리기다. 오래달리기(남자 1,500m/여자 1,200m) 불합격 기준은 남자 7분 32초, 여자 7분 30초인데 평상시에 준비하지 않은 학생들은 중도에 포기하는 경우가 많다.

많은 학생들이 깊게 생각하지 못하는 중요한 사실이 있다. 공군사관학교 최종 선발 단계에서 점수산정을 하다 보면 정말 비슷비슷한 점수를 받은 학생들이 많다. 단 몇 점 사이에 많은 사람들이 포진해 있을 정도다. 불과 1~2점 차이로 순위가 나뉘는 것이다. 따라서 실제 수험자들은 근소한 차이로 누구는 합격하고 누구는 대기자가 되고 또 다른 누구는 불합격자가 된다. 체력검정 점수는 총 150점이 배정되어 있으므로 대단히 중요하다. 이 부분은 본인의 노력 여하에 따라 조금이라도 더 받을 수 있는 점수이므로 반드시 신경 써서 좋은 성적을 받아야 한다.

공군 조종장학생 선발 시 체력검정은 합격 또는 불합격이 될 수 있는 적·부 판정의 대상이 된다. 그 기준은 다음과 같다.

오래달리기: 남(1,500m) 7분 44초 이내/여(1,200m) 8분 15초 이내

팔굽혀펴기: 남15회 이상 30초/여 5회 이상 30초

윗몸일으키기: 남17회 이상 30초/여 14회 이상 30초

공군 조종장학생 선발 체력검정에서는 공군사관학교와 마찬가지로 1,500m 달리기를 제외하면 그다지 부담이 되지 않는다. 하지만 체력검정에서는 1,500m를 완주하지 못하고 중간에 힘들어서 포기하는 수험자들이 다소 있다. 어느 정도 준비과정이 필요하다는 이야기다.

체력검정 전 준비사항

앞서 언급한 바와 같이 지원자들은 오래달리기를 가장 힘들어 한다. 달

공군사관학교 무용기 대회에서 전력질주 하고 있는 사관생도들

리기 실력은 하루아침에 향상되지 않는다. 따라서 짧게는 2~4주의 연습 기간을 정해놓고 단계에 맞춰서 조금씩 실력을 키워야 한다. 자신의 능력에 맞는 운동 방법을 정하는 것이 제일 우선이다. 처음부터 무리하면 금방 지쳐서 중도에 그만두기 일쑤다. 따라서 자신의 역량에 맞춰 1km, 2km 이런 식으로 거리를 조금씩 늘려가며 400m 트랙을 뛰어보는 게 가장 좋다. 달리기만큼이나 윗몸일으키기도 순식간에 능력이 올라가지 않는다. 따라서 하루에 100~200개씩 꾸준히 연습해야 한다.

　기본적으로 자세가 좋지 않거나 유연성이 부족한 학생들은 간단히 제자리에 서서 앞으로 숙이는 동작만 여러 번 반복하는 것으로도 큰 도움을 받을 수 있다. 실질적으로 복근이나 등 운동에 유용한 것은 요즘 유행하고 있는 플랭크운동으로 대표되는 코어강화운동*이다. 굳이 체력

---

*　허리, 복근, 엉덩이 근육처럼 우리 몸 전체의 중심을 잡아주는 기반, 즉 몸통에 해당하는 근육을 강화해주는 운동이다. 굿모닝엑서사이즈, 플랭크, 브릿지 등이 여기 속한다.

플랭크운동

검정을 위해서가 아니어도 평소 건강을 유지하는 데 도움이 많이 되기 때문에 습관을 들이는 게 좋다. 평상시 많이 해볼 기회가 없는 제자리멀리뛰기는 아예 방법조차 모르는 학생이 많다. 하지만 너무 당황하지 말자. 1~2주 정도 시간을 내서 연습해보면 확연히 실력이 향상된다.

체력검정을 준비하는 학생들에게 체력검정 담당관이 전하는 조언은 다음과 같다. "끝까지 포기하지 말고, 미리 조금이라도 준비한다면 좋은 성적을 받고 합격할 수 있습니다. 여러분은 군인이 되기 위해 확연한 마음 자세를 갖추고 들어왔기 때문에 그에 맞는 준비 자세만 보여준다면 체력검정뿐만 아니라 다른 테스트에서도 좋은 성과를 보일 것입니다."

///

면접 통과 노하우

첫인상이 중요하다

첫인상은 사람과의 관계에서 대단히 중요한 영향을 미친다. 3초 만에 상대에 대한 파악이 완료된다고 해서 '3초 법칙', 처음 이미지가 단단히 굳어 버린다고 하여 '콘크리트 법칙'이라고도 한다. 미국의 뇌 과학자 폴 왈렌(Paul J. Whalen)의 연구에 의하면, 우리는 뇌의 편모체*를 통해 0.1초도 안 되는 극히 짧은 순간에 상대방에 대한 호감도와 신뢰도를 평가한다고 한다. 이러한 첫인상의 결과가 부정적인 경우 이를 뒤집는 데 200배의 정보량이 필요하다고 한다. 그만큼 첫인상에서 안 좋은 면을 남기면 회복하기가 대단히 어렵다는 뜻이다. 모 취업 포털 사이트에서 기업의 인사담당자를 상대로 설문조사를 실시했는데, 그 결과 기업의 인사담당자 절반이 면접 시 지원자의 첫인상을 결정하는 시간은 '2분 이내'라고 답했다.

---

*   편모체(扁毛體): 대뇌 반구의 백질 속에 있는 회백질의 덩어리

면접 대기 중인 지원자들

첫인상을 결정하는 요인은 외모, 목소리, 어휘 순이다. 사람을 대면할 때 가장 먼저 영향을 주는 것은 외모, 즉 얼굴과 복장이다. 면접을 치르다 보면 각양각색의 사람들을 만나게 된다. 깔끔한 정장이나 교복을 입고 오는 사람들은 들어올 때부터 긍정적인 신뢰감을 준다. 반면, 다소 헝클어진 머리나 반바지를 입고 오는 학생들을 보면 "면접 자리에 왜 저렇게 하고 왔을까" 하는 마음이 들면서 안타까운 생각이 든다.

면접장마다 차이가 있겠지만 대개 면접자들이 들어와서 앉기까지 최소 10~15초 정도 걸린다. 이 시간에 면접담당자들은 그들의 발걸음, 태도, 손동작, 얼굴 표정 등을 유심히 읽는다. 아주 짧은 순간이지만 지원자에 대한 첫인상을 결정하게 되는 것이다. 면접관이나 인사담당자들은 무수히 많은 사람들을 평가해왔으므로 한 사람을 평가하는 데 그리 오랜 시간을 필요로 하지 않는다. 지원자들이 첫인상 관리에 신경을 써야하는 이유다. 나 역시 수많은 지원자들을 만났던 면접관으로서 첫인상과 관련하여 다음 사항을 당부하고 싶다.

■ 시간을 잘 지키자

면접에 늦는다는 것은 스스로 기회를 차버리는 꼴이다. 특히 조종사는 업무 특성상 시간에 민감할 수밖에 없다. 면접관을 만나는 첫 자리에서 시간을 어긴다는 것은 가장 중요한 자질 중 하나를 버리고 가는 셈이다.

■ 옷차림과 외모를 단정히 하라

면접 고사장은 래퍼나 가수를 선발하는 오디션 무대가 아니다. 이따금 자유로운 영혼인 듯 보이는 지원자들이 있는데, 단정하지 못한 외모는 감점 요소로 작용할 수 있다. 외모보다 사람의 내면이 중요하다는 것은 백 번 옳은 이야기지만 어떤 조직에서는 형식이 내용을 규정하기도 한다. 단정한 외모는 지원자의 성의와 준비 정도를 가장 쉽게, 그리고 단적으로 드러내주는 길이다.

■ 본인이 면접을 보러온 면접 대상자라는 사실을 망각하지 말자

간혹 자신이 면접관인 줄로 착각하는 지원자들이 있다. 본인이 면접을 치르러 왔다기보다 "어디 한번 면접에 가볼까?" 하는 식으로 참가하는 학생들도 종종 보인다. 각자 집에서 최고로 대접받고 자라서 그런지 공사(公私)를 구분하지 못하는 경우도 더러 있다. 이런 태도는 기본적인 면접에서 마이너스 요소로 작용한다.

■ **당당하면서도 겸손한 태도를 견지하라**

면접 시 무조건 긴장해서 자신의 능력을 발휘하지 못하는 것도 안타까운 일이지만 자신을 지나치게 과신하는 것 역시 바람직한 태도가 아니다. 면접관들은 특히 오만한 태도를 좋게 평가하지 않는다. 조종사라는 직업은 혼자 하는 일이 아니고 팀워크를 이루는 일인 만큼 과도한 자신감보다는 타인과 소통하고 배려하는 능력이 더 중요하기 때문이다. 요즘 지원자들은 대부분 큰 어려움 없이 자라서 그런지 때로 면접관들이 날카로운 질문을 던지면 자존심이 상했다는 듯 공격적으로 변하기도 한다. 이런 태도는 좋은 평가를 받기 어렵다.

면접 평가항목을 확인하라

면접관들이 맞춤형 면접 평가기준을 설정하는 이유는 무엇보다 자신의 조직에 맞는 대상을 뽑기 위해서다. 이를 통해 그 기준을 충분히 만족시키는 사람에게 보다 높은 점수를 부여한다. 명확한 평가기준을 설정하는 또 다른 이유는 일관성 있는 평가를 하기 위해서다.

면접은 조직에 따라 다양한 형태로 치러진다. 면접관으로 참여하는 사람들의 신분도 다양하다. 대한항공이나 아시아나항공에서는 운항 인사 담당자들이 조종사 면접 업무를 수행하고, 대학교 항공운항학과에서는 학과 부서장이나 입학사정관, 면접 담당자, 영어 면접관 등이 지원자를 평가한다. 이때 면접자의 인성, 항공지식, 영어능력 등 기준이 되는 여러 항목을 다각적으로 검토한다.

지원자들이 면접을 무리 없이, 그리고 후회 없이 잘 치르려면 어떻게 해야 할까? 무엇보다 중요한 것은 면접 평가의 기준항목을 잘 확인해야 한다는 점이다. 예를 들어 성격, 가치관, 희생정신, 역사관, 가정 및 성장 환경, 지원동기, 학교생활기록부 등 다양한 항목에 대한 일정한 기준이 적용되므로 이에 따른 적절한 답변을 준비해야 한다.

■ 자기소개서와 학교생활기록부에 나와 있는 항목을 완전히 소화하라

본인의 이야기를 적은 것인데도 인적사항이나 기술된 내용을 확인하려고 질문하면 의외로 대답을 제대로 하지 못하는 지원자들이 있다. 이럴 경우, 면접관은 지원자를 의심하게 된다. 정말 본인의 것이 맞는지, 누군가 대필해준 것은 아닌지 의문을 품게 되는 것이다. 그리고 실제 면접 점수도 당연히 잘 받지 못하며, 경우에 따라 예상치 못한 강도 높은 질문을 받거나 그 자리에서 불합격으로 처리될 수도 있다.

■ 조직의 선발 목적을 충분히 이해하라

면접관이 지원자로부터 적절한 답변을 듣고자 하는 것은 조직이 추구하는 목적과 같은 생각을 가진 사람을 선택하기 위함이다. 따라서 지원자는 무엇보다 해당 조직의 목적을 정확하게 파악하고 있어야 한다. 예를 들어, 공군에서는 조종사를 뽑는 게 아니라 군 장교로서의 조종사를 양성하는 것이 주된 목적이다. 따라서 면접관이 "개인과 조직 중 무엇이 더 중요하다고 생각하는지 그 이유를 말해보시오"라고 하면서 지원자의 가치관을 테스트할 수 있다. 이는 조종사이기에 앞서 군 조직을 이끌 장교가 될 자격이 있는지를 탐색하는 질문이다. 군이 선호하는 사관생도나 조종장학생의 평가목적을 이해하지 못할 경우 매우 간단해 보이는 질문에 제대로 답변하지 못할 수 있다. 평소 예상 질문지를 보면서 답변을 연습해두면 도움이 된다.

■ **해당 조직이 원하는 인성과 실력을 갖추었음을 어필하라**

대학교 항공운항학과 면접이나 항공사 면접은 그들이 바라는 인재를 가리는 장이다. 인성과 실력을 겸비한 지원자에게 호감이 가는 것은 당연지사다.

면접관들은 어떤 질문을 할까?

면접관들은 질문하고 대답을 듣는 과정을 통해 지원자의 기본적 태도와 소양을 다시 한 번 확인하게 된다. 많은 사람을 다루었기에 그들은 몇 가지 정보만 가지고도 지원자가 진실한 답변을 하고 있는지, 꾸며진 이야기를 하고 있는지 바로 알아챌 수 있다. 상식에 어긋나는 답변이나 지어낸 듯한 이야기는 불합격 요인으로 작용한다. 면접관들이 묻는 질문은 대개 다음과 같다.

> ○ 조종사가 되기 위해 무엇을 준비했습니까?
> ○ 조종사로서 필요한 자질은 무엇이라고 생각하십니까?
> ○ 종북단체에 가입한 조종사를 어떻게 처리하면 좋겠습니까?
> ○ 노조활동이나 비정규직에 관련된 본인의 의견은 무엇입니까?
> ○ 현대사회에서 돈이 갖는 의미는 무엇입니까?
> ○ 조직에서 비리를 저지른 사람을 목격하면 어떻게 하겠습니까?

○ 고등학교 시절 힘들었던 점은 무엇입니까?

○ 힘든 점들을 어떻게 극복했습니까?

○ 본인의 장단점은 무엇입니까?

○ 본인의 인생에서 가장 슬펐던 적은 언제입니까?

○ 학급반장을 하면서 배웠던 점은 무엇입니까?

위와 같은 예상 질문들을 미리 뽑아 묻고 대답하는 연습을 꾸준히 하면 도움이 된다. 그런데 이런 준비만으로는 부족한 것이 있다. 보다 완벽을 기하려면 반드시 생각해야 할 부분이 있다. 즉, 아무리 예상 질문지가 있더라도 면접관에 따라 이를 다르게 적용할 수 있다는 점이다. 면접관마다 자신의 생각이 다르기 때문이다. 내 경우를 예로 들어보자. 나는 공군 조종장학생 면접관과 공군사관학교 면접관이었을 당시 다음과 같은 질문을 자주 했다.

○ 왜 공군 조종사가 되려고 합니까?

○ 본인을 한 단어로 표현한다면 어떤 것입니까?

○ 주변 사람들이 본인에게 지어준 별명이 있습니까?

○ 다른 사람들은 본인을 어떤 사람이라고 생각합니까?

○ 생활기록부에 기록한 책 중에 가장 인상 깊었던 책과 내용은 무엇입니까?

면접관들은 평가항목 중 자신이 질문할 항목을 선정하고 그에 해당하는 적절한 질문을 한다. 즉, 예상 질문지는 있지만 똑같이 사용하지 않고 변형시켜서 질문한다는 뜻이다. 그들은 무수히 많은 지원자들을 상

대해온 사람이므로 한눈에 척 보고 성향에 따라 필요한 질문을 던질 수 있다. 예를 들어 자신감이 부족해 보이는 지원자에게는 조직 친화적인 요소를 집중적으로 물을 것이고, 자신감이 지나쳐 오만해 보이는 지원자에게는 희생정신과 가치관에 관련된 질문을 더 많이 던질 수 있다.

요즘은 같은 학교나 교육기관에서 오는 지원자가 많다. 서로 면접 내용을 공유하기도 하고, 인터넷이나 블로그 등을 통해서 구한 질문지로 열심히 연습하고 오는 추세다. 문제는 면접관들도 이런 상황을 잘 알고 있다는 점이다. 면접관들이 같은 항목을 질문하더라도 지원자 개개인의 특성에 맞춰 다양한 질문을 던지는 이유다. 따라서 가장 유념할 점은 본인이 지망하는 조직에서 무엇을 원하는지 정확하게 파악한 뒤 이에 대해 적절하고 정확한 답변을 준비해야 한다는 것이다.

독자들에게 한 가지 당부하고 싶은 게 있다. 자신의 본모습을 숨기면서까지 자신에게 맞지 않는 길을 가기보다는 자기가 절실히 원하는 꿈을 찾아가라는 것이다. 본인이 진실로 원하는 일을 하려고 할 때엔 그 누가 잘하라는 말을 해주지 않아도 스스로 해결할 수 있는 동력을 갖추기 때문이다. 공군사관학교나 일반 대학 항공운항학과, 항공사 등 어느 면접에서든지 자신이 지닌 열정과 간절함, 그리고 진정성을 보여준다면 반드시 합격할 수 있다.

공군사관학교 1차 시험(국어, 영어, 수학) 경향

공군사관학교 시험의 유형과 특성

2022년도 기준으로 공군사관학교 1차 시험 경쟁률은 26.5:1의 경쟁률로서 과거 경쟁률에 비해 최근 줄어든 상태이더라도 여전히 높은 경쟁률을 보이는 것은 그만큼 합격 가능성 역시 대단히 희박하다는 반증이다. 물론 수능시험을 보기 전에 많은 학생들이 자신의 실력을 테스트하기 위해 시험을 치르는 경우도 있다. 시험에 합격하려면 무엇보다 본인의 실력을 탄탄히 쌓아야 한다. 이것이 가장 기본이다. 하지만 공군사관학교 시험의 전반적인 유형과 특성을 알고 임한다면 보다 유리한 위치에서 시작할 수 있지 않을까? 따라서 이번 장에서는 공군사관학교 시험과 관련된 가이드라인을 알아보고자 한다.

사관학교 1차 시험은 국어, 영어, 수학 3과목을 수능시험 형식으로 치른다. 2022학년도 사관학교 시험을 기준으로 보았을 때 출제위원 총 22명 중 사관학교 교수가 7명이었고, 고등학교 교사가 15명이었다. 검토위

시험의 특성과 유형

평가대상	입학전형	계열	과목명	문항수	교과	비고
1차(학과) 시험	일반전형 특별전형 (모든 전형에 동일하게 적용)	공통	국어	30	국어	수능 형식
		공통	영어	30	영어	
		이과	수학 '가'형	30	수학	
		문과	수학 '나'형	30		

□ 시험시간 및 배점

구분	시험과목	시험시간(소요시간)	배점 (원점수)	비고
		- ~ 08:40 수험생 입실 08:40 ~ 09:00 주의사항 및 답안지 작성요령 교육		
1교시	국어 (30문항)	09:00 ~ 09:10 (10분) 09:10 ~ 10:00 (50분)	100	시험지 배부 공통과목 : 독서, 문학
		휴식 : 10:00 ~ 10:20 (20분)		
2교시	영어 (30문항)	10:20 ~ 10:30 (10분) 10:30 ~ 11:20 (50분)	100	시험지 배부 공통과목 : 영어 I , 영어 II * 듣기평가 제외
		휴식 : 11:20 ~ 11:40 (20분)		
3교시	수학 (30문항)	11:40 ~ 11:50 (10분) 11:50 ~ 13:30 (100분)	100	시험지 배부 【계열별 '공통 + 선택'】 · 공통과목 : 수학 I , 수학 II · 선택과목 - 인문 : 확률과 통계, 미적분, 기하 중 택 1 - 자연 : 미적분, 기하 중 택 1

〈출처: 공군사관학교 2024학년도 입시요강〉

원은 고등학교 교사 6명으로 구성되었다.

해군사관학교(이하 해사)가 2023학년 선행학습영향평가보고서를 2023년 3월 14일 공개했다. 1차 시험인 필답고사는 육사 공사 국간사와 공통 출제하기 때문에 사관학교 입시 준비에서 중요한 기초자료다. 이 자료를 토대로 아래와 같이 영역별 평가자료를 작성했다.

국어 영역 평가

모든 과목엔 공통적인 성향이 있다. 각 대학교 시험이 현재 보여주는 특성은 큰 틀에서 수능의 형태를 벗어나지 않는다는 점이다. 이 말은 곧 수능을 기반으로 수험 준비를 해야 한다는 뜻이다. 두 번째 공통점은 기출문제를 잘 풀어보면 효과가 있다는 것이다. 이제까지 출제되었던 문제를 똑같이 출제하지 않더라도 시험 문제가 비슷한 패턴을 유지한다는 사실을 인지하면 보다 쉽게 문제에 접근할 수 있고, 긴장감을 누그러트릴 수 있다.

국어 문제 역시 수능과 유사하지만 다소 난이도가 높은 문제들로 구성된다. 국어에서 고득점을 받으려면 여러 가지 문제 유형에 익숙해야 하는데, 이를 위해 새로운 지문을 많이 접해봐야 한다. 그만큼 문제를 많이 풀어봐야 한다는 뜻이다. 국어 시험은 순수한 독서 영역이 아니다. 그 자리에서 실력을 판가름하는 시험이다. 이 점을 유념하자.

국어 시험은 대체로 비문학(과학, 사회, 인문, 예술 등), 문학, 작문/화법으로 나눈다. 비문학은 과학잡지나 백과사전, 논문을 읽고 이해하는 독해능력을 요구한다. 독해능력은 해당 지문을 읽고 출제자가 원하는 답을 찾는 능력이다. 문학 분야에서는 우리가 잘 알고 있는 시, 소설과 같은 문학작품을 지문으로 주고 이를 정확히 감상할 수 있는 능력을 검증한다. 연륜 있는 작가들의 작품이 주로 다루어지므로 다른 분야에 비해 까다롭고 어려울 수 있다. 작문과 화법은 기본적으로 외워야 하는 영역이다.

앞서 언급했듯이 국어 시험도 일반적인 수능에 비해 다소 어렵게 출제된다. 수험자들이 일정한 기본 지식과 능력을 갖춘 소수의 대상이기 때문이다. 따라서 어떤 문제가 나오든 먼저 꼼꼼하게 읽고, 반드시 한 번 더 깊게 생각하면서 문제를 푸는 습관을 들여야 한다. 한정된 시간 안에 문제를 풀어야 하므로 누가 더 다양하고 많은 문제를 빨리 정확하게 풀 수 있는 능력을 갖추고 있느냐가 관건이다. 평소에 사관학교 기출문제, 수능문제, 학력평가(교육기관 주관), 모의고사(교육청 주관) 등을 많이 풀어보도록 하자.

■ 국어 문항 분석

가) 독서(인문)

문항 번호	· 1~3번 문항
출제 의도	· 이해 능력, 분석 능력, 적용 능력을 평가 · 글을 이해하고 중요내용을 파악할 수 있는 능력을 평가
검토 의견	· 독서 영역의 인문 분야 문항으로 기대지평이라는 개념을 제시한 독자 반응 비평 이론가 야우스에 대해 설명하고 3개 문항을 출제함. 글의 전개 방식, 중요내용 파악, <보기>를 활용한 적용 능력을 파악하고자 하였으며 올바른 독자의 역할을 재정립하고자 했다는 점에서 교육적 의의도 지님. · 문학 작품의 수용이 독자의 기대지평과 작품의 기대지평 간의 상호 작용에서 기인한다는 점, 전통적인 문학 비평과의 차이점 등을 언급 하고 있음. 문학 용어에 대해 설명하고 글을 읽는 학생들의 공감대를 형성하면서, 이해 수준에 맞는 제시문을 사용하여 교육 과정의 사회적 상호작용 등에서 성취기준에 부합하다고 판단함.

나) 독서(사회)

문항 번호	· 4~7번 문항
출제 의도	· 이해 능력, 분석 능력, 비판적 사고 능력을 평가 · 글을 이해하고 복합적인 사례에 적용할 수 있는 능력을 평가
검토 의견	· 독서 영역의 사회 분야 문항으로 출생률과 사망률의 관계에 근거한 인구 변천 모델을 설명하고 관련된 4개 문항을 출제함. 근대화와 관련된 제시문을 통해 핵심 개념을 이해하고 다른 상황에 적용하여 분석하는 능력을 파악하고자 함. · 제시문은 타바라의 인구 발전 모델에 대한 정보를 사실적으로 이해하는 능력을 평가하면서, Cd, Cm, Bm 등 관련 용어들에 대해서는 자세한 설명과 함께 시간의 흐름/경제 발전에 따른 그래프 그림을 추가로 제시함. 고등학교 수준에서 글을 해석하기에 큰 어려움이 없을 것으로 보이며, 국어과 교육과정의 글의 전개 과정, 자료 해석 등 성취 기준에 부합한다고 판단함.

다) 독서(과학기술)

문항 번호	• 8~11번 문항
출제 의도	• 사실적 독해 능력, 추론 능력 등을 평가 • 글을 이해하고 핵심 개념을 파악할 수 있는 능력을 평가
검토 의견	• 독서 영역의 과학기술 분야 문항으로 분자집합체에 관련된 내용을 제시하고 4개 문항을 출제함. 주어진 정보를 제대로 파악하는지, 이를 바탕으로 내용을 추론할 수 있는지를 평가함. 정보에 대한 정확한 이해와 추론 문항에 근거하며 고등학교 수준의 독해 능력을 가지고 있다면 충분히 해결할 수 있는 문항들임. • 제시문의 가독성을 높이기 위해서 문단 구분이 의미 단락으로 잘 구분되어 있으며 분자, 분자 집합체 같은 용어에 대한 개념 정의가 잘 이루어짐. 카테네인과 로탁세인의 구조, 분자 셔틀의 작동 원리 같은 내용은 도식화한 그림으로 제공하였으며, 10~11번 문항 <보기>의 분자 셔틀, 분자 모터의 문제 해결에 충분한 도움이 될 것이라 판단함.

라) 독서(예술)

문항 번호	• 12~15번 문항
출제 의도	• 제시문에 대한 이해, 분석, 비판적 검토 능력을 평가 • 문맥을 통해 어휘의 의미를 파악하는 능력을 평가
검토 의견	• 독서 영역의 예술 분야 문항으로 조선 왕릉의 석물에 관하여 다룬 제시문을 제시하고, 이에 따른 4개 문항을 출제함. 글에 대한 사실적 정보, 개념의 비교, <보기>를 활용한 내용의 적용, 문맥적 의미를 파악하는 능력을 확인할 수 있어 적절함. • 왕릉의 석물이 왕릉 장식에 사용된 돌 조형물로 엄격한 예법이 적용되었다는 점이 학생들에게는 다소 생소할 수도 있지만, 문장이나 글 전체 구성이 평이하여 내용 이해에 쉽게 접근할 수 있음. 고등학교 교육과정에 포함된 어휘를 활용하여 문항을 구성했으며, 글의 사실적 이해와 전개 과정 등 성취기준에도 부합함.

마) 문학(현대시)

문항 번호	• 16~18번 문항
출제 의도	• 현대시의 특성에 따른 형상화 방법을 중심으로 감상 능력을 평가 • 두 작품의 연계성을 바탕으로 작가의 정서를 파악하는 능력을 평가
검토 의견	• 백석의 「모닥불」과 신경림의 「귀성열차」 (가), (나)의 현대시를 제시하고 관련된 3개 문항을 출제함. 세부적으로 두 편의 시에서 공통적인 표현상의 특징을 확인하는 문항, <보기>를 바탕으로 각각의 시에서 시어가 지닌 의미를 파악하는 문항, ㉠, ㉡에 반영된 내포적 의미를 찾는 문항으로 출제함. • 현대시에서 사용하는 일반적인 수사법들로 문항을 구성했으며, 주제 형상화 부분에서 학생들이 해결가능한 적절한 난이도를 지님. 특히 지문과 <보기>에서도 각 작품이 드러내고자 하는 의미를 유추할 수 있음. 문학 작품에 대한 이해를 바탕으로 인간의 생각이나 정서를 함축적으로 표현한 시에 대한 해석이 충분히 가능하므로 평가에서 타당도도 지님.

바) 문학(현대소설)

문항 번호	• 19~22번 문항
출제 의도	• 서사 갈래의 특성에 맞는 현실 반영 및 주제의식에 대한 감상 평가 • 구성 요소와 전체 줄거리의 유기적 관계를 고려한 이해 평가
검토 의견	• 이청준의 「살아 있는 늪」의 일부를 제시하고 현대소설을 이해하는 여러 구성 요소들에 대해 4개 문항을 출제함. 작품의 주제가 드러나는 핵심적인 부분을 제시문으로 제시하되, 앞부분 줄거리를 삽입하여 전체적인 이해에 도움을 주어 독해 시간에 대한 부담을 줄임. 또한 '나'의 심리가 잘 드러나는 서술적 특징, 인물들의 대화를 통해서 등장인물의 특성을 느낄 수 있도록 하여 이해를 도움. • 소설의 핵심 구성요소인 서술상 특징, 인물의 심리와 행동, 내용 전개 등에 대한 이해 정도를 파악하고자 함. <보기>를 활용한 문항에서는 '늪'이라는 상징적 소재가 지닌 의미와 [A], [B] 특정 부분에 대한 핵심적인 이해를 확인하고자 의도가 돋보임. 고등학교 문학 교육과정에 등장하는 주요 개념을 중심으로 출제되어 문항 풀이가 가능함.

사) 독서(고전시가)

문항 번호	• 23~26번 문항
출제 의도	• 한국 문학이 지닌 내용상, 표현상 특징을 파악할 수 있는지 평가 • 고전시가의 갈래적 특성과 음악적 효과에 대한 이해를 평가
검토 의견	• 조존성의 「호아곡」, 김득연의 「지수정가」를 활용하여 개별 작품에 대한 파악과 작품 간의 연계를 통해 4개 문항을 출제함. 시어나 시구와 같은 부분적 내용, 표현상의 특징, <보기>에 바탕한 강호한정가 특유의 성향 등을 고르게 묻고 있어 문항의 다양성도 잘 고려하여 출제됨. • 현대국어에 사용되지 않는 단어는 각주를 통해 자세한 해석이 제시되어 있어 학생들이 어렵지 않게 본문 내용 파악이 가능함. 기본적으로 작품과 <보기>를 바탕으로 문항을 구성하였으며, 고등학교 문학 교육과정에 등장하는 자연을 대하는 태도 등은 학생들 입장에서 어렵지 않게 해결할 수 있다고 판단함.

아) 독서(고전소설)

문항 번호	• 27~30번 문항
출제 의도	• 서사 갈래의 특성, 고전소설의 내용 전개를 파악할 수 있는지 평가 • 작품에 반영된 사회상, 주인공의 가치관을 이해하는 능력을 평가
검토 의견	• 고전소설 권칙의 「강로전」의 일부를 제시문으로 제시하고, 관련된 4개 문항을 출제함. 소설 전개에 대한 포괄적인 흐름, 세부 내용에 대한 해석, <보기>를 바탕으로 한 작가의식 등에 대해서 묻는 문항은 제시문을 바탕으로 충분히 작품 해석이 가능한 수준임. • 앞부분 줄거리를 제공하고 있으며 여러 등장인물에 대한 설명도 제시문 중간중간에 사실적 정보제공이 진행되어 있어 작품 내 인물관계 및 구성상 흐름을 이해하는데 도움을 줌. 또한 '강로'의 의미와 17세기 조선사회의 분위기, 작가의 현실 비판적 태도 등을 제시하여 해당 배경지식을 활용하는 것만으로도 충분히 깊이있는 해석이 가능하다고 판단함.

총평

2023학년도 사관생도 선발 1차시험 국어문제는 고교 교육과정학습 내용 및 성취기준에 부합하고 있으며 정상적인 고교 교육과정을 이수한 학생이라면 누구든 해결할 수 있는 적절한 수준의 문항으로 출제되었음.

〈출처: 해군사관학교 2023학년 선행학습영향평가보고서〉

영어 영역 평가

영어 영역도 국어와 동일하게 같은 공식을 적용해야 한다. 바로 많은 기출문제를 풀어보고 문제의 유형에 익숙해져야 한다는 것이다. 사관학교 영어시험도 수능시험과 유사하게 이루어지므로 수능시험 위주로 준비하면 된다.

영어시험은 대체적으로 문법과 회화를 다루는 문제들은 까다롭지 않다. 그러나 독해를 다루는 부분은 다소 어려울 수 있다. 따라서 고득점을 받으려면 다양한 지문을 읽어보고 정해진 시간 안에 주요한 내용들을 정확히, 그리고 빨리 파악할 수 있는 독해 능력을 함양해야 한다. 모든 수험생이 공감하는 바이겠지만, 공부는 단기간에 해결할 수 없다. 영어시험을 잘 보기 위해서는 벼락치기 하듯이 공부하기보다 오랜 기간 여러 분야의 책들을 꾸준히 읽어서 서서히 독해력을 향상시키는 노력이 무엇보다 중요하다. 또한 그에 덧붙여 시험에 대비하여 다양한 지문들에 익숙해지기 위해 여러 가지 기출문제와 교육기관 자료들을 많이 접해보아야 한다. 이렇게 두 가지 관점에서 시험을 준비한다면 좋은 성적을 얻을 수 있을 것이다.

■ 영어 문항 분석

가) 언어형식(어법) 및 어휘

문항 번호	• 1~4번 문항
출제 의도	• 주어진 글의 밑줄 친 부분 중에서 어법상 틀린 표현 고르기 • (A), (B), (C)의 각 네모 안에서 어법에 맞는 표현 순서대로 고르기 • 주어진 글의 밑줄 친 부분 중에서 문맥상 쓰임이 적절하지 않은 낱말 고르기 • (A), (B), (C)의 각 네모 안에서 문맥에 맞는 가장 적절한 낱말 고르기
검토 의견	• 최근 수능에서는 1번, 3번과 같은 밑줄형 문항이 출제되고 있으며 2번, 4번과 같은 박스형 문제는 출제되고 있지 않음. 박스형 문제는 선택지를 바탕으로 어느 정도 정답에 대한 유추가 가능하기 때문에 지양되고 있는 것으로 판단됨. • 분사구문, 가정법, 동사의 위치 및 형태 파악, 관계대명사, 부정대명사, 동사의 태, 대동사 등 학교문법과 교육과정 범위 내의 핵심적인 어법 요소를 다루고 있으며, 전국연합학력평가에서도 자주 다루어지는 요소들로 구성되어 학생들의 어법 능력을 평가하기에 적절했다고 판단됨. • 어휘 문제의 밑줄 친 단어나 박스 안에 있는 단어들도 고등학교 수준의 적절한 어휘들로 구성되어 있으며 지문의 소재나 내용도 적절하여 학교에서 정상적으로 영어수업을 이수한 학생이라면 충분히 해결할 수 있는 문제들이었다고 판단됨.

나) 중심내용추론

문항 번호	• 5~13번 문항, 15~19번 문항
출제 의도	• 주어진 글의 내용과 관계없는 문장 고르기 • 글의 요지를 가장 적절하게 묘사한 내용 고르기 • 밑줄 친 어구가 주어진 글 속에서 의미하는 바 고르기 • 글의 내용을 가장 잘 응집력 있게 묘사한 제목 고르기 • 글의 주제를 가장 잘 표현한 내용 고르기 • 글에서 필자가 주장하는 바를 가장 잘 표현한 내용 고르기 • 글이 시사하는 바로 가장 적절한 내용 고르기 • 글을 쓴 목적 고르기 • 빈칸 추론
검토 의견	• 문제 유형이 출제 의도에서 볼 수 있는 것처럼 서로 다르게 보일 수 있으나 결국 글의 핵심 및 중심 내용을 파악해야 해결할 수 있다는 점에서 공통점을 지니는 문제이며, 소재나 글의 길이, 어휘 등 여러 측면에서 검토해 볼 때 고등학교 수준의 학생들이 충분히 해결할 수 있는 문제라고 판단됨. 특히 7번과 같은 문제 출제시 밑줄 친 부분이 함축하고 있는 의미는 글의 핵심 내용과 연결되어 있어야 함. 참고로 7번 문제는 배점에 비해 다소 쉽게 느껴지는 경향이 있음. 15~19번과 같은 빈칸 추론 문제도 빈칸을 글의 핵심과 반드시 직접적이든 간접적이든 관련이 있어야 함. 그런 점에서 적절하게 출제되었다고 판단됨.

다) 맥락추론

문항 번호	• 20~23번 문항
출제 의도	• 주어진 글 다음에, 주어진 세 개의 (A), (B), (C)가 내용에 맞게 배열된 순서 고르기 • 글의 흐름상 주어진 문장이 들어가기에 가장 적절한 곳 고르기
검토 의견	• 20~23번 문항의 경우 글의 소재와 내용, 어휘, 문장의 구조에서 크게 어려운 내용이나 구조를 포함하지 않고 있으며 각 문단과 문단, 문장과 문장의 연결고리가 나름대로 쉽게 눈에 띄는 편이라 특히, 중상위권 학생들에게 있어서 다소 쉽게 느껴질 수 있다고 판단됨. 요즘 수능에서 이 문제들이 학생들에게 상당히 어렵게 느껴지는 경향이 많은데 그 이유는 연결 고리가 잘 눈에 띄지 않으며 내용 파악을 통해 글의 순서를 바로 잡거나 문장의 위치를 찾아야 하는 문제들이 출제되기 때문임.

라) 세부 정보 파악

문항 번호	• 14번
출제 의도	• 주어진 한 인물에 대한 전기적 사실을 읽고 그 내용과 일치하지 않는 내용 고르기
검토 의견	• 내용 순서대로 선택지가 배치되고 있어 현재 대학수학능력시험의 형태를 취하고 있으며 소재, 내용, 어휘 등 여러 가지 측면에서 학생들이 무리 없이 풀 수 있었다고 판단됨.

마) 간접 쓰기

문항 번호	• 24번
출제 의도	• 작문 시 내용을 파악하여 요약문 작성 능력 평가
검토 의견	• 간접 쓰기의 영역에 들어 있으나, 개인적으로는 중심내용파악이 중요한 독해의 영역에 들어가는 것이 좋다고 판단되는 문제 유형으로 글의 핵심만 파악할 수 있다면 요약문과 선택지를 통해 답을 유추할 수 있음. 이 문제 역시 글의 소재 및 내용, 지문의 어휘 및 선택지의 어휘가 그다지 어려운 편이 아니라고 판단되어 고3학생 수준에서 충분히 해결할 수 있는 문제라고 판단됨.

바) 1지문 2문항(장문 독해)

문항 번호	• 25~30
출제 의도	• 독해 시 글의 제목을 파악하는 능력 평가 • 독해 시 글의 핵심 내용 및 흐름을 완성하는 단어, 어구, 절을 선택하여 글을 완성하는 능력 평가 • 독해 시 글의 주제를 파악하는 능력 평가 • 독해 시 어휘 능력 평가 • 논리 전개 능력 평가 • 독해 시 지칭 대상 파악 능력 평가
검토 의견	• 장문독해 형태를 취하고 있어 지문의 길이가 다른 문항들에 비해 다소 길어졌으나 내용적인 측면이나 문장 구조, 어휘 등의 측면에서 크게 어려움이 느껴지지 않고 선택지를 살펴 보면 답으로 오해할 수 있는 매력적인 오답도 보이지 않음. 즉, 답이 너무 두드러지는 경향이 있어 난이도가 높지 않다고 판단됨.

총평

전반적으로 문제의 형태는 현재 대학수학능력시험 영어영역에서 출제되는 문항의 형태를 잘 따라가고 있으나 다소 평이한 수준의 문제로 구성되었다고 판단됨. 어휘, 문장의 구조, 소재, 내용 모든 측면에서 현재 일반고에 재학 중인 고3학생들에게는 다소 평이한 수준임.

예전에 비해 해군사관학교를 지원하는 학생들의 수준이 어떤지는 정확하게 알지 못하나 고등학교 2학년 정도의 성실하게 영어공부를 하는 학생이라면 사교육을 받지 않고도 충분히 해결할 수 있는 정도의 난이도라고 판단됨.

〈출처: 해군사관학교 2023학년 선행학습영향평가보고서〉

수학 영역 평가

국어, 영어와 마찬가지로 수학시험 역시 수능과 비슷한 유형으로 출제되며, 수능시험에 비해 다소 어려운 편이다. 통상 변별력을 높이기 위해 약 2~3문제를 특히 어렵게 구성했다.

2011년도부터 2015년도까지 인문계열의 문항난이도 분석 결과는 〈표 8〉에 있다. 표에서 보는 바와 같이 고전검사이론과 문항반응이론에 의한 분석 결과에서 5개년 모두 평균적으로 적절한 문항난이도를 유지하고 있으며, 2014년도 이후 문항난이도가 조금 쉬워지는 경향이다. 2012년도의 경우 다른 해와 비교하여 고전검사이론에 의한 분석 결과에서는 어려운 문항이 4개로 가장 많이 포함되었고, 반대로 쉬운 문항은 2개로 가장 적게 포함되었다. 문항반응이론에 의한 분석 결과에서도 어려운 문항이 14개, 쉬운 문항이 5개로 상대적으로 난이도가 높았던 해였던 것으로 나타났다.

	구분	2011년도	2012년도	2013년도	2014년도	2015년도
고전검사이론	평균 표준편차	0.575 0.197	0.466 0.200	0.461 0.194	0.672 0.197	0.663 0.224
	어려운 문항 적절한 문항 쉬운 문항	1 16 7	4 18 2	1 17 6	1 11 9	1 10 10
문항반응이론	평균 표준편차	0.010 1.110	1.137 1.723	−0.240 1.387	−0.540 1.312	−0.538 1.731
	어려운 문항 적절한 문항 쉬운 문항	9 5 10	14 5 5	6 5 13	5 5 11	4 5 12

〈출처: 고전검사이론과 문항반응이론을 이용한 사관학교 1차 선발 수학시험의 문항분석, 2016, 이용균 외 4명〉

사관학교 수학시험도 일반 수능과 마찬가지로 주어진 문제를 얼마나 빨리 푸는지, 검토할 시간을 충분히 확보했는지, 어려운 몇몇 문제를 잘 풀어내는지에 따라 고득점의 향방이 갈린다. 어느 정도 정형화된 셈이다. 따라서 고득점의 관건은 복잡하게 꼬인 응용문제를 빠른 시간 안에 정확하게 푸는 데 달려 있다. 이를 훈련하려면 다른 과목에서와 같이 역대 시험문제를 풀어보는 게 좋다. 즉, 각 사관학교에서 최근 5~6년 사이에 출제한 시험문제들을 검토하면서 충분히 풀어보는 것이다. 다양한 문제를 풀다 보면 정해진 범위의 문제들이 어떤 패턴으로 나오는지, 응용의 범위와 수준은 어떤지 파악할 수 있다.

■ 수학 문항 분석

가) 수학 Ⅰ (공통과목)

문항 번호	• 1, 3, 5, 7, 9, 11, 13, 15, 16, 19, 21번 문항
출제 의도	• 수학 Ⅰ 영역의 지수함수와 로그함수(4문항), 삼각함수(3문항), 수열(4문항)에서 총 11문항을 출제하여 수학 Ⅰ의 교과 내용을 충실히 이해하고 있는지를 평가 • 출제된 문항들을 통해 계산능력(3문제), 이해능력(3문제), 문제해결능력(4문항), 추론능력(1문항)을 평가
검토 의견	• 수학 Ⅰ 영역에서 지수함수와 로그함수 4문항, 삼각함수 3문항, 수열 4문항이 출제되었으며, 기본적인 개념의 이해 정도를 묻는 문항부터 추론능력을 평가하는 문항까지 고르게 출제됨. • 지수함수와 로그함수 단원에서는 지수함수의 그래프(7번), 로그함수의 그 래프의 대칭이동과 평행이동을 활용한 문제(9번), 로그의 성질(16번), 로 그함수의 역함수(19번)과 같이 주로 교과서의 개념을 정확하게 이해하고 있 는지를 묻는 문제가 출제됨. • 삼각함수 단원에서는 삼각함수의 성질(5번), 귀납적으로 정의된 사인법칙과 도형의 성질(13번), 삼각함수의 그래프의 성질(15번)의 총 3문제가 출제되었 으며, 증명의 흐름을 이해하지 못했다면 13번 문제 해결에 어려움을 겪었을 것으로 보임. • 수열 단원에서는 등비수열의 일반항(3번), 일차함수와 수열 시그마의 성 질을 이용한 기하학적 접근(11번), 귀납적으로 정의된 수열의 이해(19번), 등차수열의 정의와 합의 성질(21번)의 난이도가 다소 높은 2문제가 출제 되었으나, 수학과 교육과정을 충실히 이해한 학생들이라면 충분히 해결 할 수 있는 문제로 판단함. • 수학 Ⅰ 영역의 모든 문항은 고등학교 수학과 교육과정의 성취기준에 부합되고 정상적으로 교육과정을 이수한 학생이면 해결할 수 있는 적절한 수준의 문제로 구성되었음.

나) 수학 II (공통과목)

문항 번호	• 2, 4, 6, 8, 10, 12, 14, 17, 18, 20, 22번 문항
출제 의도	• 수학 II 영역의 함수의 극한과 연속(2문항), 다항함수의 미분법(5문항), 다항함수의 적분법(4문항)에서 총 11문항을 출제하여 수학 II 의 교과 내용을 충실히 이해하고 있는지를 평가 • 출제된 문항들을 통해 계산능력(3문항), 개념이해능력(3문항), 문제해결 능력(4문항), 추론능력(1문항)을 평가
검토 의견	• 수학 II 영역의 함수의 극한과 연속 2문항, 다항함수의 미분법 5문항, 다항함수의 적분법 4문항이 출제되었으며, 총 11문제 중 9문제가 미적분 영역에서 출제됨. • 함수의 극한과 연속 단원에서는 함수의 극한의 수렴을 이해하여 극한값을계산하는 문제(4번)와 우극한의 성질과 주어진 조건을 이용하여 미지수의 값을 구하는 문제(12번)가 출제되었으며, 2문제 모두 난이도가 높지 않아 대부분의 학생이 쉽게 해결할 수 있는 문제로 보임. • 미분법 단원에서는 미분계수의 정의(2번), 극솟값과 극댓값의 성질에 관한 문제(6번), 미분계수의 정의와 미분 가능성을 이해하여 조건을 만족시키는 미지수 구하는 문제(8번), 함수의 접선방정식(17번)는 난이도가 높지 않아 대부분의 학생이 쉽게 해결할 수 있는 문제로 보임. 주어진 함수의 연속성과 미분계수의 정의를 이해하여 미분계수 값을 구하는 문제(14번)는 미분계수가 갖는 의미에 대한 정확한 이해를 한 학생이라면 해결할 수 있는 문제로 보임. • 적분법 단원에서는 주어진 조건과 부정적분을 활용하여 다항함수를 유도(10번), 곡선 및 직선으로 둘러싸인 부분의 넓이(18번), 속도의 그래프를 이해하여 위치의 변화량을 구하는 문제(20번)와 여러 조건을 만족하는 함수의 성질을 이해하고 정적분의 기본 성질을 이해하는데 높은 이해력을 요구하는 문제(22번)는 상위권 학생들을 변별하는 문항의 역할을 했을 것으로 보임. • 수학 II 영역의 모든 문항은 고등학교 수학과 교육과정의 성취기준에 부합되고 정상적으로 교육과정을 이수한 학생이면 해결할 수 있는 적절한 수준의 문제로 구성되었음.

다) 확률과 통계(선택과목)

문항 번호	• 23~30번 문항
출제 의도	• 경우의 수(3문항), 확률(2문항), 통계(3문항)에서 총 8문항을 출제하여 확률과 통계의 내용을 충실히 이해하고 있는지를 평가 • 출제된 문항들을 통해 계산능력(2문항), 개념이해능력(3문항), 문제해결 능력(3문항)을 평가
검토 의견	• 확률과 통계에서는 경우의 수 3문항, 확률 2문항, 통계 3문항이 출제되었으며, 기본적인 계산능력을 묻는 문항부터 문제 해결 문항까지 다양하게 출제됨. • 경우의 수 단원에서는 이항정리(23번), 원순열의 수(26번)를 묻는 개념 이해 문항과 함수의 개수에 대한 문제(28번)가 출제되었으며, 교과서의 개념을 충실히 이해했다면 쉽게 해결할 수 있는 문제로 보임. • 확률 단원에서는 부등식의 특별한 조건 속에서 조건부확률을 구하는 문제(27번)는 교과서의 개념을 충실히 이해했다면 쉽게 해결할 수 있는 문제로 보이고, 주어진 확률적 상황을 이해하여 조건부확률을 구하는 문제(30번)는 상황을 잘 이해해야만 풀이가 가능한 다소 난이도가 높은 문제로 보임. • 통계 단원에서는 이산확률변수의 확률분포를 이해하여 기댓값을 구하는 문제(24번), 표본평균의 분포를 이해하여 주어진 확률을 표준 정규분포를 이용해서 구하는 문제(25번), 각각의 정규분포를 따르는 두 확률변수사이의 관계를 이용한 문제(29번)가 출제되었으며, 교과서의 개념을 충실히 이해했다면 쉽게 해결할 수 있는 문제로 보임. • 확률과 통계 영역의 모든 문항은 고등학교 수학과 교육과정의 성취 기준에 부합되고 정상적으로 교육과정을 이수한 학생이면 해결할 수 있는 적절한 수준의 문제가 구성되었음.

〈출처: 해군사관학교 2023학년 선행학습영향평가보고서〉

///

공군 조종사 훈련 과정 합격* 노하우

비행지식(학술)을 견고히 하라

조종을 하려면 비행에 관련된 다양한 지식들을 숙지하고 이를 공중에서 그대로 적용할 줄 알아야 한다. 따라서 실전의 밑바탕이 되는 학술 공부를 소홀히 하면 안 된다. 비행지식을 단단히 쌓을 수 있는 가장 기본적이고 중요한 방법은 본인이 최선을 다하는 것이다. 이해력과 암기력을 타고난 사람은 남보다 적은 시간을 들여 공부해도 성과가 좋을 수 있다. 집중력이 뛰어난 사람이나 공부에 대한 자신만의 노하우를 지닌 사람도 마찬가지다. 그러나 어느 면에서나 평범하다면 평가시험이나 비행교범을 공부할 때 더욱 노력해야 한다. 어떤 분야이든 프로가 되는 데엔 노력이 절대적이다. 노력은 성공을 보장하는 불변의 진리와 같다.

---

* 공군 조종사가 되려면 세 단계(입문 과정, 기본 과정, 고등 과정)를 통과해야 한다. 이번 꼭지에서는 실제 각 훈련 과정에서 조종사 지망 학생들을 가르치고 있는 교관 조종사들의 조언을 자세히 들어볼 것이다. 각 과정은 공통적으로 비행에 관련된 항공지식(학술)습득 과정과 비행실습 과정으로 나뉜다. 학생 조종사들은 이 두 과정을 배우고 단계별로 테스트를 치른 후 합격하면 다음 단계를 진행할 수 있다. 비행 실력은 물론 일상에서의 생활 태도 역시 매우 중요한 평가 요소 중 하나임을 명심하자.

■ 관련 서적을 충분히 소화하라

정식 조종사가 되기 위해 공부할 때 훈련 조종사들이 읽어야 하는 비행 관련 책들은 상당히 많다. 본인이 탈 항공기에 대한 전반적인 내용을 담고 있는 TO-1*, 각종 교범(일반비행, 계기비행, 항공교통관제, 표준통화, 항공기상학 등)을 짧은 시간 안에 외우고 비행해야 한다. 그렇다고 해서 무작정 내용을 외우는 단순암기는 바람직하지 않다. 그보다는 비행계통 파악 등 본질적인 부분을 먼저 깊이 이해해야 한다. 그래야만 내용을 제대로 파악하고 오랫동안 기억할 수 있다. 학생이 배우고 익히는 학술적인 내용이란 곧 실전을 위한 밑거름인 탓이다. 앞에서도 언급했지만 첫인상

비행에 관련된 임무 및 세부 조작에 대해 브리핑(Briefing)하는 조종사

---

* TO(Technical Order): 취급설명서라고도 할 수 있는 것으로 항공기의 성능, 조작방법, 항공기 정비 등의 내용을 규정한 것이다.

은 소통의 시작이다. 30문제 중 전반부 15문제를 맞춘 학생들이 후반부 15문제를 맞춘 학생들보다 더 똑똑할 거라는 인상을 준다는 실험결과도 있다. 교사들 역시 첫 시험을 잘 치른 학생들이 그렇지 못한 학생에 비해 더 현명할 것으로 기대한다고 한다. 그만큼 학술 성적은 첫인상에 지대한 영향을 미친다. 학생의 기본자세를 보여주는 거울과 같은 셈이다. 그래서 실제 비행을 할 때도 성적이 우수한 학생이 실수하면 좀 더 너그럽게 봐주는 게 아닐까 싶다.

■ 브리핑과 디브리핑을 철저히 준비하라

무엇보다 유념해야 하는 것은 비행하기 전에 하는 브리핑(Briefing)과 비행 후 디브리핑(De-briefing)이다. 이 시간에 비행교관들은 훈련자의 비행지식 숙지도를 테스트하는데, 이는 실제 비행과도 연관이 된다. 교관들은 학생들이 충분한 비행지식을 지니고 있으면 매사 성실하게 비행훈련에 임한다고 생각하게 마련이다. 따라서 좋은 인상을 남길 수 있다.

■ 시간 안배에 신경 써라

조종사가 되기 위한 공부에도 적절한 시간 안배가 중요하다. 비행준비를 위한 공부는 미리 해야 한다. 다음 날의 비행스케줄을 확인한 후 비행절차 등을 연구하는 데 집중해야 한다는 뜻이다. 그리고 비행당일에는 실제 비행실습을 준비하는 편이 좋다. 비행지식을 충분히 쌓는 것도 중요하지만 무엇보다 조종사에겐 비행이 주 임무이기 때문이다. 따라서 비행 전날에는 TO-1 및 비행교범을 외우고 읽느라 시간을 보내지 말고 비행준비에 총력을 기울여야 한다.

■ 전문가에게 도움을 받아라

많은 비행교관들이 추천하는 방법이 또 하나 있다. 비행공부를 할 때 무작정 혼자 하지 말고 주위의 도움을 받아야 한다는 것이다. 아직은 배우는 위치에 있기에 학생 혼자서는 절대 올바른 방향을 잡을 수 없다. 반드시 담당교관에게 자신이 공부하는 방향이 맞는지 물어보고 그의 조언에 따라 알맞은 공부법을 선택해야 한다. 공부는 마케팅과 비슷하다. 마케팅은 결코 상품 자체만으로 이루어지지 않는다. 상품은 기본 명제이고 반드시 이를 홍보하는 사람과 홍보 대상이 있어야 한다. 아주 작은 물건 하나라도 제품과 이를 둘러싼 판매자와 구매자로 이루어진 관계의 망 안에 놓일 수밖에 없다. 이와 마찬가지로 학생들도 조종사 합격에 지대한 영향을 미치는 담당교관과 좋은 관계를 정립해야 한다. 담당교관을 자주 찾아가서 그분들을 통해 학습방향 및 비행지식을 듣게 된다면 보다 용이하게 목표점을 찾아갈 수 있으며 덩달아 본인을 홍보할 수 있는 효과도 덤으로 얻을 수 있다.

비행실습에 집중하자

데니스 웨이틀리 박사는 1980년대와 1990년대에 '영상 모터 리허설' 기법에 따른 실험을 수행했다. 올림픽 참가 선수들을 데려다 마음속으로 경기에 참여하는 모습을 상상하게 하고 생체자기장비를 선수들에게 연결해본 것이다. 그러자 놀랍게도 그들은 실제 운동하는 것과 똑같은 반응을 나타냈다. 이러한 효과를 조종사 훈련에 적용한 것이 바로 '머리비행'이다. 얼마 전 나는 북한에서 항공유(航空油)가 부족하여 머리비행에

다양한 버튼(Button)과 디스플레이(Display)가 복잡하게 배치되어 있는 조종석(Cockpit)

치중하고 있다는 뉴스를 보았다. 김정은이 참관한 가운데 북한 조종사들이 지상에서 모형비행기를 가지고 머리비행을 하는 모습이었다.

■ **머리비행 혹은 절차수행**

조종사라면 누구나 알고 있는 단어가 머리비행이다. 머리비행이란 조종사가 지상에서 항공기를 점검하고 시동을 건 뒤, 이륙에서 착륙에 이르는 모든 단계를 머릿속으로 그려보면서 실제 비행하는 것처럼 행동하는 것을 말한다. 비행은 고도의 정밀함과 숙련도를 요구하는 일이다. 지상에서 100% 완벽히 준비하고 올라가도 본인 능력의 20~30%조차 발휘하기 어렵다. 그만큼 비행환경은 까다롭다. 머리비행은 이 같은 노력의 성과를 극대화한 것으로 다른 말로 표현하면 '절차수행'이라고도 한다.

　조종사마다 비행을 준비하는 스타일이 다르다. 비행을 잘하는 조종사는 각 단계별로 해야 할 일과 유의할 점, 평소 잘 안 되는 비행조작 등을 세부적으로 정리하여 이를 비행 전에 반복적으로 연습하여 절차에 익숙해진다. 비행에서 일어날 수 있는 모든 경우의 수를 상정하여 연구하면서 습득한 내용을 체화한다. 세밀한 절차수행 습관이야말로 조종사가 되기 위한 필수항목이다.

■ 비행감보다 중요한 판단능력

예전에는 조종사들이 '비행감'이라는 말을 자주 사용했다. 비행감각이 유달리 뛰어난 사람들은 비행연구를 그리 많이 하지 않아도 뛰어난 실력을 뽐낸다는 뜻에서 나온 말이다. 하지만 전투기가 계속 발전하면서 사정이 달라졌다. 초창기 전투기는 핸들링(Handling) 위주의 기술이 중요했지만, 4~5세대 전투기는 전반적인 상황판단 능력과 대처 능력에 방점을 찍고 있는 상황이다. 항공기 역시 조작(Control)하기 쉬운 방향으로 발전 중이다. 그런데 항공기 조작 능력은 일정 수준에 도달하면 조종사마다 비슷해지게 마련이다. 이런 상황에서 뛰어난 조종사인지 아닌지를 판가름하는 것은 공중상황에 대한 판단 능력이 될 수밖에 없다. 이 점이 바로 조종사 간의 차이를 만드는 요인이다.

현재 우리나라의 KT-1, T-50과 같은 훈련기는 훌륭한 성능을 갖추고 있다. 옛날처럼 개인의 '비행감'에 의존하던 시대는 지났다. 그러므로 훈련을 받는 학생들은 끊임없이 연구에 연구를 거듭하면서 비행절차를 연습하고 이를 실제 비행에 적용하려고 노력해야 한다. 사실 학생들은 교육 과정에 제시된 절차만 잘 수행해도 큰 문제없이 과정을 수료할 수 있다. 선천적인 감각이 부족해도 노력 여하에 따라 얼마든지 좋은 결과를

비행교관이 훈련기의 특성 및 외부점검의 주요사항에 대해 설명하는 것을 경청하고 있는 훈련 조종사들

공군 고등 훈련기(T-50)

낼 수 있다. 그러므로 조종사 훈련 과정에 들어간 학생이라면 특히 절차 수행에 집중할 필요가 있다.

■ 교관을 믿고 좋은 점을 받아들여라

항공기 조종은 대개 도제식(徒弟式)으로 이루어진다. 도제식이란 "도제 관계와 같이 제자가 스승에게 절대적으로 복종하던 방법"이란 뜻으로 예전에 요리, 판소리, 만화, 도자기 등 몇몇 특별한 분야에서 제자를 길러내던 방식이었다. 조종사 훈련 과정 역시 이와 비슷하다. 비행교관들이 자신이 걸어왔던 스타일대로 학생들을 가르치게 마련인 탓이다. 그런만큼 학생들은 담당교관을 믿고 교관이 행하는 교수법을 겸허히 수용해야 한다. 본인이 생각하는 것과 다르더라도 우선 받아들이는 자세가 중요하다. 그렇다고 해서 교관의 말을 무조건 따르라는 뜻은 아니다. 우선적으로 가르침을 전수하는 교관에게 존경을 표한 뒤 그의 방식 중 좋은 것을 취하여 본인의 것으로 소화하는 '자기화'가 필요하다는 뜻이다.

■ 잘못한 비행에 지나치게 신경 쓰지 마라

비행훈련을 받을 때 주의할 점이 있다. 잘한 비행이나 잘못한 비행에 지나치게 신경을 쓰면 안 된다는 것이다. 비행을 하다 보면 예상 외로 잘될 때가 있고 모든 조건이 최적인데도 이상하게 비행이 안 되는 날도 있다. 이때 잘못한 비행에 대해 매번 신경을 쓰면 다음 비행에 좋지 않은 영향을 미치게 된다. 하루, 일주일, 한 달 등 단기적으로 세워놓은 목표를 달성하는 것도 중요하지만 가장 중요한 것은 책임감 있고 훌륭한 전문 조종사로 태어나는 것이다. 따라서 부족한 부분을 당장 해결하려고

고군분투하기보다 계획을 세워 천천히 부족한 면을 보완해나가는 편이 유리하다. 물론 이전 비행에서 실수한 부분이 계속 반복되어서는 안 된다. 최소한 그다음 비행에서는 똑같은 실수를 반복하지 않도록 노력해야 한다. 또한 어쩌다 잘된 비행에 도취한 나머지 자신의 실력을 과신해서도 안 된다.

일상생활을 통해 인성을 도야하라

비행교관들이 하나 같이 강조하는 것이 있다. 바로 조종사의 '인성'이다. 아무리 비행지식이 뛰어나고 비행을 잘하더라도 인성을 갖추지 못하면 훌륭한 조종사로 평가받지 못한다. 실제로 2016년부터는 인성평가를 실시하여 인성이 부족하다고 판단되는 학생들을 불합격시키는 제도를 실행 중이다. 비행교관들은 학생을 바라볼 때 비행자질은 물론 후배 조종사로서의 미래 그림까지 그려본다. 자신이 가르치는 학생이 과정 수료 후 조종사가 되었을 때 공군과 국가에 얼마나 큰 도움이 될까를 생각하는 것이다. 인성은 그런 차원에서 매우 중요한 평가 요소다.

TV에서 방영되는 오디션 프로그램이나 리얼리티쇼를 보면 다급한 상황에 처했을 때 유독 이기적으로 행동하는 사람이 있다. 자신만 생각하여 남을 함부로 대하는 사람들이 종종 보인다. 그런 경우 누구나 "저 사람은 왜 저럴까? 참 못났다"라면서 눈살을 찌푸리게 된다. 비행훈련 과정에서도 견디기 힘든 상황이 발생하게 마련이다. 그러나 이럴 때 돋보이는 사람은 우수한 성적을 얻으려고 손해 볼 상황을 피해가는 사람이 아니라 나보다 먼저 동료를 챙기고 긍정적인 자세로 솔선수범하는 사람이

조종사와 정비사, 탐색 구조사가 화목하게 활주로를 걷고 있는 모습

다. 어렵고 힘든 일을 도맡아 해결하려고 노력하는 사람이다. 교관들은
이런 학생들을 누구보다 먼저 알아본다. 비행뿐만 아니라 평소 생활이
나 브리핑을 할 때도 쉽게 눈에 띄기 때문이다.

전투기 조종은 혼자 하는 일이 아니다. 일거수일투족을 동료들과 함
께 호흡해야 한다. 따라서 학생 각자가 동료가 어려움에 처하면 지체 없
이 도와줄 수 있어야 한다. 오늘의 내 도움은 반드시 내일 동료의 도움
으로 되돌아온다. 이 점을 유념한다면 일상생활에서도 어떻게 살아가야
할지 답이 보일 것이다.

///

민항 조종사 훈련 과정 합격* 노하우

절차수행이 가장 중요하다

'풍부한 비행지식을 지닌 절차수행의 달인'이라는 말은 조종사라면 누구나 공감할 것이다. 물론 일반 사람들에게는 생소한 표현이다. '생활의 달인'은 떠올릴 수 있겠지만 말이다. 앞서 나는 군 조종사가 되는 과정에서 절차수행이 대단히 중요하다고 말했다. 이 점은 민간항공사에서도 마찬가지다.

각 비행사에는 자신들만의 정해진 훈련 프로그램이 있다. 따라서 비행사에서는 후보 조종사들이 프로그램에 맞춰 비행절차를 완벽하게 숙달할 것을 요구한다. 비행 콘트롤 스킬(Control Skill)은 랜딩(Landing)에 필요한 정도의 일부분에 국한된다고 생각해도 큰 무리가 없다. 민항기 조종

---

* 과자 회사에서는 제품을 개발할 때 무조건 만들지 않는다. 먼저 소비자의 요구를 듣고 입맛과 취향에 맞는 것을 연구한다. 그래야 제품이 잘 팔리고 최대 이윤을 창출할 수 있다. 민간항공사의 조종사가 되는 과정도 크게 다르지 않다. 항공사에서는 자신들이 원하는 수준의 조종사들을 원한다. 바로 풍부한 비행지식을 지닌 절차수행의 달인이다.

비행실습에 앞서 시뮬레이터를 통해 비행절차를 숙달하고 있는 학생　　　(제공:한서대학교 비행교육원)

은 전투기 조종처럼 상황에 따라 적절한 조작을 요하는 플라이트 스킬 (Flight Skill)을 요하는 게 아니다. 따라서 항공기 시동을 거는 시작 지점 부터 공항에 도착하여 다시 시동을 끄는 순간까지 매 순간 철저하게 절 차수행을 한다면 안전하게 비행할 수 있다.

절차수행을 가장 확실하게 뒷받침해주는 것은 학술지식 습득이다. 항 공기 매뉴얼, 항공기 정비, 공항접근절차, 항공기상 등 각 교범들을 숙지 해야 절차수행이 되고, 그래야만 조종사는 완벽하게 모든 비행을 제어 할 수 있기 때문이다. 민간항공기 조종사는 승객과 화물의 안전한 수송 을 책임져야 하므로 요구 수준이 상당히 높다. 융통성이란 거의 있을 수 없다. 물론 비상상황에서는 일부 융통성을 발휘할 수 있지만 이조차도 대부분 구체적으로 절차화되어 있다. 예를 들어 조작통일은 무조건 같아야 한다는 식이다. 즉, 회사가 정해준 절차대로 해야지 개인의 판단과 임기응변식 판단에 의존하면 안 된다는 뜻이다.

학술적인 지식을 충분히 습득하고 절차수행을 온전히 완수하려면 어떻게 공부하고 준비해야 할까? 항공사에서는 비행훈련 과정에 들어온 조종사들이 스스로 모든 것을 준비하고 따라올 것을 희망한다. 항공운항학과 학생들이 처음 비행을 배울 때처럼 누군가가 친절하게 차근차근 설명해주는 게 아니라 바로 훈련을 시작한다. 학교와 직장의 다른 점이라 할 수 있다. 그래서 대부분의 훈련 조종사들은 선배들의 비행관련 '족보'에 많이 의존한다. 비행훈련에 들어오는 조종사들은 공군사관학교, ROTC, 사관후보생 등 출신이 매우 다양한데, 그들은 출신별로 나름대로의 족보를 가지고 들어온다. 이 족보가 훈련생들에게는 큰 도움이 된다. 하지만 무조건 족보만 믿어서는 안 된다. 족보는 족보일 뿐이다. 즉, 이미 지나간 자료라는 뜻이다. 따라서 조종 훈련생들은 현재 회사가 추진하는 정책과 절차를 제대로 이해하고 나서 족보를 참조해야 한다. 그래야만 회사가 요구하고 자신에게도 맞는 완벽한 절차수행을 익힐 수 있다.

비행규정 및 절차를 잘 따르라

메이저 항공사에서 부기장 교육을 담당하고 있는 기장이 강조하고 있는 것이 바로 '비행규정 및 절차'를 있는 그대로 잘 따르라는 점이다. 그의 말을 들어보자.

"한국 사람들은 너무 뛰어난 능력을 갖추고 있어서 응용력이 대단히 훌륭하다. 하지만 비행에서는 응용이 있어서는 안 된다. 예를 들어 외국 공항에 진입하기 위해 관제사와 통화절차를 할 때 외국항공의 조종사들은 주어진 스탠더드 룰(Standard Rule)에 따라서 통화하는데, 유독 한국 조종사들이 임의적 판단 하에 변형시켜서 통화를 할 때가 있다. 평상시는 괜찮을 수 있으나 어떠한 돌발 상황이 발생되면 자칫 큰 사고로 연결될 수 있다. 부기장들을 훈련시키다 보면 일본이나 미국, 아프리카 등 외국 사람은 오히려 정해진 절차에 맞춰서 비행하려고 노력하기 때문에 언어소통이 원활하지 않더라도 비행이 잘 이루어진다. 그에 반해 일부 한국 조종사들은 여러 상황을 자기 나름대로 판단하고 구성하여 규정에 명시된 대로 하지 않아서 이에 대한 지적을 하다가 비행이 끝나버리는 경우가 있다. 그만큼 현재 비행규정 및 절차는 잘 되어 있다. 제발 자신만의 패턴으로 비행하지 말고 규정과 절차를 따르라."

군 조종사 훈련 과정과 마찬가지로 비행에 있어서 규정 및 절차를 준수해야 하는 것은 가장 중요하다. 다소 복잡한 상황과 위기를 해결하기 위해서는 자신의 신속한 응용력을 적용해야 한다는 착각을 버려라.

실수를 반복하지 않으려면 반드시 주요 내용을 정리하라

비행교육은 학술교육, 시뮬레이터 훈련, 비행실습 등 다양한 프로그램으로 구성된다. 예를 들어 시뮬레이터 훈련에는 이·착륙 및 비행절차 숙달을 위한 훈련과 비상처치절차 훈련이 있다. 비행실습과 마찬가지로 시뮬레이터 훈련도 한 번의 훈련으로 프로그램이 완전히 끝나는 것이 아니라 지속적으로 연결성을 유지하면서 반복·숙달하도록 구성되어 있다. 비상처치절차 훈련이 중요한 이유는 명징하다. 민항기 비행 중에 사고가 발생했을 때 조종사가 비상처치를 제대로 수행하지 못하면 큰 사고로 이어질 가능성이 농후하며, 설령 인명을 잃는 대참사까지 가지 않는다 해도 항공사 입장에서 엄청난 손해를 감수해야 하는 일이 벌어질 수 있다. 시뮬레이터 훈련과 비행실습 중 비상처치절차 수행에 많은 횟수를 부여하면서 엄정하게 평가하는 이유다.

시뮬레이터 훈련·평가나 비행실습을 성공적으로 하려면 무엇보다 배운 내용을 잘 정리하고 복습하며 앞으로 배울 내용을 꼼꼼하게 예습해야 한다. 모든 비행훈련은 단발로 끝나지 않는다. 여러 개의 프로그램이 앞에서 배운 내용을 반복적으로 수행하면서 익히게끔 이루어져 있다. 따라서 다음 과정을 염두에 두고 이미 공부한 내용들은 세부적으로, 그

비행실습 전 비행에 관련된 전반적인 사항을 논의하는 브리핑 　　　　(제공:한서대학교 비행교육원)

리고 단계별로 상세히 메모하면서 복습하는 습관을 들여야 한다. 일례로 조종석 안의 계기들은 늘 같은 위치에 배치되어 있다. 그러나 비상상황별로 처치절차에 따라 계기 조작 순서가 달라질 수도 있고 조작해야하는 버튼에도 변화가 올 수 있다. 이처럼 복잡한 비상처치절차를 상황별로 정리해두지 않고 복습마저 제대로 하지 않는다면 같은 실수를 반복하게 될 것이다. 이런 경우 좋은 성적을 기대하기는 어렵다. 또한 새로배워야 하는 단계를 예습하지 않는다면 정해진 비행훈련 과정의 진도를따라갈 수 없다. 앞서 말했듯이 항공사 훈련 과정은 학교에서 학생들을가르치는 것처럼 친절하지 않다. 본인 스스로 노력하여 미리 습득하고이것을 비행실습에 적용하는 형태로 진행되므로 의존적인 태도로 공부하면 절대 안 된다.

비행은 코워크임을 명심하라

비행은 기장과 부기장, 즉 두 명의 크루(Crew)가 같이하는 것이므로 하모니가 중요하다. 무엇보다 각 조종사의 역할을 충실히 수행해야 한다. 동시에 다른 조종사의 역할 수행에 대해서도 잘 알고 있어야 한다. 필요시 조언하고 때로는 수정해야만 안전한 비행을 할 수 있는 탓이다. 또한민간항공기의 비행은 매번 처음 만난 조종사와 짝을 이루어 비행하게되므로 다른 조종사의 업무 및 특성을 이해하는 일이 특히 중요하다. 그러면서도 모든 비행은 항상 일정함을 유지해야 하므로 융통성 없는 일률적인 절차가 수행되어야 한다. 어떤 기장이나 부기장이 앉느냐에 따라패턴이 변하는 것이 아니라 상시 똑같은 안전비행이 이루어져야 하기 때

항공기 이륙 전 비행 전 점검을 하고 있는 기장과 부기장

문이다.

또 하나 간과해서는 안 될 중요한 점이 있다. 항공기 조종은 사람이 수행하는 고도의 작업임을 명심해야 한다는 점이다. 항공기가 자동으로 원하는 목적지까지 비행하는 것이 아니기 때문에 조종사들은 늘 역할 수행에 만전을 기해야 한다. 2014년 7월, 대만에서 여객기 추락사고가 발생했다. 항공기 결함인지 조종사 과실인지 많은 논란이 있었지만 조종사의 실수에 의한 것으로 최종 결론이 났다. 1호 엔진의 결함인 것을 모르고 2호 엔진을 끄는 바람에 일어난 사고였다. 분명 짧은 시간에 일어난 결과이기에 대처할 수 있는 시간이 부족했겠지만 조종사들이 비상조치를 취하기 전 서로 확인하고 재확인했더라면 참사로 이어지지 않았을지도 모른다는 아쉬움이 남는다. 매우 극단적인 사례이긴 하지만 그만

큼 조종사 간의 협력이 무엇보다 중요하다는 것을 보여주는 예이다. 결론적으로 조종사들은 비행에서 자신의 역할을 제대로 인식해야 함은 물론 다른 조종사와의 협력적 관계를 형성하여 완벽한 임무를 수행해야 한다는 것을 늘 유념해야 할 것이다.

비행의 전체적인 그림을 그려라

비행은 조종사 간의 하모니가 완벽하게 이루어질 때 안전을 담보할 수 있다. 하지만 이것이 전부는 아니다. 항공기 여객이나 화물 수송은 조종사의 단독 비행만으로 이루어지지 않기 때문이다. 예를 들어 정비사의 항공기 정비, 관제사의 항공기 관제, 객실승무원의 객실 관리 등 다양한 사람들과의 업무가 제대로 조화를 이루어야만 비로소 안전하고 완벽한 비행이 될 수 있다. 조종사는 이런 각각의 입장을 고려하여 조화를 이루면서 비행의 전체적인 그림을 그려야 한다.

항공기가 하늘을 날기 위해서는 반드시 항공기에 이상이 없다는 100%의 확신이 필요하다. 이를 위해서는 정비사의 역할이 무엇보다 중요하다. 비행 중에 강한 기류를 만났다고 가정해보자. 조종사는 조종석(Cockpit) 내에서 레이더 및 여러 데이터를 통해 이러한 사실을 미리 알고서 만반의 준비를 마치고 항공기를 조종했다. 항공기는 안전하게 가고 있다. 그런데 이상 기류를 감지한 탑승객들이 엄청난 혼란에 빠진다. 이 과정에서 어떤 오류가 있었을까? 바로 조종사가 자신의 임무에만 몰두한 나머지 승객들의 불안감을 해소하는 데 소홀했다는 것이다. 민간항공기 조종사는 항공기를 원하는 도착지에 몰고 가는 것 자체가 목적이

민간항공기 조종사와 객실승무원

아니다. 탑승객들을 안전하고 편안하게 모시는 것이 주 목적이다. 만일 조종사가 이러한 목표를 충분히 인지하고 있었다면 미리 객실승무원에게 기상 정보를 통보하여 승객들이 불안에 떨지 않게끔 조처하도록 지시했을 것이다.

이처럼 조종사는 하나의 절차 수행에 앞서 다음에 이루어질 모든 상황을 전체적으로 파악해야 한다. 즉, 큰 그림을 보면서 모든 현상을 예단해야 한다는 뜻이다. 순간순간에 얽매이지 말고 비행 전 과정을 이해하면서 정비사, 관제사, 객실승무원 등 다른 사람들이 행하는 모든 업무까지도 통찰할 줄 알아야 비로소 조종사가 되기 위한 훈련 과정도 무사히 마칠 수 있다.

스트레스를 잘 풀어야 한다

비행훈련은 잘되는 날이 있는가 하면 잘 되지 않는 날도 많다. 비행이 본인의 생각과 달리 잘 이루어지지 않을 경우 조종사들은 흔히 스트레스를 받는다. 대한항공에서 훈련을 받았던 한 후배는 훈련기간에 체중이 약 15kg 정도 빠졌다. 운동을 해서 그런 게 아니라 극도의 스트레스 때문이었다. 대한항공 기준으로 약 1년 6개월의 훈련기간 동안 FTD*, CPT**, FFS, ORAL TEST 등의 평가는 약 20번에 달할 만큼 상당히 많이 이루어진다. 매 평가에서 최종적으로 불합격 처리되면 조종사가 될 수 없기에 조종 훈련생들에게는 매 순간이 긴장의 연속일 수밖에 없다. 스트레스가 쌓이는 것도 당연하다.

사람마다 스트레스 대처법은 다양하다. 성격이 느긋하고 낙천적인 사람은 스트레스를 받아도 "다음에 더 잘하면 되는 거야"라고 생각하면서 내일을 준비할 수 있지만, 그렇지 못한 사람은 비행 단계별로 행했던 실수와 꾸지람에 민감하게 반응한다. 하지만 반드시 명심할 점이 있다. 어느 누구도 비행훈련을 언제나 완벽하게 할 수는 없다는 점이다.

그렇다면 어떤 태도를 취해야 할까? 비행 조종사에겐 많은 승객과 화물을 안전하게 수송해야 할 책임이 막중하다. 그 자체만으로 고도의 스트레스를 받는다. 이런 상황에서 본인 스스로 스트레스에 민감해진다면 심신은 쉽게 고갈되고 치명적인 상태로 치닫게 된다. 그러므로 스트레스

---

* FTD(Flight Training Device): 비행운항 훈련을 위해서 미리 항공기를 경험할 수 있는 장비. 플라이트 시뮬레이터의 일종이다.

** CPT(Cockpit Procedure Trainer): 비행훈련용 시뮬레이터. 비행운항 훈련을 위해서 미리 항공기를 경험할 수 있는 장비. 플라이트 시뮬레이터의 일종.

나만의 스트레스 해소 방법을 찾자.

를 받았을 때 훌훌 털어버릴 수 있는 자기만의 방법을 개발하는 것이 좋다. 평소 담대한 마음가짐을 가질 수 있도록 노력하고, 호연지기를 기르고, 운동이나 취미를 통해 스트레스를 극복해나가는 방법을 찾아보자.

07 예비 조종사를 위한 꼼꼼 가이드[*]

[*] 현재 민간항공사에 들어갈 수 있는 확률이 높은 항공운항학과가 개설된 대학교는 한국항공대와 한서대학교이다. 대표적인 두 학교의 항공운항학과는 대학교와 비행교육원(울진/태안)에서 비행이론 및 비행실습을 가르친다. 대한항공, 아시아나항공, 저가항공사 등과 직접 연계된 비행 과정을 수료하면 바로 해당 항공사에 취업할 수 있는 기회를 얻을 수 있다. 또한 학교 내 ROTC나 공군 조종장학생으로 지원하여 공군 조종사 및 해군 조종사가 될 수 있다. 이번 장에서는 민간항공기 및 군 조종사를 다수 배출하고 있는 두 대학교를 중심으로 자세한 정보를 나누고자 한다. 비행교육 과정 및 진로, 신체검사 기준 등에 대하여 알기 쉽게 정리했다.

항공대학교 항공운항학과

항공대 항공운항학과 과정 및 진로

항공대 항공운항학과는 조종사가 되고자 하는 꿈을 지닌 학생들에게 잘 짜인 학과교육과 실기교육을 제공하는 대표적인 곳이다. 재학 중 자가용 조종사 자격증명, 사업용 조종사 자격증명, 계기비행 증명, 조종 교육증명 등을 취득하게 된다. 항공지식과 운항실습을 연계한 효율적인 교육 프로그램을 운영하고 있어서 졸업 후 비행과정을 이수하여 대한항공, 아시아나항공 등 주요 항공사에 취업하거나 공군 및 해군의 조종장학생 또는 ROTC를 통해 군 조종사가 되는 기회를 잡을 수 있다.

참고로 항공대 자유전공학부가 2018년에 신설되어서 정원의 약 30%의 인원이 항공운항학과에 편입할 수도 있다. 자유전공학부는 1학년 전공탐색 후 2학년 진급 시 본인이 희망하는 학부(과)를 선택하는 것을 말한다. 항공운항학과를 선택 시 신체검사 기준은 군조종과정(ROTC)를 희망하면 공군 항의원에서 공중근무자 1급 신체검사 기준을 통과해야 하고, 민항조종과정을 희망하는 학생은 제1종 항공신체검사(화이트카드) 기준을 적용받게 된다.

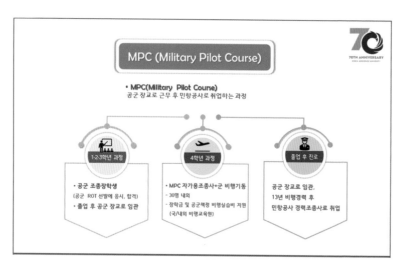

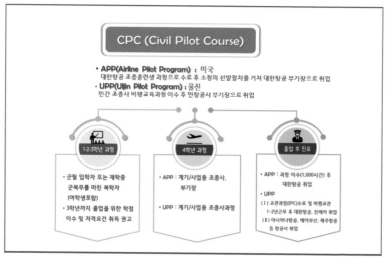

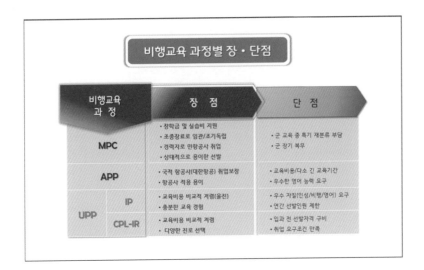

비행교육 과정별 장·단점

비행교육 과정		장 점	단 점
MPC		• 장학금 및 실습비 지원 • 조종장교로 임관/조기독립 • 경력자로 민항공사 취업 • 상대적으로 용이한 선발	• 군 교육 중 특기 재분류 부담 • 군 장기 복무
APP		• 국적 항공사(대한항공) 취업보장 • 항공사 적용 용이	• 교육비용/다소 긴 교육기간 • 우수한 영어 능력 요구
UPP	IP	• 교육비용 비교적 저렴(울진) • 충분한 교육 경험	• 우수 자질(인성/비행/영어) 요구 • 연간 선발인원 제한
	CPL-IR	• 교육비용 비교적 저렴 • 다양한 진로 선택	• 입과 전 선발자격 구비 • 취업 요구조건 만족

항공대 신체검사

신입학 전형(수시 및 정시)은 기존과 동일하게 공군 항공우주의료원에서 신체검사를 일괄 실시한다. 다만 재외국민과 외국인학생 특별전형 중 항공운항학과 지원자에 대한 신체검사를 기존 공군 항공 우주의료원에서 일괄 실시하던 것을 폐지하고, 인하대학교병원에서 발급한 항공종사자 1종 신체검사 증명서 제출로 대체한다. 현재 항공운항학과 신체검사는 항공종사자 신체검사 제1종 또는 공군 공중근무자 1종 신체검사 기준으로 실시하고 있다. 각 검사별 자세한 기준은 다음과 같다. 항공종사자 신체검사 제1종은 항공안전법 시행규칙 별표9 항공신체검사기준 참고하고, 공군 공중근무자 1급 : 본교 요강 내 검사기준 안내를 참고하면 된다.

굴절교정수술(PRK 등) 안내

* 굴절교정수술(PRK 등) 적합자 신체검사는 본교에서 지정한 안과전문 병원에서 실시합니다.

* 굴절교정수술(PRK 등) 적합자로 항공운항학과에 입학한 이후 공군조종 장학생으로 지원할 경우, 굴절교정수술 적합여부에 대한
  신체검사는 항공우주의료원에서 시행되기 때문에, 입학시 본교에서 지정한 안과전문 병원에서 실시한 굴절교정수술 적합자 신체검사
  결과와는 상이 할수 있습니다. 또한, 입학 후 공군 조종장학생으로 선발된 학생은 만21세 이상 도래 이후 항공우주의료원과 협조하여
  공군 협약병원에서 수술을 시행하며, 수술 시행 후 6개월 가량 경과 관찰 기간(비행훈련 중단)이 발생할 수 있습니다.

* 굴절교정수술(PRK 등) 적합자로 입학한 학생이 졸업후 민항공사로 취업시, 항공사별 신체검사 기준에 따라 입사에 제약을 받을수
  있습니다.

※ 약물(특정 질병의 치료와 무관한 감기약, 한약, 민간요법 약제 등)을 복용 할 경우 신체검사 당일로부터 최소한 1주 이상 중단해야 합니다.
※ 신체검사 결과 위의 결합 내용 이외의 질병 사항도 불합격 요인이 될 수 있습니다.
※ 신체검사 결과에 대한 판정은 학교지정 검사기관 및 본교 신체검사위원회에서 결정합니다.
※ 신체검사 안내 : 입학관리팀 ☎ 02) 300-0229

〈출처: 한국항공대학교 항공운항학과 홈페이지〉

//

한서대학교 항공운항학과

한서대 항공운항학과 과정 및 진로

한서대 항공운항학과는 항공운항에 관련된 기초이론을 연구하고 비행기와 모의비행장치 등을 이용한 체계적인 조종실기교육 및 실무교육으로 이루어진다. 비행실습은 한서대 태안 비행교육원과 미국 비행학교(Long Beach Flying Club)에서 수행한다. 졸업 후 대한항공, 아시아나항공, 제주항공 등 민간항공사에 입사하거나, 공군 ROTC나 해군 장학생제도를 통해 군 조종사로 진출할 수 있는 다양한 경로가 있다.

아래에 있는 자료들은 2023년 한서대 항공운항학과 홈페이지에 실린 자료인데, 대부분 코로나 이전에 이루어졌었던 과정과 연계과정 등을 그대로 탑재한 상태이다. 점차 항공산업이 정상화되고 있는 단계이므로, 이러한 과정도 다시 회복될 가능성이 있다.

■ 한서대학교 항공운항학과 과정 및 진로

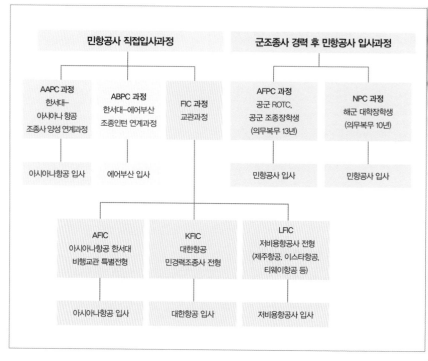

〈출처: 한국항공대학교 항공운항학과 홈페이지〉

▪ AAPC(Asiana Airline Pilot Course)

정의	한서대-아시아나항공 조종사 양성 연계과정
지원자격 및 교육과정	항공운항학과 2학년 군필자 또는 군면제자가 지원가능 3,4학년 2년간 계기/다발 사업용 조종사 자격증명 취득
전형방법	토익800점 이상 1학년 1학기~2학년 1학기까지의 평점평균이 3.00 이상인 자 면접, 영어구술, 신체검사, 비행적성검사
비행시간 및 자격증	3,4학년 2년간 자가용 조종사/계기한정증명/사업용 조종사 자격증명 취득(총 250시간/ 다발 50시간 포함)
졸업 후 진로	4학년 2학기 9월 원서접수, 12월 아시아나항공 입사
선발인원	00명 (2009년 8명 선발)
비고	정부 학자금 대출 이용가능(일반학자금 대출: 4,000만 원 한도, 든든학자금 대출: 등록금 및 190시간 실습비, 기숙사비 전액 가능) 입사 후 10개월의 제트훈련 후 부기장으로 근무함

▪ FIC(Flight Instructor Course) AAPC(Asiana Airline Pilot Course)

정의	비행교관 경력 후 민항공사 입사과정
지원자격 및 교육과정	4학년 졸업예정자를 대상으로 매년 1월부터 비행교관 양성교육 진행(5개월)
비행시간 및 자격증	5개월간의 교육훈련 수료 후 조종교육증명 취득(총 215시간)
졸업 후 진로	매년 6월부터 한서대학교 비행교육원 비행교관으로 채용. 급여를 받으며 근무하며 비행경력을 쌓게 됨 일정기간 비행경력 후 민항공사 입사 (아시아나항공, 대한항공, 제주항공, 에어부산 등)
선발인원	졸업예정자 누구나 지원가능. 이 중 대부분을 비행교관으로 채용 (2011년 비행교관 지원자 전원 채용)

▪ AFIC(아시아나항공 한서대학교 비행교관 특별전형)

정의	비행경력을 가지고 있는 한서대 비행교관을 대상으로 한 아시아나항공 특별전형
지원자격 및 교육과정	한서대 비행교관으로 500시간 이상의 경력자
선발시기	매년 겨울
선발전형	면접, 비행적성검사(JTS), 신체검사, EPTA 4등급 이상 소지자
선발인원	한서대 비행교관 전원
비고	2010년 12월 신설(한서대 비행교관 5명 지원하여 5명 전원 입사함) 입사 후 10개월의 제트훈련 후 비기장으로 근무함

▪ KFIC(대한항공 민경력조종사 전형)

정의	1,000시간 이상의 비행경력자가 지원 가능한 대한항공의 입사전형 (현재 대한항공은 1,000시간 이상의 경력조종사만 선발함)
지원자격	1,000시간 이상의 경력자
선발시기	상시 채용 전형으로 일정 인원 이상 접수 시 진행
선발전형	서류전형, 신체검사, 인성검사, 영어구술심사, 지식/기량심사, 면접전형
비고	한서대학교 비행교관 출신 지원자는 대부분 합격함(현재까지 졸업생 6명, 한서대 비행교관 출신 10명 이상 입사함) 입사 후 16개월의 제트훈련 후 부기장으로 근무함

■ LFIC(저비용항공사 전형)

정의	제주항공, 에어부산, 진에어, 이스타항공, 티웨이항공사 등의 입사전형
지원자격	일정 이상의 경력자 (250~500시간까지 항공사마다 다름)
비고	한서대학교 비행교관으로 일정한 비행경력을 쌓은 후 개별지원 입사 후 일정 기간의 제트훈련 후 부기장으로 근무함

■ 공군 조종사 과정(AFPC; Air Force Pilot Course)

정의	공군 조종사 경력 후 민항공사 입사과정
지원자격 및 교육과정	1, 2학년에 공군 조종장학생 또는 공군 ROTC 지원/선발
비행시간 및 자격증	자가용 조종사/계기한정증명/ 단발 사업용 조종사(총190시간)
졸업 후 진로	졸업 후 공군소위로 임관, 공군 조종사로 의무복무 13년 후 민항공사 입사
선발인원	25명 이상
비고	등록금 전액 및 대부분의 비행실습비를 장학금 제공 의무복무 후에는 민항공사 우선채용대상자로 입사

■ 해군 조종사 과정(NPC; Navy Pilot Course)

정의	해군 조종사 경력 후 민간항공사 입사과정
지원자격 및 교육과정	1, 2학년에 해군 대학장학생(조종병과)에 지원/선발
비행시간 및 자격증	자가용 조종사/계기한정증명/ 단발, 다발사업용 조종사(총 202시간)
졸업 후 진로	졸업 후 해군소위로 임관, 해군 조종사로 의무복무 10년 후 민항공사 입사
선발인원	0명
비고	등록금 및 비행실습비 전액을 장학금으로 지원받음 의무복무 후에는 민항공사 우선채용대상자로 입사

한서대학교 신체검사

한서대학교 항공운항학과의 신체검사는 항공종사자 1종 신체검사 기준을 적용한다. 항공종사자 1종 신체검사(화이트 카드)는 국토부 지정병원에서 검사받으면 된다. ROTC 기준은 공군 공중근무자 1급 신체검사 기준을 통과해야 하고, 공군 항공우주의료원에서 검사를 받게 된다. 신체검사 기준은 항공대 신체검사 기준을 참고하면 된다. 항공조종 전공은 항공대의 재외국민, 외국인학생 특별전형과 동일하게 지정된 의료기관에서 항공종사자 신체검사 1종에 합격해야 한다. 대학교 항공조종전공에 지원 시, 2017년 3월 1일 이후 수검 받은 증명서에 한하여 인정·적용한다. 반드시 신체검사증명 신청서상에 기록된 "적합" 판정만 인정·적용한다.

01 신체검사

가. 대상 : 항공운항학과, 헬리콥터조종학과

[항공종사자 1종 신체검사 적용] - 제출기한 : 2022년 10월 28일(금) 도착분에 한함

※ 공군 공중근무자 1급 신체검사 수검자는 2022년 10월 28일(금)까지 결과증명서 원본 제출자에 한하여 인정함
(단, 신체검사 결과증명서 상에 "합격" 판정만을 인정)

※ 2022년 3월 1일 이후 수검한 신체검사에 한하여 인정·적용합니다.

나. 일반학과 학생들은 신체검사를 실시하지 않습니다. 또한, 우리 대학교는 신체 장애인을 위한 특수교육시설이 구비되어 있지 않으며, 입학 후 신체상의 질환이나 장애로 인해 발생하는 모든 결과에 대하여는 본인이 책임을 져야합니다.

※ 신체검사서류 미제출자는 불합격 처리합니다.

〈출처: 20222년 한국항공대학교 입학처 홈페이지〉

///

공군사관학교

공군사관학교 과정 및 진로

조종사를 양성하는 대표적인 교육기관은 공군사관학교다. 고교 졸업 후 공군사관학교에 진학하여 정규 대학교육과 군사교육을 통해 공군의 정예 장교로 양성되는 과정을 거친 후 조종사가 될 수 있다. 등록금이나 수업료는 전액 국비로 지원받고, 품위 유지를 위한 용돈도 지급된다. 공군사관학교를 졸업하면 학생 조종사가 되어 입문·기본·고등 과정의 비행훈련 과정을 거치게 되며, 이를 다 마치고 비로소 공군 조종사가 될 수 있다. 물론 다른 조종사가 되는 과정과 마찬가지로 공군사관학교를 들어가거나 졸업했다고 해서 모두 조종사가 되는 것은 아니다. 사관학교의 전 과정을 빠짐없이 이수하고 비행훈련을 훌륭히 마쳐야만 한다.

공군사관학교 입시 요강

공군사관생도 선발은 정부의 대학입학전형제도의 기본방향을 준용한다. 특수목적대학인 공군사관학교는 일반 대학의 전형과 별도로 진행되어 육·해군사관학교, 국군사관학교를 제외한 타 대학의 지원 여부와 상관없이 중복 지원이 가능하다.

2022학년도 1차 시험 기준으로 235명 모집(남자 211명/여자 24명)에 남자 3695명/여자 1155명이 지원해 17.5:1/48.1:1의 최고 경쟁률을 기록했다. 코로나 이후 민간 조종사 채용 불안 및 초급간부의 처우 문제 등에도 불구하고 높은 경률을 유지하고 있다. 공군사관학교의 평균 내신등급은 1~3등급 내외이고, 1차 시험 평균성적이 타 사관학교에 비하여 대단히 높은 수준을 유지하고 있다. 2차 시험(체력검정, 안보관 논술, 면접)에 응시한 인원은 최종 합격을 위해 긴장의 끈을 놓지 말고 철저히 준비해야 한다. 최종 합격 단계(체력검정과 면접 등)에서 1점 차이로 당락이 좌우되는 경우가 비일비재하기 때문이다.

■ 모집정원 및 전형

① 모집정원 : 235명

구 분	계	남자 (199명, 85% 내외)		여자 (36명, 15% 내외)	
		인문계열	자연계열	인문계열	자연계열
모집정원	235명	60명 (30%)	139명 (70%)	16명 (45%)	20명 (55%)

② 모집전형

구 분					
우선선발 (80% 내외)	조종분야 (76% 내외)			일반전형 (40% 내외)	
				【신설】 고교학교장추천 전형 (30% 내외)	
		특별 전형 (10% 이내)	I	독립유공자 손자녀·국가유공자 자녀 전형	
				고른기회 전형	농·어촌 학생
					기초생활수급자·차상위계층·한부모가족
				재외국민자녀 전형	
	비조종분야 (4% 이내)		II	【신설】 우주·신기술 전문인력 전형 (4% 이내)	
종합선발 (20% 내외)	조종분야	우선선발 중 조종분야 비선발자 대상 '수능' 포함 선발			

가. 조종분야는 공군 「공중근무자 신체검사」 기준 / 비조종분야는 공군 「일반신체검사」 기준 충족자 선발
나. 고교학교장추천/특별전형I 적격자 부족으로 정원 미충족 시 조종분야 일반전형 정원으로 전환
다. 우주·신기술 전문인력 전형 비선발자는 일반전형 대상자로 전환 없이 불합격 처리
라. 우선선발 합격자 중 결원 발생시(입학포기 등) 종합선발로 충원
마. 신체검사 결과에 따라, 조종분야와 비조종분야 간 전형 전환은 불가함.
바. 나안시력 0.4이하인 경우도 조종분야 지원 가능하나, 굴절교정술 조건부 합격 기준을 만족하면 합격 가능
   (세부내용 p. 15 참조)
   1) 굴절교정술 부적합 사유 : 교정시력 1.0 미만, 양안 중 어떠한 경선이라도 +0.50D 또는 -5.50D 초과의
      굴절이상, 3.00D 초과의 난시, 2.50D 초과의 부동시
   2) 굴절교정술 적합으로 판정되어 조건부로 합격한 자는 공군사관학교 입학 후 비행훈련 입과 전에
      굴절교정술을 본인 비용으로 시행해야 함.

■ 시험일정

5 전형일정

구 분			일 정	비 고
원서접수 (全 수험생)			6. 16.(금) 09:00 ~ 6. 26.(월) 18:00	11일간 (유웨이어플라이 사이트) • 고교학교장 추천 전형 대상자 포함
고교학교장 추천 (고교별 담당교사)			6. 27.(화) 09:00 ~ 7. 3.(월) 18:00	7일간 (유웨이어플라이 사이트) • 고교별로 지정된 고교학교장 추천 전형 담당교사가 유웨이어플라이에서 추천
1차 시험	시험일		7. 29.(토)	전국 14개 시험장
	성적확인		8. 4.(금) 10:00 ~ 8. 7.(월) 12:00	유웨이어플라이 사이트
	합격자 발표		8. 11.(금) 10:00	공군사관학교 입학안내 홈페이지
2차시험 등록 (시험일자 선택 및 서류제출)			8. 11.(금) 10:00 ~ 8. 16.(수) 12:00	1차시험 합격자 대상
AI 면접			8. 11.(금) ~ 8. 27.(일)	개별실시 원칙
1차시험 추가합격자 발표	1차		8. 18.(금) 10:00 • 등록서류 제출 : 8. 18.(금) ~ 8. 22.(화)	공군사관학교 입학안내 홈페이지
	2차		8. 25.(금) 10:00 • 등록서류 제출 : 8. 25.(금) ~ 8. 29.(화)	
2차시험			8. 28.(월) ~ 10. 13.(금)	개인별 1박 2일 소요
우선선발 합격자 발표			11. 10.(금) 10:00	공군사관학교 입학안내 홈페이지
종합선발 합격자 발표			12. 15.(금) 10:00	
종합선발 추가합격자 발표	1차		12. 22.(금) 10:00	
	2차		12. 29.(금) 10:00	

가. 1차시험 합격자 발표 이후 1차시험 추가합격자는 예비번호 범위 내에서 추가합격자 발표
나. AI 면접은 별도 계획에 따라 시행(공군사관학교 입학안내 홈페이지에 사전공지 예정)
다. 종합선발 2차 추가합격자 발표 이후 추가합격자는 예비번호순으로 개별 통보
라. 특별전형Ⅱ(우주·신기술 전문인력 전형) 지원자 및 추가합격자의 2차시험 응시일은 개별 통보
마. 상기 일정은 교육부의 입시정책, 관련 법령이나 규정의 제정·개정·폐지, 공군사관학교 입시방침에 따라
   변경될 수 있음.

■ 시험 배점(표준점수 반영)

5 모집단위별 1차시험 선발배수 [모집단위별 모집정원 기준]

지원 전형		남 자		여 자	
		인문	자연	인문	자연
모집정원		60명	139명	16명	20명
일반전형 / 고교학교장추천 전형		4배수	6배수	8배수	10배수
		※ 지원 전형과 무관하게 모집단위별(성별/계열별) 성적순으로 합격자 선발			
특별전형	Ⅰ*	일반전형 /고교학교장추천 전형 선발배수의 1.5배수 이내자 선발			
	Ⅱ**	미선발	선발	미선발	선발
		일반전형 /고교학교장추천 전형 선발배수의 성적 상위 10% 이내자 선발			

* 독립유공자 손자녀·국가유공자 자녀, 고른기회(농·어촌 학생/기초생활수급자·차상위계층·한부모가족), 재외국민자녀 전형
** 우주·신기술 전문인력 전형

■ 2차 시험: 신체검사, 체력검정, 면접

6   2차시험

① 대　　상 : 2차시험 등록자

② 시험기간 / 장소 : 2023. 8. 28.(월) ~ 10. 13.(금) / 공군사관학교
- 시험응시일은 서류제출 기간 중 원서접수 사이트에서 신청(일자별 선착순 마감)
- 특별전형Ⅱ(우주·신기술 전문인력 전형) 지원자 및 추가합격자의 2차시험 응시일은 개별 통보
- 개인별 1박 2일 소요(1일차 : 신체검사, 2일차 : 체력검정 및 면접)
- 신체검사 불합격자는 당일 귀가하며, 2일차 체력검정 불합격자는 오전 귀가
- 2차시험 기간은 선발 일정 및 기상 등에 따라 조정될 수 있음.

③ 시험내용 및 배점

구 분	시 험 기 준
【1일차】 신체검사 (합격/불합격)	· 신체검사 당일 합격·불합격 판정 　- 조종분야 : 대한민국 공군 「공중근무자 신체검사」 기준 적용 　　• 저시력자 중 공군사관학교 신체검사를 통해 굴절교정술 적합자는 합격 가능 　　• 단, 굴절교정술을 받은 시기가 만21세 미만이면 불합격이고, 만21세 이상이면 의료기록 　　　검토 후 불합격 조건에서 제외 가능 　- 비조종분야 : 대한민국 공군 「일반신체검사」 기준 적용 　　• 신체검사 결과에 따라, 조종분야와 비조종분야 간 전형 전환은 불가함.

구 분	시 험 기 준		
【2일차】 체력검정 (150점)	· 3개 종목/배점		
	달리기 (남자 1,500m / 여자 1,200m)	윗몸일으키기	팔굽혀펴기
	65점	45점	40점

· 불합격 기준
- 오래달리기 불합격 기준 해당자(남자 7분 32초 이상, 여자 7분 30초 이상)
- 3개 종목 중 최하위등급(15등급)이 2개 종목 이상인 자
- 총점 150점 만점에 취득점수 80점 미만인 자
· 합격자의 취득점수를 최종선발 점수에 반영

【2일차】

면접
(450점)

· 전형별 배점 및 불합격 기준

구 분	일반전형 / 특별전형 Ⅰ, Ⅱ	고교학교장추천 전형
배 점	450점	650점
불합격 기준	270점(60%) 미만 취득 시	390점(60%) 미만 취득 시

- 고교학교장추천 전형 면접점수 환산 : 450점 기준 취득점수 × $\frac{650}{450}$

· 품성, 가치관(공동체/시민의식, 애국심/국가·안보관), 지원동기, 학교생활,
　외적 자세 등 평가 및 심리/인성검사
· 심층면접 및 종합판정
· 합격자의 취득점수를 최종선발 점수에 반영

〈출처: 공군사관학교 입학처 홈페이지〉

5 신체검사 준비사항

O 공 통
- 신체검사 전날 20시 이후 금식
- 약물(영양제, 한약, 단백질 보충제 등 포함) 복용 자제(최소 2주 전 중단)
- 고막 확인을 위한 귀지 제거(이비인후과에서 제거 시행)
- 14시간 이상 소음 노출 금지
- 최근 5년 간 건강보험 요양급여내역서 제출(전 항목 표기, 일부내용 누락 시 신체검사 불가)
  ※ 기간 : '18. 8. 1. ~ '23. 8. 1. 기간의 요양급여내역 제출
- 질환 및 과거력에 대해 관련 의무기록(병무용진단서 포함) 지참하여 소명 가능
- 원활한 신체검사를 위한 간편 복장(체육복, 반소매/반바지, 와이어 없는 속옷, 머리끈) 준비
- 화장(마스카라, 속눈썹, 파운데이션 등) 금지

O 조종분야
- 안경(나안시력 1.0 미만 시 교정시력 1.0 이상 되는 안경), 선글라스(조절마비 검사 후 눈부심 방지) 지참
- 콘택트렌즈 착용 금지(소프트렌즈 : 신검일 기준 최소 1개월 이상 / 드림, 하드렌즈 : 신검일 기준 최소 3개월 이상)

O 비조종분야
- 안경(나안시력 1.0 미만 시 교정시력 1.0 이상 되는 안경)
- 콘택트렌즈 착용 금지(소프트렌즈 : 신검일 기준 최소 1개월 이상 / 드림, 하드렌즈 : 신검일 기준 최소 3개월 이상)

6 체력검정 기준

O 실시방법 · 공군사관학교 입학안내 홈페이지 동영상 참고

구 분	내 용
오래달리기 (남자 1,500m / 여자 1,200m)	· 400m 트랙 사용 · 출발신호와 함께 출발 · 결승선 통과 후 번호표 수령 ★ 안전사고 예방을 위해 결승선 통과 후 바로 정지하지 말고 트랙 보행 실시
윗몸일으키기 (제한시간 : 2분)	· 싯업(Sit-up) 보드 사용 · 무릎을 구부린 상태에서 양손을 어깨에 교차하여 올리고 윗몸을 일으키는 방식 · 윗몸을 일으켜 양팔꿈치가 허벅지에 동시에 닿은 후, 내려갔을 때 양어깨가 완전히 싯업보드 바닥에 닿아야 1회로 인정
팔굽혀펴기 (제한시간 : 2분)	· 30cm 보조대 사용 · 양발을 모아 발판에 고정 후, 머리부터 발뒤꿈치까지 일직선 유지 · 내려갈 때 상완(어깨부터 팔꿈치)이 지면과 수평, 올라왔을 때는 완전히 팔을 편 상태가 되어야 1회로 인정

⑤ 신체검사 준비사항

○ 공 통
- 신체검사 전날 20시 이후 금식
- 약물(영양제, 한약, 단백질 보충제 등 포함) 복용 자제(최소 2주 전 중단)
- 고막 확인을 위한 귀지 제거(이비인후과에서 제거 시행)
- 14시간 이상 소음 노출 금지
- 최근 5년 간 건강보험 요양급여내역서 제출(전 항목 표기, 일부내용 누락 시 신체검사 불가)
  ※ 기간 : '18. 8. 1. ~ '23. 8. 1. 기간의 요양급여내역 제출
- 질환 및 과거력에 대해 관련 의무기록(병무용진단서 포함) 지참하여 소명 가능
- 원활한 신체검사를 위한 간편 복장(체육복, 반소매/반바지, 와이어 없는 속옷, 머리끈) 준비
- 화장(마스카라, 속눈썹, 파운데이션 등) 금지

○ 조종분야
- 안경(나안시력 1.0 미만 시 교정시력 1.0 이상 되는 안경), 선글라스(조절마비 검사 후 눈부심 방지) 지참
- 콘택트렌즈 착용 금지(소프트렌즈 : 신검일 기준 최소 1개월 이상 / 드림, 하드렌즈 : 신검일 기준 최소 3개월 이상)

○ 비조종분야
- 안경(나안시력 1.0 미만 시 교정시력 1.0 이상 되는 안경)
- 콘택트렌즈 착용 금지(소프트렌즈 : 신검일 기준 최소 1개월 이상 / 드림, 하드렌즈 : 신검일 기준 최소 3개월 이상)

⑥ 체력검정 기준

○ 실시방법 ＊ 공군사관학교 입학안내 홈페이지 동영상 참고

구 분	내 용
오래달리기 (남자 1,500m / 여자 1,200m)	·400m 트랙 사용 ·출발신호와 함께 출발 ·결승선 통과 후 번호표 수령 ＊ 안전사고 예방을 위해 결승선 통과 후 바로 정지하지 않고 트랙 보행 실시
윗몸일으키기 (제한시간 : 2분)	·싯업(Sit-up) 보드 사용 ·무릎을 구부린 상태에서 양손을 어깨에 교차하여 올리고 윗몸을 일으키는 방식 ·윗몸을 일으켜 양팔꿈치가 허벅지에 동시에 닿은 후, 내려갔을 때 양어깨가 완전히 싯업보드 바닥에 닿아야 1회로 인정
팔굽혀펴기 (제한시간 : 2분)	·30cm 보조대 사용 ·양발을 모아 발판에 고정 후, 머리부터 발뒤꿈치까지 일직선 유지 ·내려갈 때 상완(어깨부터 팔꿈치)이 지면과 수평, 올라왔을 때는 완전히 팔을 편 상태가 되어야 1회로 인정

O 종목별 배점기준(총점 150점)

등급\종목	1	2	3	4	5	6	7	8	9	10	11	12	13	14	15	불합격
오래달리기 1,500m (남)	5'30" 이내	5'31"~5'39"	5'40"~5'48"	5'49"~5'56"	5'57"~6'04"	6'05"~6'12"	6'13"~6'20"	6'21"~6'28"	6'29"~6'36"	6'37"~6'44"	6'45"~6'52"	6'53"~7'00"	7'01"~7'08"	7'09"~7'16"	7'17"~7'31"	7'32" 이상
오래달리기 1,200m (여)	5'40" 이내	5'41"~5'48"	5'49"~5'56"	5'57"~6'04"	6'05"~6'12"	6'13"~6'20"	6'21"~6'28"	6'29"~6'35"	6'36"~6'42"	6'43"~6'49"	6'50"~6'56"	6'57"~7'03"	7'04"~7'10"	7'11"~7'17"	7'18"~7'29"	7'30" 이상
배점	65.0	62.5	60.0	57.5	55.0	53.0	51.0	49.0	47.0	45.0	42.5	40.0	37.5	35.0	32.5	
윗몸일으키기(2분) 男	80회 이상	79~76	75~72	71~68	67~64	63~60	59~57	56~54	53~51	50~48	47~45	44~42	41~39	38~36	35 이하	-
윗몸일으키기(2분) 女	70회 이상	69~66	65~62	61~58	57~54	53~50	49~46	45~42	41~38	37~34	33~30	29~27	26~24	23~21	20 이하	-
배점	45.0	43.0	41.5	40.0	38.5	37.0	35.5	34.0	32.5	31.0	29.5	28.0	26.5	24.5	22.5	
팔굽혀펴기(2분) 男	70회 이상	69~66	65~62	61~58	57~54	53~50	49~46	45~42	41~38	37~34	33~30	29~27	26~24	23~21	20 이하	-
팔굽혀펴기(2분) 女	35회 이상	34~32	31~29	28~26	25~24	23~22	21~20	19~18	17~16	15~14	13~12	11~10	9~8	7~6	5 이하	-
배점	40.0	38.5	37.0	35.5	34.0	32.5	31.0	29.5	28.0	26.5	25.0	23.5	22.0	20.5	19.0	

O 불합격 기준

- 오래달리기 불합격 기준 해당자(남자 7분 32초 이상, 여자 7분 30초 이상)
- 3개 종목 중 15등급이 2개 종목 이상인 자
- 총점 150점 만점에 취득점수 80점 미만인 자

O 유의사항

- 각 종목별 1회 실시 기회 부여
- 당일 검정 완료 원칙(단, 사전 진단서 제출 시 담당 군의관 판단 후 일정 조정 가능)
- 윗몸일으키기, 팔굽혀펴기 미실시자는 해당 종목 0점 처리

■ 공군사관학교 면접 평가 항목

구분		우수	양호	보통	미흡	저열
		5	4	3	2	1
성격 (15점)	정신건강(스트레스 내구력, 자기관리)					
	인간관계(친화성, 배려심)					
	조직적응력공동의식(협동심, 인내력)					
가치관 (15점)	국가관					
	시민정신					
	인생관·인생목표(긍정성, 비전)					
희생정신 (10점)	이타성개인의식					
	봉사활동 및 생활경험					
역사·안보관 (5점)	역사인식·안보의식					
계				점		
면접소견	※ 종합강평 ※ 미흡/저열 항목 판정에 대한 해당 사유 					
특이사항	※ 성격/가치관/희생정신/역사안보관 특이사항 기록 					

구분		우수	양호	보통	미흡	저열
		5	4	3	2	1
학교생활 (5점)	행동발달사항(출결사항, 처벌), 상·표창장 및 자격증, 봉사 및 단체활동					
가정·성장환경 (5점)	가정환경, 건강·친구관계·종교, 부모·집안에 대한 자긍심 및 태도					
자기소개서 (5점)	진실성, 내용 구성력					
지원동기 (15점)	지원 자발성(열망 정도)					
	진로적합성					
	군인 직업 이해					
용모·태도 (5점)	인상·복장, 행동습관·신체균형					
계		점				

면접소견	※ 종합강평
	※ 미흡/저열 항목 판정에 대한 해당 사유
특이사항	※ 학교생활/가정·성장환경/자기소개서/지원동기/용모·태도 특이사항 기록

〈출처: 2017년 공군사관학교〉

■ 공군사관학교 인성검사 결과 종합표

구분	평가			이유
	긍정적	중립적	부정적	
MMPI-II				
NEO성격검사				
문장완성검사				
종합평가				

〈출처: 2017년 공군사관학교〉

■ 공군사관학교 문장완성검사

수험번호	이름	성별	실시일
		남 여	2024. . .

*일러두기

다음의 제시된 문장은 뒷부분이 빠져 있습니다. 각 문장을 읽으면서 맨 먼저 떠오르는 생각으로 뒷부분을 이어 문장을 완성하십시오. 시간제한은 없으나 되도록 빨리 하십시오.

예) 파란 하늘을 보면 나의 어린 시절 꿈이 생각난다.

1. 내가 이루고 싶은 꿈은

2. 사관학교를 지원하는데 가족은

3. 내가 생각하는 선배들은

4. 나에게 이상한 일이 생겼을 때

5. 생도를 보면

6. 생도가 되면 가족들은

7. 내 생각에 여자는

8. 생도생활에서 가장 걱정되는 것은

9. 사관학교 졸업 후 내 모습은

10. 군인이 되는 것에 대해 어머니는

11. 내가 가장 잘할 수 있는 것은

12. 내가 가장 힘들었던 일은

13. 일반 대학보다 사관학교는

14. 사관학교 졸업 후 아버지가 원하시는 나의 진로는

15. 내가 없을 때 친구들은

16. 내가 꼭 고치고 싶은 행동(습관)은

17. 내가 군인이 된다면

18. 내가 어렸을 때 우리 가족은

19. 내가 '왕따'라면

20. 내가 믿고 있는 나의 능력은

공군사관학교 생도 생활

■ 사관생도의 첫 걸음: 기초 군사훈련

공군사관학교에 합격한 기쁨은 1월의 매서운 추위도 녹일 만큼 크다. 두 근거리는 마음으로 사관학교에 첫 발을 내딛는 순간 학생들은 이제껏 보지 못한 광경에 가슴이 뭉클해진다. 선배들이 학교로 들어가는 길목에 죽 늘어서서 환영의 박수를 쳐주기 때문이다. 신입생들은 이때 깔끔하게 차려입은 선배들의 모습을 보며 "나도 언젠가는 선배들처럼 멋지게 되겠지?" 하고 새로운 꿈을 다진다.

그러나 감동의 순간은 언제나 짧은 법. 태어나서 처음 입어보는 전투복에 적응할 새도 없이 이발소에 앉아 잘려나가는 머리카락을 보면 누구나 "내가 정말로 사관학교에 왔구나!" 하고 현실을 절감하게 된다. 이때부터 사관생도의 험난한 길이 시작된다. 약 4주간의 훈련 일정 속에서 익숙하지 않은 점호와 총검술, 유격, 각개전투 등의 군사훈련을 받다 보면 "내가 뭐 하러 이곳에 왔지?"라는 후회마저 종종 불러일으킨다.

절대 지나갈 것 같지 않던 4주간의 훈련이 막바지에 달할 때면 마냥 무섭게만 느껴지던 훈련지도 선배의 썰렁한 농담과 웃음이 훈련에 지친 몸을 사르르 녹여준다. 힘들었던 기초 군사훈련이 끝나면 가입교가 아닌 정식으로 자랑스러운 사관생도가 될 수 있는 입교식이 열린다. 그때서야 선배들은 물론 본인 스스로도 사관생도임을 인정하게 된다. 마침내 진짜 사관생도로서의 생활을 시작하는 것이다.

공군사관학교 기본군사훈련에 입과하기 위해 모여 있는 예비 사관생도들

공군사관학교 입교식에서 선서하는 모습

■ 사관생도 생활

공군사관생도도 일반 대학의 학생들과 똑같이 수업을 듣고 다양한 활동을 할 수 있다. 다른 점이 있다면 졸업 후 장교로 복무할 때 필요한 군사학(전쟁론, 전쟁사, 국가안보 등) 관련 과목을 이수하고, 장교로서의 덕목을 뒷받침해줄 수영, 유격, 해양훈련 등의 하계군사훈련에 참가해야 하며, 조종사라는 특수 목적 달성을 위한 활공기 탑승, 훈련기 관숙, 시뮬레이터 등 비행적성훈련 등을 추가로 수행한다는 점이다. 그 외에 체력 향상에 도움이 되는 스포츠(축구, 수영, 농구, 테니스 등) 수업을 듣거나 교양 함양에 도움이 되는 문화관련(승마, 골프, 사진 등) 활동을 하는 점은 타 대학 학생들과 비슷하다.

하루의 일과는 매일 아침 6시 30분 기상하여 점호와 체력단련을 하면

공군사관학교 2학년 때 실시하는 해양 생환훈련

공군사관학교 3학년 때 하는 낙하산 공수 훈련

패러글라이딩 연습을 하고 있는 사관생도

아침에 다 같이 공부하러 가고 있는 사관생도들

서 시작된다. 아침식사 후 강의실로 이동하여 수업을 받고, 오후에는 체
육이나 문화체육활동을 한다. 저녁식사 이후에는 자유롭게 개인 운동 및
동아리 활동을 한다. 다만 1학년 생도는 학습을 보장하기 위한 자습시
간, 2~4학년 생도는 자유롭게 자기계발 시간을 갖는다. 특별한 일과로는
사관생도만의 특권인 무용구보와 성무의식 수행 등을 들 수 있다. 또한
국토일주나 한민족 탐방 등을 수행하면서 다양한 경험을 쌓을 수 있다.

공군사관학교 조종사 과정 및 진로

공군사관학교는 졸업하기 전인 4학년 때 조종사 적합 여부를 확인하
기 위한 마지막 신체검사를 받게 된다. 공군 조종사를 양성하는 비행교

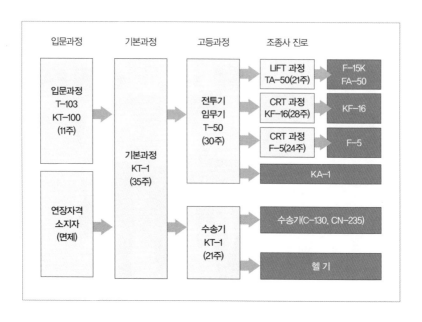

입문과정	기본과정	고등과정	조종사 진로	
입문과정 T-103 KT-100 (11주)	기본과정 KT-1 (35주)	전투기 임무기 T-50 (30주)	LIFT 과정 TA-50(21주)	F-15K FA-50
			CRT 과정 KF-16(28주)	KF-16
			CRT 과정 F-5(24주)	F-5
			KA-1	
연장자격 소지자 (면제)		수송기 KT-1 (21주)	수송기(C-130, CN-235)	
			헬기	

육 과정은 단계적인 훈련 개념을 적용하는데, 첫 단계인 비행교육 입문 과정을 거쳐 기본 과정 및 고등 과정까지 총 3단계로 구성된 훈련 과정을 거쳐야 한다. 비행훈련 입과 학생 조종사는 비행과 관련된 모든 이론 교육과 비행훈련, 체력 및 정신교육을 받은 후 공군 조종사로 성장한다. 위 표의 공군 조종사 양성 과정은 ROTC 및 지정모집대학, 일반 대학 조종장학생이 대학을 졸업하고 받는 훈련 과정과 동일하게 진행된다.

■ **입문과정**

입문과정은 공군사관학교 212비행교육대대에서 T-103(KT-100 변경 中) 훈련기를 통해 약 3~4개월 동안 15소티(Sortie:비행횟수)의 비행으로 이루어진다. 훈련은 비행에 필요한 제반지식과 비행절차 책자를 이해하고 암기하는 것부터 시작된다. TEST를 통과하고 자가용 비행면장을 소지한 학생조종사(주로 ROTC나 대학교 항공운항학과 출신)는 입문과정을 면제받을 수 있다.

이 중에서 가장 먼저 하는 일은 비행절차를 외우는 것이다. 비행절차에는 훈련기의 시동을 걸고 항공기를 이륙시키기 위한 최소한의 작동절차(Procedure)가 포함되어 있다. 요즘에는 공군사관학교에 비행시뮬레이터가 있기 때문에 많은 학생 조종사들이 입문 과정에 들어오기 전부터 이러한 비행절차를 외워오고 있다. 앞서 각 과정의 비행교관이 조언한 바와 같이 처음에 좋은 인상을 심어주고 무난하게 과정을 이수하고 싶다면 첫 단계부터 잘하는 것이 대단히 중요하다.

분량이 많은 이론교육을 마치고 나면 훈련기로 이·착륙, 공중조작 등

사관생도들이 관숙비행 전 훈련기(T-103) 원리에 대한 설명을 듣고 있는 모습

실제 비행실습을 한다. 비행교관이 같이 탑승해 학생 조종사들의 조종을 도와주고, 미숙한 점을 교정해주며, 기초적인 공중조작과 기동, 이착륙 등에 익숙해지게끔 훈련한다.

■ **기본과정**

3~4개월의 입문과정을 마친 학생 조종들사은 약 8개월간의 비행교육 기본과정을 이수해야 한다. 기본 과정은 35주 동안 66소티의 비행(변경: 2017년 후반부터 면장 소지한 학생 조종사도 단기 기본과정 대신 정규 기본과정을 이수해야 한다)을 하게 되는데, 본 과정에서는 항공기 매뉴얼을 비롯한 국지절차, 비행 교범 등의 이론교육과 함께 국산 훈련기인 KT-1을 통한 본격적인 비행교육에 돌입한다. 비행교육 기본과정에서는 고고도 비행과 두 대의 항공기가 일정한 대형을 이루어 비행하는 편대비행, 기상이 나쁜 상황에서 오직 계기에만 의존해 비행하는 계기비행 등을 배운다.

기본과정의 비행은 입문과정 비행훈련과 달리 속도가 더욱 빨라지며, 약 4km 높이의 고고도에서 수행하는 비행도 이루어진다. 항공기가 할 수 있는 고난이도의 기동이 가능해지는 단계이므로 두려움이 발생하는 단계이기도 하다. 특이사항으로 학생 조종사 혼자 하는 첫 단독비행이 이루어진다는 점을 들 수 있다. 혼자 이륙해서 1회의 비행을 마치고 착륙하는 것뿐이지만 이 순간 대단한 긴장감이 감도는 게 사실이다. 늘 교관과 같이 훈련하다가 혼자 모든 것을 수행한다는 것은 야생의 어린 동물들이 홀로 독립하는 것과 비슷하기 때문이다. 긴장감과 부담이 큰 만큼 완벽히 임무를 끝마치고 나면 홀가분한 마음이 들면서 학생 조종사는 진짜 조종사에 한 발 더 가까이 다가서게 된다.

공군 기본훈련 과정의 일부를 마치고 즐겁게 들어오고 있는 훈련 조종사와 교관 조종사

공군 기본훈련 과정 비행기(KT-1)

가장 유념할 부분은 기본 과정 수료 시 고등과정에서 전투기기종 과정과 수송기기종 과정으로 나뉘는 중요한 결정의 순간을 맞이한다는 점이다. 통상 본인의 의사를 반영하여 기종을 선택할 수 있지만, 대다수의 학생들이 전투기 과정을 선호하기 때문에 수료 성적이 앞으로의 길을 나누는 주요한 잣대로 작용한다. 따라서 학생들은 지상에서 이루어지는 학술교육과 비행실습 성적을 잘 받을 수 있도록 최대한 노력해야 할 것이다.

■ 고등과정

기본과정을 수료한 학생 조종사들은 공군 조종사의 상징인 '빨간 마후라'를 메기 위한 마지막 관문인 비행교육 고등과정에 입과한다. 전투기 고등과정은 광주 제1비행단에서 국내에서 개발한 최초의 초음속 항공기인 T-50으로 약 30주 동안 52소티를 타게 된다. 수송기 고등과정은 기본과정과 마찬가지로 사천 제3훈련비행단에서 국내에서 개발한 항공기 KT-1으로 약 21주 동안 35소티를 비행한다.

오랜 시간 지상 학술교육을 마친 학생 조종사들은 본격적인 비행교육을 받기 전에 시뮬레이터 탑승훈련을 거쳐야 한다. 시뮬레이터 탑승훈련은 실제 항공기와 똑같은 모의환경에서 비행훈련을 하는 것이다. 전투기 고등과정 학생 조종사들은 이제까지 수행한 프로펠러 훈련기와 차원이 다른 음속에 가까운 빠른 속도로 비행하기 때문에 초반에 적응하기 어려워한다. 그 후 공중 특수기동, 이착륙훈련, 고등계기비행, 항법비행, 전술편대비행, 야간비행 등을 배우며 점차 기량을 향상시키게 된다.

수송기 고등과정도 수송기 특성에 맞는 특화된 프로그램에 따라 이

모든 공군 비행훈련을 무사히 마치고 전투 조종사로서의 즐거운 비행

공군 고등훈련 과정 비행기(T-50)

착륙훈련, 계기비행, 항법비행, 야간비행 등에 집중하여 훈련한다. 쉽지 않은 과정이지만 약 2년간의 비행교육 전 과정을 성공적으로 이수하면 학생 조종사들은 비로소 대한민국 공군의 정예 조종사가 될 수 있다.

훈련 과정을 모두 마친 조종사들은 전투기 과정과 수송기 과정으로 나뉘어 각자의 길을 걷는다. 전투기 조종사는 크게 네 가지로 나누어진 다. TA-50 LIFT 과정을 통해 F-15K, FA-50 조종사, F-16 CRT 과정을 거쳐 (K)F-16 조종사, F-5 CRT 과정을 통해 F-5 조종사로 거듭나는 것이 다. 필요에 따라 KA-1 조종사가 될 수도 있다.

수송기 조종사는 고등과정 수료 시 수송기와 헬기 조종사로 분류된 다. 분류가 이루어진 다음 수송기 조종사는 C-130, CN-235를 타기 위해 해당 비행단으로 가고, 헬기 조종사는 청주에 있는 6전대로 가서 작전 가능훈련을 받는다.

공군 조종장교
[지정모집대학, 학군장교(ROTC), 학사장교(일반대학)]

공군 조종장교가 되는 길

공군 조종장교가 되는 방법에는 지정모집대학 조종장학생, 학군사관후
보생(ROTC), 학사사관후보생(일반대학 졸업생) 제도가 있다. 공군에서 지
정한 정원은 지정모집대학 조종장학생(세종대 25명, 영남대 20명) 총 45명,
ROTC(항공대 35명, 한서대 20명, 교통대 25명, 연세대 10명) 총 90명이다. 일반
대학 조종장학생은 공군사관학교와 ROTC, 지정모집대학 조종장학생의
정원 비율에 따라 변동된다.

- **지정모집대학 조종장학생**

공군 입장에서 우수한 조종장학생의 안정적 획득을 위하여 협약에 의
해 지정모집대학 신입생(세종대 공과대학 항공시스템공학과, 영남대 항공운송
학과)을 선발하여 장학금을 지급하고 졸업 후 장교 임관 및 비행교육과
정을 받게 한 후 조종사를 양성하는 제도다. 선발 시기는 수시 10월과

정시 1월이며, 성적기준은 수능 국, 영, 수 등급의 합이 9등급 이내(학교 선발)인 자 중에서 공군전형 통과자여야만 한다.

■ **학군사관후보생(ROTC)**

공군 학군단이 설치되어 있는 대학교로서 항공대 항공운항학과/자유전공학부, 한서대 항공운항학과, 교통대 항공운항학과, 연세대학교(전공 무관)에 한하여 1~2학년 재학 중인 학생들 중 선발하여 조종사로 양성하는 제도다.

■ **학사사관후보생(일반대학 졸업생)**

대학 재학생(1~4학년 남학생) 중 우수자를 선발하여 장학금을 지급하고 졸업 후 장교 임관 및 비행교육과정을 거쳐 조종사로 양성하는 제도다. 지원 시기는 매년 3월/9월이고, 지원 자격은 국내 정규(주간)대학 1~4학년 재학생으로 임관일 기준 만20세~27세의 대한민국 남자이다.

공군 지정모집대학

■ 세종대학교 항공시스템공학과

공과대학 | 항공시스템공학과

군사 이론과 항공우주 분야의 기초가 되는 지식을 습득

항공시스템공학과 사무실
위치 : 광개토관 1013B호
전화 : 02)3408-3448

🔺 홈페이지 바로가기
▶ 전공소개 동영상

| 전공소개 | 교수소개 |

◉ 전공소개

군사 분야 전공은 이론 학습과 실제 경험 및 견학을 통해 군사전략, 작전, 운용개념, 무기체계, 항공전쟁사 및 리더십 이론 등을 연구하며, 공학분야 전공은 첨단 항공우주과학에 관련된 시스템공학, 제어공학, 컴퓨터공학, 통신전자공학 및 기계공학 등을 중점적으로 전공을 이수한다.

또한, 공과대학 내 항공우주공학, 기계공학, 국방시스템공학, 정보보호공학과 중 복수전공을 할 수 있도록 다양한 체계가 마련되어 있어서 개인의 소질과 역량을 극대화할 수 있다.

◉ 교육목표

① 군사 및 조종분야 전문지식과 덕성을 겸비한 공군장교 양성
② 항공우주공학분야 지식함양 및 기술 인재 양성

◉ 재학생 특전

① 기숙사 우선 배정
② 해외연수(교환학생포함) 기회 제공
③ 군가산복무지원금 외 장학금 중복 수령 가능(단, 등록금 범위 내에서 수령)
④ 공학사 학위 수령으로 전역 후 이공계 취업 유리 항공시스템공학과 학생으로서 일반 학생
⑤ 재학 중 별도 군사훈련 없음

◉ 졸업후진로

졸업 후 공군에 입대하여 공군조종사후보생으로서의 본격적인 비행 훈련을 받고 교육을 마친 후에는 의무복무기간동안 우리 공군의 조종사로서 종사함. 복무기간을 마친 후에는 추천을 통해 민항기 조종사가 되거나 공군고급장교로 장기복무

구분	일정		내용
	수시	정시	
원서접수	9월 초	12월 말	
1차 합격자 발표	10월 초	1월 초	성적순 3배수 선발
정밀신검	10월 중	1월 초	공군 공중근무자 1급 기준 적용
조종 장학생전형 (적/부) 면접			핵심가치, 국가관, 리더십 등
조종 장학생전형 (적/부) 적성검사	10월 중	1월 초	비행적성, 모의비행
조종 장학생전형 (적/부) 체력검정			1500m달리기, 윗몸일으키기, 팔굽혀펴기
신원조회	10~11월	1월 중	결격사유 검증
추천 위원회	11월 중	1월 말	적격자원 추천 심사 위원회
합격자 발표	12월 초	2월 초	

※ 자세한 내용은 모집요강에서 확인하세요.

〈출처: 세종대학교 홈페이지〉

■ 영남대학교 항공운송학과

대한민국 공군과의 협약을 통해 4년간
전액 장학금 받고 공군 조종사 되는 길!

항공운송학과
공군 계약학과

053)810-2710 | http://daspo.yu.ac.kr

항공 우주시대
**전문 조종사
양성의 요람!**

진로 체계도

| 항공운송학과 |

▼ 졸업 후

🛬 비행교육 과정

▼

| 조종사복무
의무복무
기간 13년 | 비행교육
중도탈락자
의무복무
기간 7년 |

모집인원

6명
수시모집 결과에 따라 변동될 수 있음

수능위주

항공운송학특별전형

6명 | 5명 | 1명

수능 최저학력기준

정시모집 : 국어, 수학, 영어영역 등급의 합이 9등급 이내이면서, 한국사영역이 3등급 이내

전형방법

전형 단계	선발 비율	전형요소별 성적반영 점수 및 비율		
		수능 성적	체력검정, 면접고사, 신체검사, 적성검사, 신원조사	총점
1단계	500%	800점 (100%)	–	800점 (100%)
2단계	100%	800점 (100%)	합격·불합격만 판정	800점 (100%)

대학수학능력시험 필수 응시영역 및 유형

국어	수학	영어	한국사
응시	응시	응시	응시

대학수학능력시험성적 반영 비율

국어	수학	영어
37.5%	37.5%	25%

※ 반영지표 : 백분위

🏆 장학혜택 및 특전

• 4년간 군 가산복무 지원금(수업료 전액)
  ※ 기타 교내 장학대상자 선발 시 중복 수혜 가능
• 4년간 교재비 학기당 60만원 지원
• 국내연수 기회 1회 부여
• 생활관 우선 선발(1학년)
• 졸업 후 공군장교로 전원 임관

학과 소개

항공우주시대, 전문 조종사 양성의 요람!
영남대학교 항공운송학과

영남대학교 항공운송학과는?
영남대학교 항공운송학과는 미래 첨단산업인 항공분야의 핵심이 되는 국제적 수준의 전문 조종인력을 양성하는 본산입니다. 항공운송학과는 대학과 공군에서 정한 특별전형을 거쳐 공군조종분야 가산복무지원금 지급대상자로 산입, 국가로부터 전액 지원금을 지원 받으며, 재학 중 항공운항에 관련된 기초 이론 및 실습 교육, 체계적인 조종실기 교육 및 국내외 선진화된 조종실무 교육훈련을 통하여 졸업 후에는 공군 항교로서 성공적으로 업무를 수행할 수 있도록 교육을 받습니다.

항공운송학과 교육과정

항공운송학과 학생은 상경대학의 항공운송학과로 입학하며, 항공운송학과에서 정하는 항공우주 및 항공을 관련 기초 교과목 이수 후, 항공 기초이론, 항공기 조종 기초실습, 항공기 조종능력 정상 교육, 국내 외 항공연수 등 교육을 이수하게 되며, 항공운송학과의 졸업기준에 따라 졸업할 수 있습니다.

졸업후 진로

- 공군 학사장교 를 통한 공군 조종사로 진출, 최신예 전투 조종사 양성 최우선 목표, 항공우주분야 리더로 활동
- 군 전투 조종사 활동 후 민항공사 입사
  - 대한항공 및 아시아나 항공 등 대형 항공사, 제주항공, 진에어 등 저가 항공사, 해외 항공사 등 입사
- 국내외 비행교육원에 비행교관, 항공사 지상직, 국토해양부 및 항공연구소, 국제항공기구 등 진출

<출처: 영남대학교 홈페이지>

공군 학군사관후보생(ROTC)

■ 지원자격

- 항공대/한서대/교통대 항공운항학과, 연세대학교(전공 무관) 재학생 중
1~2학년인 사람

□ 모집 일정(요약)

지원서 접수	1차전형		2차전형			최종 합격자 발표	임 관
	필기시험	합격자 발표	면접	신체검사	신원조사		
3.6.(월) ~ 4.7.(금)	5.20.(토)	6.16.(금)	6.26.(월) ~ 7.7.(금)	7.10.(월)~14.(금)/ 7.31.(월)~8.11.(금)	6.19.(월) ~7.28.(금)	8.31.(목)	'26. 3. 1.(53기) '27. 3. 1.(54기)

□ 선발전형

구 분	1차 전형	2차 전형					최종선발위원회
	필기시험	필기시험 (1차)	면접	대학성적	신체검사	신원조사	
2학년(53기)	100점 (100%)	100점 (40%)	25점 (30%)	100점 (30%)	합/불	적/부	1,2차 전형결과 종합 선발
1학년(54기)							

□ 모집일정(세부)

구 분		기 간	비 고
지원서 접수		3.6.(월)~4.7.(금)	. 접수방법 : 방문접수 . 접 수 처 : 각 학군단 지정장소
1차 전형	수능/내신	3.6.(월)~4.7.(금)	. 지원 시 서류(등수계출서류 포함) 제출 - 각 학군단
	필기시험	5.20.(토)	. KIDA 필기시험 . 장 소 : 각 학군단 지정장소
	1차전형 심사 위원회	6월1주	. 필수제출서류 구비 및 지원자격 적합 여부 확인 . 모집소요의 2배수 선발
	합격자 발표	6.16.(금) 15:00	. 각 학군단 홈페이지에 공지
2차 전형	면접	6.28.(월)~7.7.(금)	. 국가관, 리더십 등 평가
	신체검사	7.10.(월)~14.(금)/ 7.31.(월)~8.4.(금)	. 정신과(인설검사 포함) 등 16개 검사항목 . 장 소 : 항공우주의료원 (소개 : 총북 청주) ※ 향후 공군 반체육특정책에 따라 사가가 조정될 수 있습니다.
	신원조사	6.19.(월)~7.26.(금)	. 신원조사 서류 인터넷 제출 및 신원조사 실시
	국민체력인증 * 개별 시험 후 인증서 제출	8.4.(금)까지 - 제출기한 준수	. 국민체력인증(문화체육관광부) 4개 종목 * 종목: 20m왕복오래달리기, 상대악력, 윗몸일으키기, 앉아윗몸앞으로굽히기
	한국사 인증시험 증명서 제출	8.4.(금)까지 - 제출기한 준수	. 65회 한국사능력검정시험(6.17.)까지 인정
	대학성적('23년도 1학기 포함) 제출	8.4.(금)까지 - 제출기한 준수	. 학군단으로 서류 제출
최종선발 위원회		8월 5주	. 모집 소요 내 성적순 선발
최종 합격자 발표		8.31.(목) 15:00	. 각 학군단 홈페이지에 공지
선발 후 일정		'24. 3. 1.	53기 . 학군단 입단
		'25. 3. 1.	54기 . 학군단 입단
		'26. 3. 1.	53기 . 공군 소위 임관
		'27. 3. 1.	54기 . 공군 소위 임관

□ 1/2차전형 선발 적용사항 개선

기 존		개 선	
1차전형 (2학년)	필기50%+대학성적40% +수능/내신 10%	1차전형 (1/2학년)	필기 100%
1차전형 (1학년)	필기60%+수능/내신40%		
2차전형 (1/2학년)	필기40%+대학성적30% +면접 25%+수능/내신5%	2차전형 (1/2학년)	필기40%+대학성적30% +면접 30%

* 1차전형 : 대학성적, 수능/내신 제외, 대학성적 지원자격 기준 폐지
* 2차전형 : 기존 수능/내신 제외, 면접 비중 25% → 30% 확대

□ 체력검정 폐지 및 국민체력인증 가점(10점) 적용
○ 국민체력인증 등급(1~3등급) 세분화하여 접수 환산 적용(3등급 미만도 환산)
* 국민체력인증 총 10개 등급으로 구분하여 점수 부여【별지 9】
○ 적용기한: 전형일 기준 6개월 이내('23. 2. 1. 이후 취득 인증서 인정)

□ 한국사 폐지 및 한국사 인증시험 가점(20점) 적용
○ 한국사 인증시험 성적 제출자 2차 전형 필기시험의 20점 이내 가점 부여

구 분	1급	2급	3급	4급	5급	6급	비 고
점 수	20점	18점	16점	14점	12점	10점	가점제

○ 적용기한: 5년 이내 취득 인증시험 ('18. 1. 1. 이후 취득 성적 유효)

□ 기존 공인영어성적 가점제에 지텔프 추가 적용
○ 공인영어성적 제출자(TOEIC/TOEFL/TEPS/지텔프(추가)) 2차 전형 필기시험의 15점 이내 가점 부여

토익	950 이상	900~949	850~899	800~849	750~799	700~749
지텔프(추가)	97~	90~96	83~89	76~82	70~75	65~69
가 점	15	13	11	9	7	5

○ 적용기한: 5년 이내 취득 인증시험 ('18. 1. 1. 이후 취득 인증서 인정)

□ 색각이상자(색맹/색약) 선발 분야
○ 학군사관(일반) 지원 가능 특기 14개 중 색맹 4개, 색약 10개 특기 가능

구 분	색맹/색약 가능	색약 가능	불 가
학군사관 (일반)(14개)	공병, 재정, 인사교육, 갈보정훈(4개)	방공포병, 정보통신, 항공무기정비, 보급수송, 정보, 의무(행정)(6개)	운항관제, 항공통제, 기상, 군사경찰(4개)

* 색각정상자의 경우 14개 특기 모두 가능

〈출처: 2023년 항공대 학군단 홈페이지〉

■ 신체검사 기준/교육 및 복무

▫ 신체검사 적용 기준

구 분	학 과	비 고
공중근무자(조종사)	운항학과	「공중근무자 신체검사 기준」 적용
일반장교	기타학과	「일반장교 신체검사 기준」 적용

▫ 공중근무자 신체검사 기준

▸ 신장 : 162.5cm ~ 195cm

▸ 좌고(座高) : 86.5cm ~ 101.5cm

▸ 체중 : 47kg 이상/107.0kg 미만 및 신장별 표준체중 적용(아래 참조)

▸ 굴절
- +2.25 ~ -1.50D
- 각막의 굴절력을 변화시키기 위한 각막 굴절술(엑시머레이저, 라식, 라섹 수술 등) 시술자는 불합격

▸ 원거리 시력
- 나안시력 : 0.5 이상
- 교정시력 : 1.0 이상

▸ 근거리 시력 : 나안시력 20/20 (1.0) 이상

▸ 색 신 : 표준 색시력 검사지(VTS-CV)에서 14개 중 10개 이상 판독

▸ 기타안과 : 사시 및 기준이상의 사위, 야맹증, 안질환 이상자는 불합격

▸ 기타 세부 기준은 「공중 근무자 신체검사」(공군교범 11-21)의 기준적용

◈ 검사항목

신장, 체중, 체격, 두부, 안부, 경부, 비, 부비강, 구강, 인후, 귀, 안구 및 안부속기, 굴절, 원거리시력, 근거리시력, 시야, 색신, 야간시력, 심경각, 사위 및 사시, 적핸즈검사, 조절력, 안압, 치아, 심장 및 혈관계, 폐 및 흉부, 복부 및 내장, 항문 및 직장, 내분비 및 신진대사계, 혈액 및 조혈계, 신경계, 정신질환, 비뇨생식기계, 근골격계, 척추 및 기타 근골계, 피부, 종양 및 악성질환, 전신질환 및 기타

☐ 교 육

* 기간 : 2년

* 군사훈련 입과

구 분	시 기	기 간	대 상	장 소
기초군사훈련	매년 2월	2 주	신규 선발자	교육사령부 기본군사훈련단 (경상남도 진주)
하계입영훈련	매년 7월	5 주	1년차 후보생(3학년)	
동계입영훈련	매년 1월	3 주	2년차 후보생(4학년)	

* 부대 운영상 시기 조정 가능

☐ 복무기간

* 조종특기 장교 : 고정익 13년 / 회전익 10년 (조종교육 수료시)

* 일반특기 장교 : 3년

〈출처: 2023년 항공대 학군단 홈페이지〉

■ **필기시험(KIDA 출제문제) 예시문항**

〈인지능력평가〉

○ **언어논리력**

— 정의: 풍부한 어휘를 활용하여 문장 내에서의 적절한 쓰임에 대한 지식과 이해를 바탕으로 단어의 정확한 의미를 추론해 내는 능력과 문장을 구성하는 능력

— 예시문항: 다음 글에서 추론할 수 있는 진술로 가장 옳은 것은?

> 문화 원형 콘텐츠이면서 관광 콘텐츠로서 박물관은 소장품의 전시를 통해 박물관의 재정과 자생력을 확보할 수 있다. 동시에 박물관은 지역 공동체나 국가의 홍보 및 경제 활성화의 원동력이며, 더 나아가 직업을 창출하고 고용을 증대시킨다. 이러한 맥락에서 신문기자인 프레이(Bruno Frey)는 메트로폴리탄 박물관, 보스턴 순수 미술관, 루브르 박물관, 에르미타주 박물관, 우피치 박물관, 스미소니언 박물관 등을 '슈퍼스타 박물관'이란 용어로 표현했으며, 이들 박물관의 문화관광 효과가 지역뿐만 아니라 국가 경제에 미치는 파급 효과를 강조했다.

① 박물관은 그 나라의 미래의 모습을 보여주는 타임머신이다.

② 박물관은 우리가 살아왔던 발자취이자 우리의 정신문화의 현현(顯現)이다.

③ 박물관은 그 자체로 거대한 학교이면서 훌륭한 스승이다.

④ 박물관은 이 세상에서 가장 청정한 공장이다.

⑤ 박물관은 가장 오래된 공간이면서 가장 최신의 공간이다.

○ **자료해석**

— 정의: 업무를 수행하는 데 필수적인 기초적 산술지식과 통계적 지식을 이해하는 능력

— 예시문항: 다음은 A공기업에 근무하는 여성수와 여성비율에 따른 동향을 나타낸 표이다. 이 통계자료로부터 얻을 수 있는 정보 중 옳은 것을 모두 고르시오.

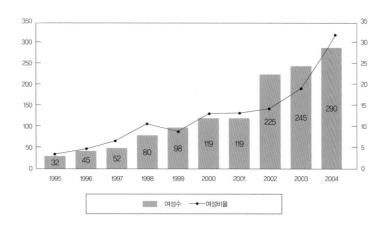

여성수 ▬▬ 여성비율

ⓐ A공기업은 2001년에는 여성을 뽑지 않았다.

ⓑ 1999년에는 여성에 비해 남성을 많이 뽑은 것으로 예측해 볼 수 있다

ⓒ 전년대비 여성수에서 2004년에 여성근무자가 가장 많이 늘어났다.

ⓓ 전년대비 A공기업 총 종사자가 가장 많이 늘어난 해는 2002년도이다.

ⓔ A공기업의 총 근무자 수는 지속적으로 증가하고 있다.

① ㉠, ㉡   ② ㉡, ㉣, ㉤   ③ ㉠, ㉢, ㉣   ④ ㉡, ㉣

○ **지각속도**

— 정의: 시각적인 형태의 세부 항목을 정확하고 신속하게 파악하여 비교 및 대조 등의 처리 과제
를 수행하는 능력

— 예시문항: 제시된 문제를 잘 읽고 아래의 예제와 같은 방식으로 가능한 한 빠르고 정확하게
답해 주시기 바랍니다.

**유형1. 아래의 문제 유형은 제시된 문자군, 문장, 숫자 중 특정한 문자 혹은 숫자의 개수를
빠르게 세어 표시하는 문제입니다.**

〈예제〉 다음의 〈보기〉에서 각 문제의 왼쪽에 표시된 굵은 글씨체의 기호, 문자, 숫자의 개수를
모두 세어 오른쪽 개수에서 찾으시오.

〈보기〉 개수

1) **3** 8302642062048720387309620504067321   ① 2개 ② 4개 ③ 6개 ④ 8개

2) **ㄴ** 나의 살던 고향은 꽃피는 산골   ① 2개 ② 4개 ③ 6개 ④ 8개

○ **공간능력**

— 정의: 주어진 지도를 보고 목표지점의 위치와 방향을 정확히 찾아낼 수 있는 능력

— 예시문항: 다음 지도를 보고 물음에 답하시오.

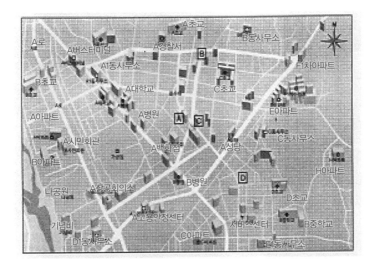

1. 위 지도의 A, B, C, D 중 당신이 서 있는 곳은 어디인가?

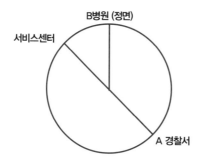

B병원 (정면)

서비스센터

A 경찰서

① A   ② B   ③ C   ④ D

〈직무성격평가〉

— 정의: 간부에게 요구되는 인성, 행동(성격특성 파악)을 중점적으로 평가하는 검사
— 예시문항: 다음 상황을 읽고 제시된 질문에 답하시오.

	①전혀 그렇지 않다 ②그렇지 않다 ③보통이다 ④그렇다 ⑤매우 그렇다
1	작은 일에도 걱정을 많이 한다.
2	나와 친밀한 사람에게 불행한 일이 있을 때, 내 일처럼 느낀다.
3	일을 할 때 새로운 방법을 고안해서 하는 것을 좋아한다.
4	자신에 대해 엄격하다.
5	혼자 할 수 있는 취미나 여가생활이 좋다.
6	주변 사람들은 나의 능력을 인정해준다.
7	법과 규칙은 엄격히 집행되어야 한다고 생각한다.
8	마음이 대개 편안한 상태이다.
9	주변 사람들의 기분이나 감정을 잘 파악한다.
10	일상적인 것보다는 새로운 것을 더 좋아한다.

〈상황판단평가〉

― 정의: 인성/적성검사에서 측정하기 힘든 직무관련 상황을 제시하고 각 상황에 대해 어떻게 반응할 것인지 묻는 상황검사

― 예시문항: 다음 상황을 읽고 제시된 질문에 답하시오.

> 당신은 소대장이다. 어느 날 중대장이 당신이 보기에 잘못된 것으로 보이는 결정을 내렸다. 당신은 그가 가능한 그 결정을 취하할 수 있도록 설득하려 노력했으나, 그는 이미 확고한 결단을 내렸으니 따르라고 한다. 그러나 당신의 동료 소대장들과, 부사관들도 모두 중대장이 잘못된 결정을 내린 것 같다는 것에 동의하고 있다.
>
> 이 상황에서 당신이
> ⓐ 가장 할 것 같은 행동은 무엇입니까?   ⓑ 가장 하지 않을 것 같은 행동은 무엇입니까?

ⓐ 가장 할 것 같은 행동　　　　(　　　　　　　　　　　　)

ⓑ 가장 하지 않을 것 같은 행동　(　　　　　　　　　　　　)

■ 면접 평가기준표

구분	평가요소	배점	내용	기초자료
1분과 (30점)	성격	10점	인간관계 친화성 배려심(5점), 조직적응력 협동심 인내력(5점)	인성검사 자료
	가치관	10점	국가관 윤리의식(5점), 인생관 긍정성 비전(5점)	
	희생정신	10점	이타성 봉사활동 생활경험	
2분과 (25점)	학교생활	5점	행동 발달사항 출결처벌, 상/표창자격증, 봉사단체활동	고교생활기록부 등
	가정성장환경	5점	가정환경, 건강 친구관계 종교	
	자기소개	5점	진실성(표절여부), 내용구성력	자기소개서
	지원동기	10점	자발성 열망(5), 진로 적합성군의 이해(5점)	교수 추천서 등
3분과 (15점)	용모태도	5점	용모 인상 복장 흉터 등, 행동 습관 신체 균형 말씨	주제 토론 (5~6인 1조)

	집단토론	10점	역사 인식 논리성(5점), 상호토론 의사전달 능력(5점)	
4분과 (적부)	개인의식	적부	자율성 시간준수 일정 진행 태도, 일상 언어 사용	밀착 행동관찰
	공동의식	적부	단체의식 참여도 융화력, 시민 의식 예의 타인 배려 뒤처리	
합 계		70점		

*불합격 기준: 총점 45점 이하이거나, 미흡 2개 또는 저열 1개 이상인 경우(배점기준 : 우수, 양호, 보통, 미흡, 저열)
*면접시 Blind 면접 시행(단, 2분과는 학교생활, 교수추천서 고려 제외)
*면접 합격자에 한해 취득한 점수를 최종 종합성적에 반영

08 에필로그_조종사 세계의 비밀을 파헤쳐라

조종사가 되려면

조종사가 되고 싶어요. 어떤 방법이 있나요?

조종사가 되는 길에는 크게 두 가지가 있습니다. 민간항공사 조종사가 되는 길과 군 조종사가 되는 길입니다. 자신에게 더 잘 어울리는 분야를 선택해서 미리 알아보고 준비한다면 보다 쉽고 빠르게 조종사의 세계에 입문할 수 있을 것입니다.

민간항공사 취업 조건은 어떤가요?

다음과 같은 조건을 만족시키면 됩니다.

- ○ 학력: 학사학위 소지자(4년제학사학위)
- ○ 병역: 병역을 필하거나 면제된 자
- ○ 연령: 제한 없음(단, 항공사별 내부기준 있음)

○ 어학: 토익 800점 이상, EPTA 4급 이상

○ 공통: 대한민국 사업용조종사면장, 계기한정, 다발한정

○ 비행시간: 최근 채용공고 기준(후방석 및 회전익 시간 제외)

 - 대한항공, 진에어: 1,000시간

 - 아시아나항공: 300시간 이상, 제트한정

 - 저가항공: 신입부기장(250~300시간 이상)

조종사는 영어를 아주 잘해야 하나요?

민간항공사 조종사가 되려면 항공운항학과, 비행교육원, 해외 비행 과정 등을 이수해야 하는데 이 선발 과정에서 영어시험 또는 영어구두면접이 동반됩니다. 각 과정별로 설정되어 있는 영어평가의 기준은 대부분 높게 책정되어 있습니다. 항공사 입사시험에서도 영어능력을 구비했는지 심층적으로 살피기 때문에 영어를 잘하는 것은 필수입니다. 조종사가 되고 나서도 공항 입출항 절차수행, 항공업무 수행, 외국인 조종사와의 소통, 외국에서 체류하기 등 여러 상황에서 영어를 쓸 일이 많기 때문에 영어능력은 꼭 갖추어야 합니다. 또한 군 조종사가 되려면 공군사관학교, ROTC(항공대, 한서대, 교통대), 지정모집대학 조종장학생 과정에서 선발되어야 하는데, 이 과정에서도 영어능력이 당연히 필요합니다. 공군 비행임무의 대부분 역시 영어로 수행하므로 영어를 잘한다면 많은 도움이 될 것입니다.

////

혜택과 연봉 수준

조종사가 누리는 혜택과 어려운 점은 무엇인가요?

민간항공기 조종사의 가장 큰 혜택 중 하나는 누구나 상상하듯이 전 세계를 누비면서 여행을 맘껏 할 수 있다는 점입니다. 다른 직군에 비해 조종사들은 보다 수월하게 뉴질랜드나 호주의 아름다운 풍광을 맛볼 수 있고, 파리의 에펠탑을 올려다보면서 따뜻한 빵과 차 한잔의 여유를 느낄 수 있는 기회를 더 자주 가지게 됩니다. 가족과 함께 세계의 문화 유산과 박물관을 내 집처럼 드나들 수 있다는 것은 정말 소중한 혜택이지요. 한편으로 조종사라는 직업에 대한 사회적 인식 또한 매우 좋은 편이어서 자부심도 큽니다. 가족, 특히 자녀에 대한 학자금 지원 등 다양한 복지혜택도 주어지고요.

하지만 빛이 강하면 그늘도 짙은 것처럼 매우 힘든 부분도 있습니다. 일단 일상적인 스케줄을 볼까요? 조종사의 스케줄은 일반 회사원처럼 아침에 출근해서 저녁에 퇴근하는 개념이 적용되지 않습니다. 새벽에

터키 지휘참모대학 만찬에서 친한 외국 수탁장교들과 함께하다.

출근하거나 늦은 밤에 출근해서 지구 반대편으로 비행해야 하는 경우
가 비일비재하므로 매우 불규칙한 생활 패턴 속에서 살아야 해요. 또한
시도 때도 없이 먼 곳까지 비행해야 하기 때문에 시차에 적응하기도 어
렵습니다. 젊었을 때엔 그다지 문제가 되지 않지만 나이가 들수록 힘들
어집니다. 주변에도 이런 하소연을 하는 선배들이 꽤 있답니다.

  군 조종사의 경우 가장 큰 혜택은 어렸을 때부터 꿈꿔오던 조종사가
되어 전투기를 몰고 하늘을 날아다닌다는 것, 즉 비행 그 자체가 아닐
까 생각합니다. 전투기와 수송기, 헬기 조종사로 군에 몸담으면서 국가
를 수호하고 하늘을 지킨다는 사명감은 다른 무엇과도 바꿀 수 없는 가
슴 뛰는 가치입니다. 또한 군 관사 대여 및 자신의 역량에 따라 석사/박

사 교육기회 부여, 해외근무 경험 부여 등 다양한 혜택이 주어집니다. 다만 군 조종사에겐 긴급상황 발생을 대비한 비상대기실 대기근무가 많습니다. 이사를 자주 해야 하는 조건 때문에 자녀교육에 어려움을 겪기도 하고요. 게다가 고난이도 임무를 많이 수행하기 때문에 다른 일반 장교들에 비해서 스트레스가 많고 여가시간 보장이 어려울 수 있다는 점도 어려운 사항에 속합니다.

조종사의 연봉 수준이 궁금한데요?

2017년 7월 고용정보원의 자료에 의거 소득 높은 직업을 찾아보면 민간 항공기 조종사 평균 연봉은 기업 고위임원, 도선사 등에 이어 4위로서 평균 11,161만 원으로 기록되어 있습니다. 부기장을 기준으로 저가항공사는 초봉이 약 6~7천만 원, 메이저 항공사는 약 8~9천만 원입니다. 대한항공에서 발표한 조종사 평균 연봉은 약 1억 4천만 원 정도이고, 기장은 약 1억 7~8천만 원으로 수준이 매우 높습니다. 물론 고액 연봉을 받는 만큼 세금을 많이 내야 하지요.

　군 조종사는 호봉에 따라 다소 차이가 있을 수 있지만 공군 대위는 약 5천만 원 정도, 20년 복무한 중령은 장기복무 장려수당(복무 15년~21년 차 조종사에게 지급)을 포함하여 약 1억여 원입니다.

///

까다로운 조건들

민간항공기 조종사 신체검사는 까다로운가요?

화이트카드가 뭐예요?: 항공종사자 신체검사 1종 적합 판정 시 발급되는 증명서를 의미합니다. 항공기 조종교육 이수 및 항공사 운항승무원 채용을 위해 반드시 필요한 조건 중 하나죠. 안압, 시야각, 시력, 청력 등 인체의 주요 부위들을 검사합니다.

화이트카드를 받을 수 있는 장소와 유효기간은요?: 별도의 항공종사자 신체검사 지정병원에서 받을 수 있고, 유효기간은 1년입니다.

화이트카드를 가지고 있으면 모든 항공사에 지원이 가능한가요?: 화이트카드 (항공종사자 신체검사 증명 1종)를 받을 시 LCC항공사에 지원이 가능합니다. 다만, 자체 신체검사를 하는 항공사(대한항공/진에어, 아시아나항공)의 경우 제한이 있을 수 있습니다.

색약/색맹도 비행할 수 있나요?: 색약, 색맹은 항공종사자 신체검사 증명 1종(화이트 카드)을 받으실 수 없습니다.

라식수술이나 라섹수술, 시력 교정술을 했을 경우 조종사가 될 수 있나요?: 라식/라섹수술 및 시력 교정술을 받았어도 조종사가 될 수 있습니다. 다만 항공종사자 신체검사 1종을 받아야 해요. 시술자는 검사 시 별도의 빛번짐 검사를 받고 기준을 통과해야 합니다. 자체 신체검사를 하는 항공사의 경우엔 제한이 따를 수 있습니다.

공군 조종사 신체검사에 대해 자세히 알고 싶어요!

안경을 쓴 사람도 조종사가 될 수 있나요?: 나안시력 0.5 이상 교정시력 1.0 이상이면 비행안전에 지장이 없기 때문에 공군 조종사가 되는 데 큰 문제가 없습니다. 그리고, 나안시력 0.4이하인 경우도 굴절교정술 조건부 합격 기준을 만족하면 합격 가능합니다. 이에 따라 안경을 착용한 사람도 조종사가 될 수 있지요. 실제로 공군 조종사 중 약 10%가 안경을 착용하고 비행합니다.

라식/라섹수술을 하면 군 조종사가 될 수 있는 선발 자격요건이 안 되나요?: 다음의 조건을 만족하면 가능합니다. 굴절교정술의 병력은 주요 불합격 사유에 해당하나, 의무기록[수술 前 굴절률, 수술기록지(수술날짜, 수술방법) 필수] 제출이 가능할 경우에 한하여 의무기록 검토를 통해 다음 조건을 모두 만족하면 불합격 조건에서 제외 가능합니다.

몸에 하나라도 작은 흉터가 있으면 조종사가 될 수 없다고 하던데요?: 그렇지 않습니다. "약간의 흉터만 있어도 공중에 올라가면 터지지 않을까?"라고 걱정하는 분들이 많은데요. 흉터에 따른 기능적인 장애 및 합병증이 없다면 조종하는 데 별 무리가 없습니다. 단, 흉터가 관절 및 근육운동에

장애가 되는 경우나 군장을 착용하는 데 지장을 주는 경우, 또는 지속
적으로 합병증이 발생할 경우에는 문제가 될 수도 있습니다.

여성이 조종사가 되는 것은 어려운가요?

민간항공기 조종사 중에 여성 조종사의 비율이 계속 늘어나고 있습니
다. 흔히들 "여성이 남성에 비해서 공간지각능력이 떨어진다"라고 말하
는데요. 운전연습을 많이 하다 보면 여성이 남성보다 운전을 더 잘하는
것과 마찬가지로 항공기 조종도 여성의 능력이 떨어지는 면은 찾아보기
어렵습니다. 따라서 여성이라고 하여 특히 어려운 면은 없고 차별적인
요소도 없다고 보면 됩니다.

공군사관학교 생도들이 관숙비행을 하기 전 비행 준비하는 모습

군 조종사 영역에도 이제는 여성 조종사의 존재가 그다지 생소하지 않습니다. 전투기 조종사나 수송기/헬기 조종사 중에 여성들이 늘어나는 추세거든요. 능력도 결코 남성에 비해 떨어지지 않습니다. 제가 아는 여성 조종사 후배는 항공생리의 가속도훈련 중 9G(자기 몸무게의 9배 압력) 훈련을 남성보다 더 거뜬히 잘해내고 나왔지요. 2017년에는 공군 역사상 최초로 여성 전투비행대장이 탄생하기도 했습니다. 앞으로 공군 조종사에 있어서만큼은 남녀의 영역 파괴는 계속될 전망입니다.

고소공포증이 있는데 조종사가 될 수 있나요?

"YES or NO"라고 분명하게 대답하기 어렵습니다. 저의 친한 후배는 본인이 사관학교를 졸업할 때까지 고소공포증이 있는 줄 몰랐어요. 비행훈련에 들어가서야 고소공포증이 있다는 것을 알고 놀이공원의 롤러코스트를 타면서 무서움을 극복하려 했지만 끝내 극복하지 못해서 조종사를 포기했습니다. 그러나 어떤 조종사는 일상생활에서는 무서움이 있지만 비행할 때엔 오히려 괜찮아서 무사히 비행 과정을 마치기도 합니다. 무엇보다 중요한 것은 자신만이 자신을 제대로 알고 있다는 점을 확실하게 인지하는 것입니다. 승객으로 여객기를 탈 때조차 고소공포를 느낀다면 조종사가 되는 것을 심각하게 고려해야 합니다.

///

대한민국 공군 이모저모

공군의 '블랙이글'은 어떤 팀인가요?

블랙이글(Black Eagles)은 에어쇼만을 전담하는 대한민국 유일의 특수비행팀입니다. 하늘에 태극모양이나 하트를 그리는 등 30여 개의 기동으로 전국 각지에서 다양한 에어쇼 행사에 참가하지요. 특수비행팀은 최상의 공군력을 지닌 몇 안 되는 국가만이 보유하고 있는데요. 특수비행을 하려면 고도의 집중력과 기술, 팀워크가 필요합니다. 그래서 블랙이글 조종사들은 공군 내에서도 일명 엘리트만을 선발합니다. 총 비행시간 최소 800시간 이상, 비행교육 과정 성적 상위 1/3 이상, 항공기 4기를 지휘할 수 있는 편대장이어야 특수비행팀에 선발될 수 있습니다. 실제 블랙이글 조종사들은 위 조건을 넘어서 평균 약 1,200시간의 비행경력을 가지고 있습니다. 이는 최소 8년간의 조종사 생활을 해야만 쌓을 수 있는 기록인 만큼 가히 베테랑 중의 베테랑이라 할 수 있지요. 또한 특수비행팀은 팀워크를 중시하기 때문에 기존 팀원들의 찬성이 만장일치를 이루

하늘을 아름답게 덧칠하고 있는 블랙이글

어야 최종적으로 해당 조종사의 선발이 가능하다는 특수한 조건이 작
용합니다.

빨간 마후라는 대한민국 공군 조종사만 매나요?

빨간 마후라는 대한민국의 조종사들만이 매는 것입니다. 전 세계 각국
의 공군 조종사들도 머플러나 스카프를 두르지만 우리 공군처럼 조종
사 전체가 빨간 마후라를 착용하는 경우는 없습니다. 유독 대한민국 공
군만이 빨간 마후라를 제복의 한 부분처럼 매고 있어요. 빨간 마후라
는 대한민국 공군 조종사의 상징인데요. 빨간 마후라는 6·25전쟁 중 당
시 김영환 대령이 지휘하던 우리 공군의 최전방 기지인 강릉기지 제10전

고등 비행훈련을 마친 훈련조종사에게 빨간 마후라를 매주는 행복한 비행 교관

투비행전대 조종사들이 적 상공으로 출격하면서 두른 것이 기원입니다. 그 후 다른 부대의 공군 조종사들에게 널리 퍼졌지요. 이런 이유로 강릉 기지를 빨간 마후라의 고향이라고 부릅니다. 오늘날 우리 공군 조종사 의 상징이 된 빨간 마후라는 학생 조종사들이 정해진 비행교육 과정을 마치고 수료할 때 참모총장이 직접 목에 걸어주는 전통으로 이어졌지 요. 앞으로도 빨간 마후라는 공군 조종사들에게 있어 나라를 위해 목 숨을 바치겠다는 신념과 결의를 담은 표상으로 영원히 남을 것입니다.

조종사 월드의 진실 혹은 소문

하늘에는 비행기가 다니는 길이 따로 있나요?

하늘에도 눈에 보이지는 않지만 항공로라는 길이 있습니다. 항공로는 국제적인 약속으로 정해져 있어요. 지상 도로와 같이 항공기도 필요에 따라 좌선회, 우선회 등을 하면서 비행하거든요. 현재 우리나라 상공에는 이런 항공로가 대략 20여 개 정도 있습니다. 항공로는 지상의 도로처럼 교통 표지판을 세워서 표시할 수가 없기 때문에 항법 장비를 통해 항공기 계기판에 표시가 됩니다. 이런 장비들의 기본적인 원리는 지상에서 보내는 신호를 받아 현재 비행 중인 비행위치, 거리, 방위 등을 파악하는 것인데요. 그렇다면 항공로의 폭은 얼마나 될까 궁금하지요? 하늘의 길은 지상의 길과는 비교도 할 수 없을 만큼 폭이 넓습니다. 우리나라의 경우 비행 중 다양한 상황을 고려하여 대개 항공로 자체를 중심으로 좌우 약 9km를 여유분으로 설정했다고 하니, 항공로의 폭은 총 18km인 셈입니다.

전투기가 비행 중에 번개를 맞으면 어떡해요?

조종사들의 경우 비행 중 비구름이나 난기류가 흐르는 곳을 만나면 항로를 바꿔서 비행합니다. 하지만 눈으로 식별되지 않거나 갑작스럽게 생성된 뇌우지역을 불가피하게 통과할 경우, 번개를 맞을 가능성이 있지요. 번개가 항공기에 내리친다면 10억 볼트, 수만 암페어에 달하는 전압과 전류가 항공기 내부가 아닌 외부 표피를 타고 지나갑니다. 항공기에는 버락의 여파가 기내에 영향을 미치지 않도록 방전 시스템을 잘 갖추고 있거든요. 지상에서 피뢰침으로 번개 피해를 방지하듯이 같은 원리로 항공기 외부 표면의 모든 접합 부분을 굵은 도체로 연결해 번개를 맞으면 순간 강한 전류가 항공기 외부 표피를 따라 퍼지게 되어 날개와 꼬리날개의 끝부분을 통해 공기 중으로 빠져나가게 됩니다. 하지만 번개가 빠져나가면서 항공기의 일부 전자장비나 부품에 영향을 줄 수가 있어요. 과학적으로 검증된 이른바 '패러데이의 새장 효과'라는 원리를 적용한 이 시스템 덕분에 항공기 내에 탑승한 사람은 안전합니다. '패러데이의 새장 효과'란 새장에 전류가 흐르더라도 새장 속의 새가 안전하다는 원리인데요. 천둥이나 번개가 칠 때 자동차 안으로 피신하면 안전한 것도 이 때문입니다. 이럴 경우 차 문을 닫아야 한다는 것을 잊으시면 안 되고요.

전투기는 후진을 못한다고 하던데요?

아무리 첨단 전투기라도 할 수 없는 것 바로 '후진'입니다. 전투기가 후진을 못하는 이유는 전투기에 장착된 제트엔진과 그로 인해 발생되는 추력(Thrust) 때문입니다. 제트엔진의 작동 원리는 엔진 내부로 공기를 빨아들여 연료와 혼합하여 연소시키고, 이를 통해 발생되는 고압가스와 공기를 엔진 뒤편 노즐로 뿜어내면서 강력한 추진력을 발생시키는 것인데요. 이것을 추력이라고 해요. 쉽게 말해서, 전투기는 엔진 뒤편으로 고압가스를 강하게 뿜어내는 추진력에 의해 움직인다고 할 수 있습니다. 따라서 바퀴로 움직이는 자동차와 달리 전투기는 제트엔진의 구조와 특성상 앞으로 나아갈 수밖에 없습니다.

여러분 중에 민간 여객기가 착륙한 후에 활주거리를 줄이기 위해서 엔진을 거꾸로 돌린다는 말을 들어본 사람도 있을 겁니다. 하지만 이것은 사실이 아니에요. 앞서 말했듯이 제트엔진은 절대 거꾸로 돌릴 수 없거든요. 다만, 엔진 뒤편으로 내뿜던 고압가스를 양 옆으로 뿜어내면서 추진력의 방향을 분산시켜 제동거리를 줄이는 방법을 쓸 수 있지요. 그런데, 전투기가 날아가다가 만약의 경우 후진이 필요할 때엔 어떻게 해야 할까요? 실제로 전투기를 주기장에 넣을 경우처럼 후진이 필요할 때가 있는데요. 그럴 경우엔 토잉카(Towing Car)라고 불리는 항공기 견인차를 항공기 앞바퀴와 연결한 후, 항공기를 뒤로 밀어서 후진시킵니다.

조종복에 숨겨진 비밀이 있다고요?

조종복을 보면 대다수 사람들이 "보통 옷과 다르네, 뭔가 특색이 있어"라고 생각합니다. 아마도 조종복이 상하의가 붙은 커버롤(Coverall) 형태이기 때문일 겁니다. 이렇게 디자인한 이유는 좁은 조종석 안에서 걸림없이 쉽게 활동할 수 있도록 하기 위해서죠. 또 비상출격 시에 조종사가

비행 탑승 전 조종복을 착용하고 있는 조종사

빠르게 옷을 갈아입을 수 있도록 하기 위해서이기도 합니다. 지퍼를 위아래 양쪽에서 여닫을 수 있게 해놓았기 때문에 화장실에 갈 때도 전혀 불편하지 않아요. 내열성이 높아 화재 시에도 조종사의 생명을 보호할 수 있습니다. 특히 조종복은 고온에도 잘 견딜 수 있도록 내열성이 높은 '아라미드' 원단을 소재로 만드는데요. 이는 기내에 불이 났을 때 조종복에 불이 붙지 않도록 하여 조종사의 생명을 지키기 위한 조처입니다. 소방관의 옷도 같은 소재로 만듭니다.

비행 중 화장실은 어떻게 가나요?

수송기나 조기경보기 등 중대형 항공기는 여객기와 마찬가지로 기내에 화장실이 구비되어 있습니다. 그런데 전투기와 같은 소형 항공기처럼 별도로 화장실이 마련되지 않은 경우라면 어떻게 해야 할까요? 다행히도 우리나라 전투기 조종사의 임무시간은 1~3시간 안팎이기 때문에 비행 전 볼일을 보고 잘 조절만 한다면 큰 문제는 없어요. 그러나 공중급유를 받고 임무를 하게 되면 6시간 이상 비행하는 경우도 발생하므로 비행 중 생리현상을 해결할 방법이 꼭 필요하지요. 이를 해결할 수 있게 해주는 것이 바로 릴리프 백(Relief bag)이라 불리는 일종의 소변주머니입니다. 릴리프 백은 잘 찢어지지 않는 비닐주머니 안에 특수한 재질의 스펀지를 넣어 조종사가 소변을 볼 경우 모조리 흡수하여 밖으로 흐르지 않도록 해주는 특별한 도구입니다.

대규모 항공 훈련을 수행하고 있는 공군 항공기들

"당신의 진정한 꿈 또는 비전은 무엇인가?"

이 글을 읽고 있는 독자라면 당연히 "조종사"라고 대답할 것이다. 이제 한 발 더 들어가서 물어보자.

"그렇다면 당신은 왜 조종사가 되고 싶어 하는가?"

이에 대한 대답은 매우 다양할 것이다.

"가족이나 주위 사람들이 조종사를 대단히 명예롭고 멋진 직업이라고 말해줬어요."

"멋진 전투기 조종사가 되어 영화 속 주인공처럼 살고 싶어요."

"조종사가 되면 돈도 많이 벌 수 있잖아요."

본인의 가치관에 따라 여러 대답이 가능할 것이다. 하지만 나는 이런 질문을 덧붙이고 싶다.

"당신은 조종사라는 말만 들어도 가슴이 뜁니까?"

어떠한 직업을 가지고 있더라도, 아무리 힘든 일을 하더라도 자신이 즐기는 일을 하는 사람은 항상 가슴이 뜨겁고 행복하다. 데일 카네기는 꿈과 성공에 대해 이렇게 말했다.

"자기가 하고 있는 일을 재미없어 하는 사람 중에 성공하는 사람은 찾아보기 힘들다."

잠시 개인적인 이야기를 하겠다. 내가 요즘 재미있게 하고 있는 일이 있다. 바로 '성악'이다. 전투 조종사를 하면서 정말 하고 싶었던 일이다. 학문적으로는 사회 전반적인 현상을 제대로 이해하고 싶어서 정치학 석사 과정을 마쳤지만 노래 부르는 것을 너무나 좋아해서 성악을 배우게 되었다. 나는 아내와 같이 노래하는 것을 좋아하는데 그럴 때마다 더 잘하고 싶은 마음이 간절했다. 아내는 어렸을 적에 TV합창단을 했을 만큼 노래를 잘한다. 그런 아내를 보면서 늘 부러운 마음이 들었다. 이런저런 이유로 나는 늦게 성악공부에 도전했다. 소질이 뛰어난 편은 아니지만 주위에서 "목소리 톤이 좋다"는 말을 들으면 조금이나마 자신감이 생긴다. 연습을 거듭할수록 목소리의 울림이 조금씩 변화되는 것을 느낄 수 있기에 이 또한 행복하다. 요즘은 '성악'이 나의 가슴을 뛰게 해준다. 고단한 일상에서도 성악공부를 계속하는 이유다.

나는 직업으로서의 삶도 마찬가지라고 생각한다. 민간항공기 조종사는 고액의 연봉을 받으면서 세계 각지를 누빌 수 있다. 군 조종사는 전투기를 몰면서 조국을 지킨다는 명예심과 함께 살아간다. 과연 이 둘 중 어느 길을 택할 것인가? 나는 무엇보다 마음의 울림을 따라가야 한다고 믿는다. 수많은 혜택이나 명예, 자부심, 남의 시선 등에만 사로잡힌다면 조종사로서의 삶에서 취할 수 있는 깊은 만족감이나 진정한 행복은 찾을 수 없다. 나는 이 글을 읽는 모든 독자들이 무조건 행복해지기를 바란다. 외적인 면이 아니라 나의 참다운 행복을 위해 조종사가 되길 원한다.

본문에서 많은 말을 했지만 몇 가지 중요한 사항을 다시 정리하면서 글을 마치고자 한다.

첫째, 내가 조종사가 될 수 있는 자격요건을 갖추었는지 미리 알아보고 준비하라. 조종사가 되는 길은 어떤 직업보다 오랜 시간과 비용, 많은 노력을 필요로 한다. 무작정 조종사만을 바라보고 오랜 길을 걸어왔다가 신체검사에 부적합하거나 고소공포증과 같은 변수에 걸려 낭패를 볼 수 있다. 따라서 자신이 조종사에 맞는 사람인지 적극적으로 알아보고 주변의 전문가에게 도움을 받기를 권한다.

둘째, 당당한 겸손함을 지니라고 당부하고 싶다. 조종사는 자신이 걷고 있는 길에 자신감을 가지고 전문가가 되어야 한다. 최첨단기술을 다루는 직업이므로 전문지식으로 무장한 채 당당하게 임무를 수행해야 한다. 그러나 조종사는 절대 혼자서 업무를 수행하지 못한다. 본인의 능력이 뛰어난 것과 별개로 모든 일을 혼자서 해낼 수 없다는 뜻이다. 만에 하나 자만심에 빠져 동료 조종사나 객실승무원, 정비사, 관제사 등 다른 주요한 업무를 하는 사람들과 협조하지 못한다면 성공적으로 비행할 수 없다. 겸손하지 못한 사람이나 자기 자신만 생각하는 이기적인 사람에게는 위기가 닥쳤을 때 아무도 도움의 손길을 내밀지 않는다.

마지막으로 강조하고 싶은 것은 긍정적인 사고를 지니라는 것이다. 윈스턴 처칠은 "태도는 사소한 것이지만, 그것이 만드는 차이는 엄청나다. 즉 어떤 마음가짐을 갖느냐가 어떤 일을 하느냐보다 더 큰 가치를 만들 수 있다"라고 말했다. 얼마 전 아시아나항공에서 훈련교관으로 있는 선배에게 조종사가 되고 싶은 사람들에게 딱 한 가지를 당부한다면 어떤 말을 해줄 수 있냐고 물었다. 그는 "긍정적인 사람이 돼야 한다. 비행을 하다 보면 많은 실수를 할 수 있다. 긍정적인 사람은 실수를 하더라도 그 상황을 잘 받아들여서 포기하거나 좌절하지 않는다. 하지만 부정적인 사고를 지닌 사람들은 반복되는 실수에 실망하여 그 상황에서 벗어나지 못하고 불합격한다"라고 대답했다. 평범한 진리라고 생각하여 대수롭지 않게 받아들일 수 있다. 그러나 이것을 비행이나 생활에서 실행하는 사람과 그렇지 않은 사람의 차이는 엄청나다. 결과 또한 극명하게 갈릴 것이다. 어떤 순간이 닥치든 매사 긍정적으로 생각하려고 노력하기 바란다.

나는 많은 사람들이 이 글을 읽고 나서 시행착오 없이 조종사가 되길 바란다. 나는 많은 사람들이 이 글을 읽고 나서 시행착오 없이 조종사가 되길 바란다. 글을 마치면서 개정판 문의에 환하게 응해주시고 물심양면 애써주신 푸른들녘 여러분에게 감사드린다.

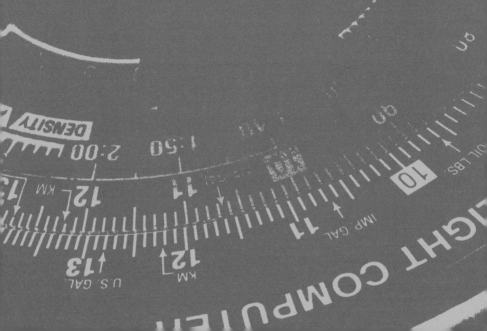

부록 _ 조종사 월드의 전문 용어 맛보기

CPT(Cockpit Procedure Trainer): 비행훈련용 시뮬레이터. 비행운항훈련을 위해서 미리 항공기를 경험 할 수 있는 장비. 플라이트 시뮬레이터의 일종.

CRT(Combat Readiness Training): 기종전환 및 작전가능 훈련. 고등 비행훈련 과정을 수료한 조종사가 배정받은 각 기종에 맞는 임무에 익숙해지기 위해 받는 훈련 과정.

EPTA(English Proficiency Test for Aviation): 항공영어구술능력증명시험. 항공종사자들의 영어 듣기능력과 말하기 능력을 평가하는 항공종사자 영어능력 평가시험을 일컫는다.

FAA(Federal Aviation Administration): 미국 연방항공청. 미국 교통성(Secretary of Transportation) 산하 정부기관으로 1991년부터 자국민의 안전을 위해 미국에 취항하는 여객기를 보유한 국가들을 대상으로 안전도(국제민간항공기구(ICAO)의 기준을 바탕으로 함)를 평가하고 있다.

FTD(Flight Training Device): 비행운항훈련을 위해서 미리 항공기를 경험 할 수 있는 장비. 플라이트 시뮬레이터의 일종.

ICAO(International Civil Aviation Organization): 국제민간항공기구. 국제민간항공조약에 기초해 1947년 4월에 발족된 유엔 전문기구이다. 비행의 안전확보, 항공로나 공항 및 항공시설 발달의 촉진, 부당경쟁에 의한 경제적 손실의 방지 등을 목적으로 하고 있다.

Inbound: 거주지로의 비행

LIFT(Lead-In Fighter Training) 과정: 전투 조종사 양성과정인 TA-50 전투기 입문과정으로서 최신예 전투기를 운용할 전투조종사를 양성하는 과정이다.

Mach(Mach number, 마하 수): 음속(소리가 퍼져나가는 속력)에 비하여 속도가 얼마나 되는지를 나타내는 수이다. 음속은 공기의 밀도 및 온도에 따라 변화하므로 속도가 일정하더라도 공기 역학적인 조건에 따라 마하수가 변화하게 된다. 비행체가 공기 중에서 비행할 때, 마하수 1.0을 넘는 경우(즉, 음속보다 빠른 속도로 비행하는 경우)를 초음속 비행이라고 말한다.

Outbound: 거주지에서 다른 지역으로의 비행

Stand-by: 결원 발생 시를 대비해 지정된 장소에서 조종사 또는 승무원이 대기하는 것

T.O.(Technical Order): 취급설명서라고도 할 수 있는 것으로 항공기의 성능, 조작방법, 항공기 정비 등을 규정한다.

게이트(gate): 공항에서 탑승 또는 출국을 위한 문으로, 각각 탑승게이트 또는 출국게이트로 부르기도 한다.

계기비행 방식(IFR; Instrument Flight Rule): 항공기에 탑재된 계기를 사용해서 관제소의 지시에 따라 비행하는 방식이다.

계기비행(Instrument Flight): 어둠이나 안개 따위로 앞이 보이지 아니하는 항로를 항공기의 자세·고도(高度)·위치 및 비행 방향의 측정을 항공기에 장착된 계기에만 의존하여 비행하는 것을 이른다.

계기비행 기상조건(IMC; Instrument Meteorological Condition): 시정, 구름간의 거리, 운고가 시계비행을 할 수 없는 기상상태로 계기비행 규칙을 적용하여 비행하여야 하는 기상조건이다.

고정익 항공기(Fixed Wing Aircraft): 동체에 날개가 고정되어 있는 항공기로 회전익 항공기를 제외한 전 항공기이다. 모든 비행 상태에서 고정된 날개 면을 가지고 그 날개 면에서 발생하는 양력으로 비행한다.

공수(Airlift): 필요한 병력, 장비 및 물자를 지정된 장소에 공중을 통하여 하는 수송. 전투 병력의 전개, 물자 및 장비 수송, 환자의 공중 수송 및 공정 부대의 공중 투하 등이 있다.

관제기구(Control Standard): 일반적으로 국가나 공항 따위에서 필요에 따라 강제적으로 관리하여 통제하는 것을 말한다. 항공에서는 항공기를 안전하고 능률적으로 운항하기 위한 관리 및 통제이며, 위성에서는 위성의 모든 기능을 감시하고 통제하여 위성을 정상 상태로 유지하기 위한 작업을 의미한다.

기장(Captain): 민간항공에서 항공기에 탑승하는 수석조종사. 기장은 항공기 내에서 최고책임
자이며, 운항계획을 세워 수행하고, 전승무원을 지휘 ·감독한다.

노탐(NOTAM; Notice To Airman): 항공기의 안전 운항을 위하여 관계 기관이 승무원에게 제공하
는 여러 가지 정보. 항공·운항 업무 및 군사 연습 따위의 정보가 제공된다.

단독비행(Solo Flight): 교관 없이 단독으로 진행하는 비행이다.

레이오버(Layover): 비행 후 체류지에서의 휴식시간을 일컫는다.

로저(Roger): 통신 용어. 상대방이 송신한 내용을 모두 알아들었음을 나타낼 때 사용한다.

물탱크(Belly Tank): 헬리콥터가 산불 진화를 위해 달고 다니는 물탱크이다.

복행(Go Around): 착륙 진입 중인 항공기가 관제탑으로부터의 지시, 기상 불량, 진입 고도 불량
등의 이유로 착륙을 단념하고 재차 상승하여 착륙을 다시 하는 조작이다.

비상대기(Alert): 교전 방어 또는 방호를 위하여 대기하는 상태. 실제 위협 또는 전투 상황을 대
비한 부대의 상태를 말한다.

비행교범(Flight Manual): 특정 유형의 항공기 비행에 필요한 조종 기술, 속도, 동력 등에 대한 내
용을 항공기 제작사가 작성하여 항공기에 비치하는 책이다.

비행 시뮬레이터(Flight Simulator): 항공기의 비행 특성을 훈련하기 위하여 실제 항공기의 조종실
과 유사하게 만들어 놓은 모의장치. 시뮬레이터의 모든 조종 장치와 계기(計器)는 컴퓨터로
작동되어 실제 비행하는 것과 똑같은 느낌을 제공한다.

비행관리 컴퓨터(FMC; Flight Manager Computer): 항공로 프로그램을 미리 작성하고, 설정된 항공
로를 데이터 입력기(Data Loader)에 의해 입력되도록 하는 항공기 탑재 컴퓨터 장치이다.

비행규정(Flight Manual): 비행 중 반드시 항공기에 비치해야 하는 FAA 승인된 교범이다.

비행기(Airplane): 추진장치를 갖추고 고정날개에 생기는 양력(揚力)을 이용해 비행하는 항공기
의 총칭. 세계 최초로 실질적인 비행에 성공한 비행기는 미국의 라이트 형제(형은 윌버, 동생
은 오빌)가 만든 플라이어호(號)로, 1903년 12월 17일 미국 키티호크에서 오빌이 조종하
여 12초 동안에 36m를 비행하였다.

비행실습(Flight Lab): 실제 항공기에서 진행되는 비행교육이다.

비행정보 방송서비스(Automatic Terminal Information Service): 교통량이 많은 공항에서 공항정보와 기상정보를 방송형식으로 송신하는 서비스를 말한다. 주요 방송내용은 공항명, 공항의 기상정보(풍향, 풍속, 시계, 일기, 온도 등) 및 사용 활주로 등 공항 시설 관계 정보이다.

사업용조종사: 항공기에 탑승하여 자가용조종사의 자격을 가진 자가 할 수 있는 업무를 할 수 있으며, 보수를 받고 무상운항을 하는 항공기를 조종하고, 항공기 사용사업에 사용하는 항공기를 조종한다. 또한 부정기항공 운송사업에 사용하는 최대 이륙중량 5,700kg 미만의 항공기를 조종(계기비행 기상상태 하에서 조종하는 경우를 제외)할 수 있으며, 계기비행증명을 받은 기장 외의 조종사가 항공운송 사업에 사용되는 항공기를 조종할 수도 있다.

색각: 색채를 구별하여 인식하는 능력이다. 망막에는 시세포가 존재하며, 시세포에는 어두운 곳에서 희미한 빛을 감지하는 막대세포(간상세포, 桿狀細胞, rod cell)와 밝은 곳에서 색을 감지하는 원추세포(圓錐細胞, cone cell)가 있다.

색약: 색을 분별하는 능력이 정상보다 부족한 증상으로 적색약, 녹색약이 있다. 망막 원뿔세포의 선천적 기능 이상 또는 후천적인 망막 원뿔세포의 손상이나 시각 경로의 이상으로 색깔을 정상적으로 구분하지 못하는 현상이다. 밝은 곳에서 채도가 높은 색을 볼 때에는 정상인과 차이가 없으나, 채도가 낮은 경우에는 식별을 못 하거나, 단시간에 색을 분별하는 능력이 부족한 경우이다.

승무원(Cabin Crew): CABIN CREW는 항공기의 승객 및 운항 서비스를 담당하는 승무원을 의미한다. 승무원은 승객의 안전과 편의를 도와주며 비상 상황에서의 대비 및 대응 역할을 수행한다.

시계비행규칙(VFR; Visual Flight Rules): 항공기의 계기에 의존하지 않고 조종사 자신이 시각으로 지형지물을 확인하여 항공기의 비행자세 및 위치를 파악하여 행하는 비행이다.

시계비행기상조건(VMC: Visual Meterological Condition): 항공기가 항행함에 있어 시정 및 구름의 상황을 고려하여 건설교통부령이 정하는 시계상의 양호한 기상상태를 말한다.

연합작전(Combined Operations, Coalition Operations): 2개 국가 이상의 군대가 공동의 목표 달성을 위해 상호 협력하여 실시하는 작전이다.

에일러론(Aileron): AILERON은 항공기의 날개의 일부로, 항공기의 롤 제어를 위해 사용된다.

에일러론은 상승하는 한쪽 날개를 내리고, 내려가는 한쪽 날개를 올려 항공기의 횡축 운동을 제어한다.

운송용조종사: 항공운송사업의 목적을 위하여 사용하는 항공기를 조종하는 자. 항공기 장비들이 첨단화되면서 항공기 운전에 관한 전문적인 지식과 기술을 겸비한 일정한 자격을 갖춘 인력으로 하여금 업무를 수행하도록 해야 할 필요성이 대두되었다. 이에 따라 1984년 운송용조종사 자격증이 신설되었다.

유도로(Taxiway): 항공기의 지상통행 및 비행장내의 한 부분과 다른 부분의 연결을 위하여 육상비행장에 설치한 일정한 통로로서 항공기 주기장 통행로, 계류장 유도로, 고속이탈 유도로가 포함된다.

이륙 활주거리(Take-Off Run): 항공기가 이륙을 위해 활주로를 달리는 거리이다.

이륙(Take-Off, Lift Off): 항공기가 도약해서 공중에 뜨는 것. 이 동작은 이륙활주의 시작과 비행기가 안전하게 공중에 뜰 때까지를 말한다.

이륙 단념(Abort): 비행기가 이륙 상태에서 선체의 비정상 상태를 발견하였을 시에 이륙을 중단하는 것이다.

자가용조종사: 만17세 이상(다만, 자가용활공기조종사의 경우에는 만 16세 이상)으로 시험에 합격한 자. 1984년 신설된 자가용조종사 시험 응시자가 갖추어야 할 경력은 다음과 같다: 비행기 또는 회전익항공기에 대하여 자격증명을 신청하는 경우 각각 40시간 이상의 해당 비행경력(국토해양부장관이 지정한 전문교육기관 이수자는 35시간 이상의 비행경력)이 있는 자로 5시간 이상의 단독 야외비행경력(270㎞, 또는 회전익항공기의 경우에는 180㎞ 이상의 구간에서 2회 이상의 이·착륙 비행경험이 포함되어야 한다)을 포함한 10시간 이상의 단독 비행경력이 있어야 한다.

자동 브레이크 시스템(Autobrake): 이 시스템은 항공기가 착륙 후에 자동으로 작동하여 항공기의 속도를 감소시키고 제동을 도와준다.

자동 조종 장치(Autopilot): 자동 조종 장치는 항공기를 수평 및 수직 방향으로 안정적으로 유지하고, 비행경로를 따르는 데 사용된다.

자동 추력 조절 시스템(Autothrottle): 자동 추력 조절 시스템은 항공기의 엔진 출력을 자동으로 조절하여 속도 또는 추력 목표치를 유지한다.

절차(Procedure): 활동을 수행하기 위해 규정된 방법.

절차수행: 비행은 비행 전 항공기 점검, 시동 전 점검, 항공기 시동, TAXI, 이륙 전 점검, 이륙, 비행 임무 등 대단히 세부적인 단계로 구성이 되어 있다. 많은 비행단계와 복잡한 임무로 이루어져 있기 때문에 단계별 수행해야 하는 임무 절차가 수립되어 있다. 이를 행하는 것을 절차수행이라고 한다.

조난시 긴급구조신호(MAYDAY): 국제 무선 재난 신호. 세 번 반복적으로 사용될 경우, 즉각적인 도움이 요청되는 긴급하고 중대한 위험을 지시하므로 사용 중인 모든 항공기에게 무선침묵을 지시한다.

조류 충돌(Bird Strike): 조류 충돌은 항공기에게 잠재적인 위험을 초래할 수 있으므로, 항공기 조종사들은 조류 충돌을 피하기 위해 조치를 취한다.

조종사 보고(PIREP; Pilot Report): 비행 중인 조종사로부터 받은 기상에 관한 보고를 말한다. 항공기의 위치와 고도, 관측 시간, 기상 상태를 포함한다.

조종석(Cockpit): 비행 승무원이 비행선이나 항공기를 조종하기 위한 부분을 일컫는다.

중력가속도(Gravitational Acceleration) 훈련: 중력가속도는 물체에 가해진 중력에 의한 가속도를 의미하고, 일반적으로 기호 g를 사용한다. 롤러코스터나 바이킹을 탈 때 느끼는 정점에서 내려오거나 올라갈 때 느끼게 되는 중력가속도가 사람의 인체에 미치는 영향 때문에 짜릿함을 느끼게 되는데, 전투기 조종사는 이러한 중력가속도를 견디기 위한 모의실험을 통해 견디게 된다.

지상 활주거리(Landing Run): 항공기가 착륙하기 위해 착륙접지에서 정지할 때까지의 거리이다.

지상 학술(Ground School): 비행교육 시작 전이나 비행교육 과정 중 지상에서 진행되는 학술교육을 말한다.

착륙(Landing): 항공기가 활주로 따위로 내려오는 것을 말한다.

추력(Thrust): 로켓의 경우 엔진 또는 연소부의 노즐을 통해 비행 방향의 반대 방향으로 고온, 고압의 가스를 고속으로 방출함으로써 비행기 및 로켓이 전방으로 날아가게 된다. 이때 가스 방출로 인해 생기는 반력이 추력이다.

콜사인(Call Sign): CALL SIGN은 항공기나 비행 대상을 식별하기 위해 사용되는 고유한 이름 또는 식별 부호를 말한다. 항공기나 비행 대상은 자신의 콜사인을 통해 통신 및 교통 관제와 상호 작용한다.

크로스체크(Cross Check): 비행기 조종을 하기 위하 가장 기본이 되는 항목이다. 항공기 복잡한 장비와 체계로 이루어져 있다. 그러므로 어느 한 장비만을 신경 쓰면 안 되고 모든 부분을 동시에 확인해야 하는 절차이다.

탐색구조(Search and Rescue): 위험에 처한 사람을 찾아내어 구조하는 임무이다.

턴어라운드(Turn Around): 목적지에 도착했다가 비행기에서 내리지 않고 바로 그 비행기로 다시 돌아오는 비행을 이른다.

항공 생리 훈련(Aerospace Physiological Training): 비행 업무가 공중 근무자에게 심신에 미치는 영향을 연구하고 공중 근무자를 훈련시키는 업무. 고공 및 고속의 비행 환경 공중 근무자의 신체 장기에 미치는 생리적 영향, 중력 가속도 내성 한계, 기타 비행 장애 요인 등에 대하여 연구 업무를 수행하고, 공중 근무자가 비행 중 경험할 수 있는 현상을 학습하고 극복법을 터득하도록 한다.

항공 교통 관제(Air Traffic Control): 지상으로부터 항공기 교통의 관제. 항공교통의 안전, 순차적, 신속한 흐름을 증진하기 위하여 적절한 허가에 의해 운영되는 업무이다.

항공기 조종 기술(Control Skill): 조종사가 항공기를 원하는 방향 및 위치로 조종하는 기술을 의미한다.

항공기 핸들링(Handling): 조종석 내부에 있는 각종 버튼 및 스위치 등을 조작하는 것 이외에 조종간을 잡고 항공기를 직접 움직이는 것을 의미한다.

항공기(Aircraft): 공중을 날 수 있는 비행체. 비행기·글라이더·헬리콥터·비행선·기구(氣球) 등 사람이 탑승하는 모든 비행체를 가리킨다. 1) 공중에서 비행을 위해 활용되거나 활용할 의도가 있는 기기. 2) 지구표면에 대한 반작용보다는 공기의 반작용으로부터 대기 중에 지지될 수 있도록 고안된 기계.

항로(Airway): 항공기가 통행하는 길을 항로(航路), 공로(空路) 또는 항공로(airway)라 일컫는데 이는 일정하게 운항하는 항공기의 지정된 공중 통로이다. 즉 비행기도 일정한 길을 따라간다는 말이다.

화이트카드: 항공종사자 신체검사 1종 적합 판정 시 발급되는 증명서를 의미한다. 항공기 조종 교육 이수 및 항공사 운항승무원 채용을 위해 반드시 필요한 조건 중 하나이다. 안압, 시 야각, 시력, 청력 등 인체의 주요 부위들을 검사한다.

활주로(Runway): 항공기가 이착륙할 때 부양하는 데 필요한 양력을 얻거나 감속하여 정지하기 위해 활주하는 노면.

회전익 항공기(Gyroplane, Rotorcraft): 회전하는 날개에 의하여 비행에 필요한 양력의 전부 또는 일부를 발생케 하는 항공기. 오토자이로, 자이로다인 등이 있으나 통상적으로 헬리콥터를 의미한다.